AF423834

Gestión de personas en organizaciones innovadoras

Diseño de tapa:
LUCAS FRONTERA SCHÄLLIBAUM

ANDRÉS HATUM
EUGENIO ANDRÉS MARCHIORI

Gestión de personas en organizaciones innovadoras

Manual de teoría y práctica profesional

GRANICA

ARGENTINA - ESPAÑA - MÉXICO - CHILE - URUGUAY

ARGENTINA
Ediciones Granica S.A.
Lavalle 1634 3º G / C1048AAN Buenos Aires, Argentina
granica.ar@granicaeditor.com
atencionaempresas@granicaeditor.com
Tel.: +54 (11) 4374-1456 - 1158549690

MÉXICO
Ediciones Granica México S.A. de C.V.
Calle Industria N° 82 - Colonia Nextengo - Delegación Azcapotzalco
Ciudad de México - C.P. 02070 México
granica.mx@granicaeditor.com
Tel.: +52 (55) 5360-1010 - 5537315932

URUGUAY
granica.uy@granicaeditor.com
Tel.: +59 (82) 413-6195 - Fax: +59 (82) 413-3042

CHILE
granica.cl@granicaeditor.com
Tel.: +56 2 8107455

ESPAÑA
granica.es@granicaeditor.com
Tel.: +34 (93) 635 4120

www.granicaeditor.com

978-987-8358-37-6
Hecho el depósito que marca la ley 11.723

Impreso en Argentina. Printed in Argentina

Hatum, Andrés Osama

   Gestión de personas en organizaciones innovadoras : manual de teoría y práctica / Andrés Osama Hatum ; Eugenio Marchiori. - 1a edición especial - Ciudad Autónoma de Buenos Aires : Granica, 2021.
   432 p. ; 22 x 15 cm. - (Management)

   ISBN 978-987-8358-37-6

   1. Administración de Recursos Humanos. I. Marchiori, Eugenio II. Título
   CDD 658.1

Agradecimientos

*A nuestros alumnos, fuente de inspiración
de todo lo que hacemos.*

A nuestras familias, por el apoyo permanente.

*A la Universidad Torcuato Di Tella, por la libertad
académica para crear y pensar.*

Índice

Introducción

Cuando comenzamos el titánico proyecto de escribir un manual para gestión de personas (nos negamos a llamar "recursos" a las personas), no nos imaginamos lo descomunal que iba a ser la tarea. Mucho menos que, cuando estuviera casi listo, un virus surgido en una remota región de China iba a obligarnos a revisar todo lo hecho hasta entonces. Así es, el impacto del COVID-19 se hizo sentir de muchas maneras que requirieron la adaptación de las respuestas brindadas desde el área encargada de ser el nexo entre las personas y el resto de la organización. Contribuir a encontrar esas respuestas es nuestra tarea y nuestro anhelo.

Este manual está dirigido a profesores y a estudiantes de grado y de posgrado, y a todo aquel vinculado a la gestión del talento organizacional. Es un libro de consulta, por lo que se puede leer de manera secuencial o ir directamente al capítulo que resulte necesario. Hemos recorrido todos los temas del campo que consideramos relevantes. Le dimos un enfoque que equilibra lo conceptual y lo práctico basado en nuestra experiencia y en la de otros. Los capítulos tienen una estructura similar que incluye un marco general, el análisis de casos de estudio, la presencia del tema en la prensa, ejemplos en el cine y –al cierre– una serie de preguntas para la fijación de conceptos.

En el Capítulo I, "La persona en la organización", analizamos la compleja relación entre el individuo y la organización. ¿Cuál es el aporte de valor de la persona a la organización? ¿Cuál es el del grupo? ¿Cómo resolver las tensiones que inevitablemente existen entre ambos? Para ayudar en la tarea de resolverlas, presentamos dos herramientas de análisis: el Modelo I/E para visualizar las cualidades de los tipos de líderes y el Modelo del eneágono. Como cierre, analizamos el caso de Apple.

En el Capítulo II, "Teorías de la organización", se explora la historia de las organizaciones para comprender cómo llegaron a su forma actual y qué puede aprenderse hoy de ellas. En el recorrido, enumeramos las principales teorías que explican las características de las organizaciones a medida que se fueron transformando. Para cerrar el capítulo, analizamos las formas que toman algunas organizaciones en la actualidad a través del caso de Zappos.

En el Capítulo III, "Seleccionando a las mejores personas para la organización", estudiamos las diferentes estrategias para la identificación y seducción del talento. Se explican los procesos de reclutamiento y de selección recomendados para cada tipo de organización, y presentamos casos que comienzan con el currículum del candidato y llegan hasta su incorporación. Damos una serie de consejos (pensados específicamente para quienes tienen la difícil tarea de definir quién quedará seleccionado) para aplicar en las etapas que culminan con el ingreso (o no) del postulante. Analizamos el caso especial de algunas fusiones y adquisiciones y sus desafíos particulares.

Dedicamos el Capítulo IV a la "Gestión del talento". En principio, recurrimos a varios autores para definir exactamente qué es el talento. Explicamos qué es la Propuesta de valor del empleado (PVE) y de qué manera concreta algunas empresas se posicionan mejor en el mercado del talento gracias a su buen manejo. Luego analizamos la importancia de la gestión del talento y vemos las etapas del proceso de evaluación del talento. Para finalizar, presentamos el caso del Cirque du Soleil.

El Capítulo V, "Evaluación del desempeño", trata el tema de la gestión y evaluación del desempeño. Se analizan sus propósitos, quiénes la deben hacer y con qué elementos. Luego recorremos el sistema de evaluación de competencias de Lominger creado por Michael M. Lombardo y Robert W. Eichnger. A continuación, a manera de ejemplo, enumeramos dos de los tests psicométricos: MBTI y Lencioni. Asimismo, ofrecemos herramientas heurísticas, como la matriz Skill/Will, el énfasis de las competencias en el tiempo, el grado de afinidad empleado-empresa a lo largo de la carrera.

En el Capítulo VI, "Desarrollo de carrera de las personas en la empresa", se ofrecen herramientas para evaluaciones de ingreso, mapeo de desempeño y plan de carrera. Luego se explica el Modelo de pipeline de liderazgo, un esquema de los distintos pasajes que se dan en la vida profesional y los desafíos que cada uno trae aparejado. En las notas de prensa se analizan las diferencias entre mentor, coach y *sponsor*, y los desafíos específicos que deben enfrentar las mujeres. Como ejemplo, se presenta el caso de Ericsson.

En el Capítulo VII, "Motivación y compensación", presentamos estos dos temas íntimamente relacionados. En la primera parte explicamos los componentes primarios y las palancas organizacionales de la motivación. En la segunda, nos adentramos en los sistemas de compensación, sus elementos y su objetivo principal de establecer una remuneración justa.

El Capítulo VIII, "Marco conceptual del coaching", está dedicado de lleno a tratar ese tema. Se desarrollan sus componentes (escucha activa, feedback, uso del lenguaje y preguntas efectivas) dentro del marco del modelo GROW y de las herramientas empleadas por CCL (Center for Creative Leadership). El caso de estudio presenta el tratamiento de una sesión real de coaching (preservando la identidad de sus protagonistas).

El Capítulo IX, "Los equipos: las personas trabajando juntas", retoma el tema del individuo y el grupo visto en el Capítulo I, pero de manera más "micro", enfocándose en el trabajo en equipo. Definimos qué es un equipo de alto rendimiento y vemos cuáles son las barreras que afectan su capacidad de agregar valor. Presentamos el modelo IDEA para equipos creativos, una herramienta propia pensada para descubrir el aporte que cada individuo hace al proceso creativo del con–junto. A continuación, mostramos el proceso completo de evaluación de un equipo, imprescindible trabajo antes de un proceso de coaching. El caso de estudio toma el ejemplo de un equipo real (preservando la identidad de sus miembros) y la aplicación de las herramientas analizadas.

El Capítulo X se enfoca en la "Gestión internacional de personas", ya que luego de la pandemia se esperan cambios en las modalidades de trabajo que al momento de escribir este manual no están aún claras. Todo indica que nos movemos hacia modelos híbridos que combinarán el trabajo presencial con el virtual, distribuidos en distintos grados según las necesidades y los recursos de cada organización. Por eso, decidimos tratar aquellos aspectos que, a nuestro entender, no sufrirán cambios fundamentales. Incluimos los tipos de organización según su estrategia mundial, el proceso de contratación global (desde el aspecto nacional, más allá de la modalidad presencial o virtual) y las habilidades requeridas para cada uno. Luego analizamos las necesidades que surgieron por efecto de la pandemia. Como ejemplo, presentamos el caso de Esteban Iriarte –contado en video por él mismo–, a quien aprovechamos para agradecer una vez más su generosidad al compartir con nosotros los vaivenes de su intensa carrera profesional.

El Capítulo XI, "Gestión del cambio", está dedicado íntegramente a la cuestión desde varias perspectivas. En primer lugar, el cambio a nivel organizacional, donde presentamos a los distintos jugadores que intervienen, en particular al agente de cambio. Luego vemos el caso del cambio personal, con una serie de herramientas prácticas para su gestión. Los casos de Steve Jobs y Tim Cook sirven como ejemplo de los cambios personales que atravesaron dos de los líderes más exitosos de la historia empresarial.

Por último, en el Capítulo XII, "Tendencias actuales", presentamos una serie de nuestros artículos dedicados a varios temas, algunos que ya se encuentran afianzados y otros de los que solo se tienen las primeras pistas. Diversidad (género, personas con discapacidad, sexual, generacional y otros colectivos), discriminación, acoso, estereotipos, sesgos inconscientes, creatividad, innovación, trabajo distribuido, la inteligencia artificial en las entrevistas laborales y el mundo después del COVID-19, son algunos de los puntos sobre los que ponemos la lupa antes del cierre del manual.

Hemos puesto lo mejor de nosotros para escribir y editar este trabajo. Tratamos de cuidar cada detalle para que resulte una guía confiable a la que las personas vinculadas a la gestión del talento puedan recurrir con confianza. A pesar de eso, estamos seguros de que muchos de nuestros lectores encontrarán espacio para aportar nuevas ideas y puntos de vista. Nuestro optimismo nos hace imaginar cómo mejorarán las próximas ediciones del manual gracias a esos aportes.

Andrés Hatum y Eugenio Andrés Marchiori

CAPÍTULO I

La persona en la organización

1. El individuo y el entorno organizacional

1.1. 1ntroducción

> *Los individuos y las cosas existen cuando participan de la*
> *especie que los incluye, que es su realidad permanente.*
>
> JORGE LUIS BORGES[1]

La relación entre el individuo y el grupo siempre ha sido fuente de tensiones. Por una parte existe un instinto primordial que induce al individuo a preservar su propia existencia. Por otra, aparece el comportamiento grupal tendiente a conservar a la especie, tal como señala el epígrafe de Borges. Para regular esa relación, hay sistemas que van desde la familia y el más arcaico régimen tribal, hasta las más sofisticadas organizaciones religiosas, económicas y políticas. Estos sistemas están destinados a orientar la acción individual en el sentido preferido por el grupo, con la meta implícita de garantizar la supervivencia de la especie o su *sustentabilidad,* en términos actuales.

1　Borges, J. L.: *Historia de la eternidad*; Buenos Aires, 1936. Edición consultada: Alianza Editorial, Buenos Aires, 1998, pág. 21.

Aunque *a priori* daría la impresión de que se trata simplemente de conseguir la alineación incondicional de los individuos a la voluntad del grupo, el asunto no es tan sencillo. Así como el individuo necesita de ciertas competencias propias del grupo para sobrevivir, la organización necesita de algunas competencias individuales para desarrollarse y para adaptarse a los cambios.

La adaptación al cambio es un problema con varias aristas cuya mayor dificultad consiste en compatibilizar los diferentes planos en los que se desarrolla el ser humano. Por una parte, se observa un plano *interior* –que denominaremos "psicofísico"– y, por otra, un plano *exterior* social de influencia *cultural*.

A su vez, en el *interior psicofísico* existen dos tendencias básicas. Primero, la mencionada propensión natural hacia la autoconservación egoísta, de contenido fuertemente instintivo y *emocional*. Segundo, en el otro extremo, la *razón* como la encargada de moderar este comportamiento introvertido y que le recuerda al individuo su responsabilidad para con el grupo de pertenencia.

1.2. Modelo de liderazgo individuo/entorno (Modelo I/E)

El modelo de liderazgo I/E es una manera rápida y sencilla de trazar mapas conceptuales de las organizaciones y de sus integrantes. Hacia dentro de la organización puede aplicarse a personas, a grupos y a áreas funcionales y, hacia afuera, al tipo de organización de acuerdo con el mercado en el que se desenvuelve.

Usando la metáfora de los puntos cardinales elaboraremos un cuadro de cuatro cuadrantes: el eje horizontal representará el interior *psicofísico*, con los polos *racional* y *emocional*; y el eje vertical representa el exterior del individuo o plano *cultural*, cuyos extremos oscilan entre la adhesión incondicional a los principios *institucionales* y la conducta *individualista*.

Con esta base construiremos un *modelo gráfico* o mapa que contenga los cuatro "puntos cardinales" de orientación social.

Definiremos ciertos *tipos ideales*[2] humanos que correspondería ubicar en cada vértice. Este esquema es una herramienta para el análisis cultural de las organizaciones y de los individuos que las componen. Puede ser empleado para ubicar relativamente las cualidades requeridas para una *función*, posicionar el *perfil cultural* de una empresa o de un sector determinado, evaluar la *magnitud de un cambio* o de las *diferencias culturales e institucionales* entre diversos individuos y/o grupos y otra serie de funciones similares.

La psicología de las organizaciones y el Modelo I/E

Algunos profesionales asocian los comportamientos *emocionales* y *racionales* con los hemisferios del cerebro.

* Lo *racional* aparece ligado al lado izquierdo: procesos de pensamiento lógico/deductivo/procedimental.
* Lo *emocional* se vincula con el lado derecho: pensamiento holístico, busca patrones de comportamiento, visión de imágenes completas, preeminencia de lo relacional/asociativo/intuitivo[3].

---

2   "El tipo más puro de dominación legal es el que se ejerce por medio de un *cuadro administrativo burocrático.*" Weber, Max, *Economía y sociedad. Esbozo de sociología comprensiva,* Edición preparada por Johannes Winckelmann y nota preliminar de José Medina Echavarría, Editorial Fondo de Cultura Económica, México, 1979. Título original: *Wirtschaft und Gesellschaft, Grundiss der Verstehenden Soziologie,* J. C. Mohr, Tubingen, 1922. Traducción: José Medina Echavarría, Juan Roura Parella, Eugenio Imaz, Eduardo García Mayez y José Ferrater Mora. Edición empleada de 2004, pág. 175. Resaltado en el original.

3   La doctora Katherine Benziger los llama "estilos de pensamiento", que son ciertas inclinaciones o predilecciones naturales. Para más información ver Benziger, I. Katherine y Sohn, Anne: *The Art of Using Your Brain,* KBA Publishing, Rockwall, Texas, 1989. Edición consultada 1995. También se puede consultar la página www.benzinger.org

La integración social es considerada una necesidad de supervivencia. Desde el punto de vista de la psicología organizacional, el sociólogo norteamericano Edgar Schein[4] sostiene que "la sola idea de organización parte del hecho de que el hombre solo es incapaz de satisfacer todas sus necesidades y deseos"[5]. Según Émile Durkheim[6] –uno de los fundadores de la Sociología–, el proceso de "división del trabajo" es inherente a toda organización social, incluso en las más primitivas formas familiares. A medida que los individuos de un grupo se especializan en desarrollar determinadas tareas, su habilidad y su competencia para ejecutarlas van ganando en eficiencia y así potencian el resultado del conjunto. Al mismo tiempo, aumenta la interdependencia (material y espiritual) entre el inidividuo y el resto de la comunidad, ya que necesitará *integrarse* al grupo para proveerse de aquellos elementos que él mismo no es capaz de producir. Es decir que a *mayor especialización* le corresponde una *mayor integración* social, siendo este uno de los postulados más importantes de la Sociología.

La "potenciación" o valor agregado de las diversas capacidades individuales, a partir de este juego entre especialización (individual) e integración (grupal), es lo que justifica socialmente a las organizaciones. La organización adquiere su sentido "orgánico", es decir, se convierte en "un conjunto complejo de grupos interdependientes"[7]. Cada uno de los miembros del grupo asume un compromiso con el resto, y amalgama la unidad del conjunto. La misión organizacional orienta la diversidad hacia el objetivo común.

---

4   Schein, E.: *Organizational Psychology*. Prentice Hall, 1982. Edición consultada: traducción Víctor E. Cruz Cardona, *Psicología de la organización*. Prentice Hall, México, 1982.

5   *Ibidem*, pág. 11.

6   Durkheim, É.: *De la division du travail social*, París, 1893. Edición consultada: trad. al español por Carlos J. Posadas, *La división del trabajo social*, Editorial Colofón, México, 1968.

7   *Op. cit.*, pág. 13.

El "organismo" aumenta en complejidad y en capacidades al enriquecerse con la diversidad de aportes individuales. De allí que *alinear la organización* sea una de las tareas más importantes del liderazgo.

La unión de personas diversas requiere el empleo de factores psicológicos y sociológicos. Schein observa que "el orgullo y la dignidad son dos sentimientos muy fuertes y el deseo que uno tiene de mantener su dignidad o de no perder el respeto ante los demás puede ser un motivador poderoso…". La unidad se basa en la confianza y el respeto mutuos: "Para sentirme seguro en mi relación con las otras personas debo ser capaz de creer que estas no se van a aprovechar de mí y debo demostrarles, teniendo tacto en mis relaciones con ellos, que pueden confiar en mí".[8]

Los puntos cardinales del Modelo I/E

En los vértices que se forman al combinar el plano *externo cultural* con el *interno psicofísico* están los puntos extremos donde ubicaremos los *arquetipos* humanos y organizacionales que nos servirán de orientación.

- En el eje vertical se situarán los factores externos. En el "sur" observamos un contexto social con preponderancia de lo *institucional* y en el "norte" prima una actitud *individualista*.
- En el eje horizontal se ubican los factores psicofísicos. Al "oeste" domina lo *racional,* mientras que al "este", lo *emocional.*

Al desplazarnos en sentido vertical se modificarán las condiciones del entorno exterior cultural y al hacerlo sobre el horizontal los factores del interior psicofísico. En síntesis:

---

8 *Op. cit.,* pág. 40.

- Norte → primacía de lo *individual*
- Sur → primacía de lo *institucional*
- Oeste → primacía de lo *racional*
- Este → primacía de lo *emocional*

El modelo servirá como "mapa mental" para señalar las *diversidades* y las posibilidades de desplazamiento o, en otras palabras, de *cambio organizacional*.

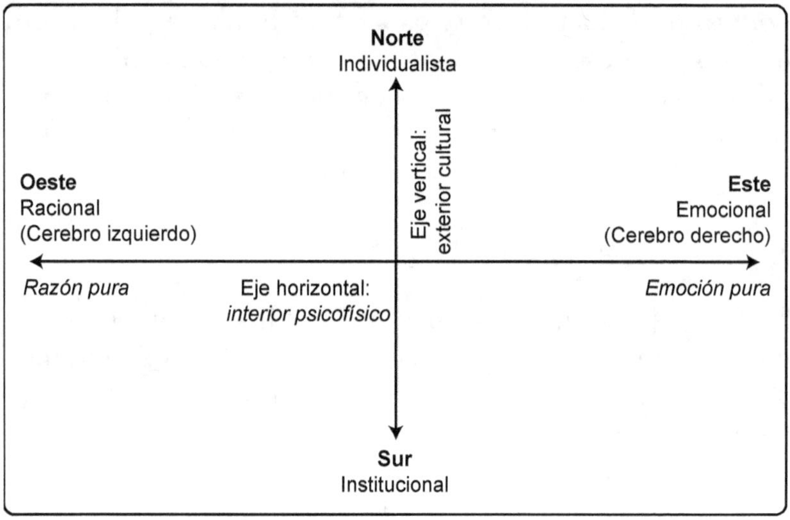

Figura 1

Dentro de una empresa es habitual que se presenten diferentes combinaciones ya que el tipo corporativo está también vinculado con el rol dentro de la estructura de la organización. No se necesitan exactamente las mismas cualidades para la función de ventas que para las de administración o para las de producción. Por otra parte, las compañías tienen diferentes requerimientos de acuerdo con su naturaleza, sus fines y sus estructuras; una empresa multinacional de servicios profesionales es muy diferente de una compañía familiar dedicada a la producción de bienes. La "ubicación geográfica" del rol dentro de la corporación estará entonces relacionada con la naturaleza, la política, la cultura y el estilo de liderazgo predominantes en la empresa.

Por su parte, los individuos no permanecerán en una posición fija, aunque debemos esperar encontrar ciertas "preferencias" que, como mencionamos, están vinculadas a las características y competencias personales. Igual que los individuos, las organizaciones (y sus áreas) tienen "tendencias preferidas" a la hora de desarrollar habilidades.

Por ejemplo, una empresa de servicios en la que gran parte de los empleados trabajan en atención al cliente deberá crear roles de alta intervención individual con énfasis en el *empowerment*[9]. En ese caso habrá una fuerte delegación y muchas decisiones recaerán en los hombros de los empleados. Por su parte, una organización militar adoptará una cultura apoyada en lo normativo e institucional, tal como probablemente se hace en la línea de fabricación de productos alimenticios o farmacéuticos. Esperamos que la gente de nuestro departamento de marketing sea creativa, capaz de captar y de *vivir* las emociones que vienen desde el mercado. Asimismo, difícilmente vayamos a elegir un contador demasiado creativo que pueda conducirnos a zonas de riesgo; todo indica que es preferible uno que aplique correctamente los procedimientos contables preestablecidos.

1.3. Los tipos ideales de líder de la organización en el Modelo I/E

Teniendo como base el esquema anterior, definiremos los "tipos ideales" de líderes a partir de las cuatro combinacio-

---

9   *Empowerment* es un término inglés sin una traducción exacta; indica la delegación de autoridad hacia los niveles más bajos posibles de la organización. Sería algo así como "em-poderación" o "empoderamiento".

nes simbolizadas por el NO (noroeste), el NE (noreste), el SO (suroeste) y el SE (sureste).

SO: el científico

En la intersección de la organización basada en *normas estrictas* y el empleo de la *razón* encontramos el laboratorio científico. El laboratorio científico debe gestionarse usando procedimientos rigurosos para que los experimentos puedan repetirse. La posibilidad de volver a hacer las experiencias en condiciones controladas es lo que le otorgan previsibilidad, que es una de las características esenciales del quehacer científico. A pesar de que por su rigidez la burocracia sea hoy sinónimo de inflexibilidad (lo que le da una connotación negativa), un laboratorio debe respetar procedimientos similares a los burocráticos para cumplir adecuadamente con sus fines.

En su laboratorio, el científico sigue al pie de la letra los principios institucionales sin cuestionar ni la autoridad de la ciencia ni su legitimidad mientras realiza los experimentos. El científico es un gran ejecutor, eficiente y efectivo. Siguiendo este criterio, ubicaremos en el extremo SO de nuestro mapa al científico, entendido como el tipo ideal de miembro de una compañía que se desenvuelve profesionalmente fiel a las normas empresarias. Su ámbito organizacional es el laboratorio y su modelo de liderazgo es la *pirámide.* El científico tiende a pensar con el lado izquierdo del cerebro. Verá a los otros arquetipos como irracionales, impredecibles e impulsivos. El desorden le genera angustia y ansiedad. No está cómodo en situaciones ambiguas, en las que no se pueda planificar o en las que se desconozcan con precisión los objetivos buscados.

La organización arquetípica es la *línea de producción,* donde la eficiencia se obtiene mediante sucesivos procesos de optimización y racionalización. Son adeptos a aprender por medio de manuales de procedimiento, aunque con frecuencia se encuentran mentores dispuestos a trasmitir su experiencia. Además de servir para un cargo en la organización, el conocimiento contribuye a dar sustento a la autoridad. También los títulos tienen peso, igual que los presupuestos; no es de extrañar que se respete a un superior porque "maneja un presupuesto de tantos millones". Los científicos son prolijos, prefieren trabajar con contratos detallados, comprometidos con su deber, tanto en el trabajo como en su vida privada. Las organizaciones necesitan de ellos para que el engranaje empresarial nunca se detenga y para que los procesos se realicen tal como estaba previsto.

NO: *el timonel*

El timonel es un líder capaz de motivar durante una crisis y de aplicar toda su experiencia en favor del grupo que lidera, pero sin olvidar los valores institucionales. También mantiene una actitud analítica y estratégica, y es consciente de las consecuencias de sus acciones, mientras acepta su responsabilidad por ellas. El "empresario timonel" es un dirigente al que la sociedad le exige mucho; no es casual que cuando la nave pierde el rumbo sea él quien deba corregirlo. El timonel será el arquetipo que ocupará el vértice NO de nuestro mapa. Su modelo organizacional es la *nave* y su estilo de liderazgo la voz de mando, ya que cuando se navega (en una tormenta o en el mar calmo) todos deben escuchar sus directivas claramente.

El timonel suele ser el líder de un emprendimiento nuevo, cuando hacen falta determinación, empuje y decisiones rápidas. Paternalista y carismático, prefiere la comunicación oral sobre la escrita. Presta atención a lo que ocurre en la nave. Intenta estar al tanto de todo lo que pasa, y dedica mucho esfuerzo a crear y sostener la telaraña ("*su* telaraña") de contactos que lo mantiene al día. Ellos son sus "marineros preferidos" y sus potenciales herederos, a quienes les irá delegando tareas menores para probarlos. Como es adepto al poder que ostenta el manejo, es político, por ello la lealtad es muy importante en la cultura de la nave.

Sin dejar de ser analítico, el timonel no desprecia el sistema de "prueba y error". En ciertos casos puede optar por corregir el rumbo mediante suaves golpes de timón o aplicando virajes violentos. Todo aprendizaje debe ser realizado con discreción. Evalúa permanentemente la relación costo-beneficio de sus maniobras. La expresión "no sé" está fuera de su léxico ya que podría ser interpretada como señal de debilidad. Confianza, carisma, reconocimiento por los resultados y lealtad son las claves de la cultura del timonel. Mediante su voz de mando difunde las directivas hacia todos los miembros de la nave. Algunos de los marineros estarán más cerca del timonel, otros más alejados, pero él se asegurará de ser escuchado por todos. Como en una nave, en esta cultura priman las relaciones informales entre conocidos. Los favoritos generalmente son elegidos por sus habilidades especiales pero no faltan aquellos que permanecen cerca solo sostenidos por la simpatía del timonel.

NE: *el artista*

Según Max Weber[10], el artista escapa a la racionalidad y busca producir desde su interior la salvación por el arte. Por ejemplo, inclusive cuando el músico interviene como parte de una orquesta permanece concentrado en su partitura. Inspirado por el mundo que lo rodea, el poeta extrae de lo profundo de su alma esos versos notables. Aunque se comparta con otros, el arte es una experiencia individual.

---

10 "La religiosidad ética, especialmente la fraternal, se sitúa en fuerte tensión con la esfera del arte, como el poder más irracional de la vida personal"; Weber; 1922:473.

Sabemos que los que nos acompañan están escuchando la misma ópera, pero el *sentimiento* es nuestro. Recorremos los museos rodeados de otros turistas, pero el *acontecimiento artístico* se produce en nuestro espíritu. El artista se nutre de las emociones nacidas de sus vivencias, procesadas por su libre intelecto y recreadas por su genio. Expresa sus emociones más íntimas por medio del arte. Para crear se necesita ser libre, por eso suele apartarse de las costumbres y de las normas sociales. El artista es *trasgresor* por naturaleza. Por eso, el prototipo del artista es el individuo que expresa la parte más irracional de su ser. Finalmente, en su trasgresión, el artista marca su época y la historia lo emplea para referenciarla.

Los *individuos* son el motor creativo de las instituciones. Los genios rompen los paradigmas institucionales y conducen el progreso corporativo. Ellos evitan que las organizaciones se entumezcan y las mantienen jóvenes. Traen un aire nuevo que ventila y tonifica. Son, en síntesis, los auténticos *agentes de cambio*.

Colocaremos el arquetipo del *artista* en el NE del mapa. Su modelo de organización será el *atelier*, un espacio colmado de formas y colores, donde sus obras –y las de otros– se acumulan anárquicamente y estimulan los procesos creativos. Su estilo de liderar será como la paleta del pintor: cambiante y policromático, impulsivo y genial. En la organización, el artista se nutre de aquello que recoge del entorno y lo combina en forma creativa para producir nuevas "obras de arte" e innovaciones.

El artista está cómodo siendo individualista, por eso busca hacer cosas que lo destaquen del resto. Quiere ser diferente. No es fácil clasificarlo ya que es adepto a cambiar y a intentar nuevas experiencias. Aprende más de la vida que de otros. No es extraño que un artista abandone un trabajo o una profesión porque considera que ya no tiene mucho más que aprender. Suele acumular varias carreras en su vida. Incluso puede tomarse un año sabático para intentar una nueva, probablemente opuesta a la anterior.

No es fácil motivar al artista, ya que se ve a sí mismo como trabajando *para* la organización y no como miembro de ella. El artista solo respeta a los individuos ya que las instituciones no lo conmueven, sino que, por el contrario, suele mantener serios reparos sobre todo lo corporativo. Lo organizacional es para él sinónimo de normas, lo que percibe como una restricción a su libertad. Es impredecible y tiene su manera particular de hacer las cosas. En su atelier podremos encontrar cualquier elemento atesorado para ser aplicado en algún *collage*. Todo esto hace que el artista sea difícil de liderar y virtualmente imposible de "gerenciar". Suelen ser lobos esteparios que no viven en comunidad. Solo se agrupan por conveniencia, *su* propia conveniencia. Aún así, la organización lo necesita. Ella se nutre de su creatividad y de su inventiva. El artista trae nuevos aires a la empresa. Él puede ver cosas que se le escapan al resto. Es el encargado de mantenerla viva, atenta y joven. No lo dudemos: la paleta del artista contiene los colores que están al final del arco iris.

SE: el misionero

Max Weber menciona una serie de estados de entrega a una persona o una causa cargados de fuerte emotividad. Durante situaciones de euforia, la devoción a un caudillo carismático puede producir el abandono de la propia individualidad. "Sus tipos más puros –dice el sociólogo alemán– son el dominio del profeta, del héroe guerrero y del gran demagogo"[11]. Difícilmente encontraremos en una organización comercial alguien con semejante grado de adhesión a la misión empresaria. Tampoco parecería sencillo encon-

---

11 Weber, *ibidem,* Weber; 1922:711.

trar aquel héroe guerrero, dispuesto a dar la vida durante el fragor de la batalla en nombre de su nación o de su credo. Asimismo, no faltan casos de actitudes rayanas en lo heroico dentro del mundo de la empresa. Las motivaciones de los empresarios los empujan, en especial durante tiempos de crisis, a superar como auténticos *misioneros* con valentía e imaginación las más arduas dificultades. Muchos miembros de la empresa (dueños o no) transforman su tarea diaria en una auténtica *Misión de Vida*. No faltan ejemplos de empresarios que, literalmente, han muerto persiguiendo el ideal que dio sentido a su existencia.

Ubicaremos al misionero en el extremo SE de nuestro mapa de la diversidad. Ellos están dispuestos a dar todo de sí para concretar su visión. Están a sus anchas cuando despliegan sus habilidades en el campo empresario: una zona en la que dejan todo para cumplir su tarea. Están dispuestos a cambiar de campo de acción siempre que sea en servicio de la misión. Su estilo de liderazgo es como un *tejido* ya que se expande generando enlaces en los distintos puntos en los que lo requiera la misión.

El misionero ama la concordia y la armonía, por eso se rodea de otros como él. Juntos se lanzan al campo para realizar la tarea de sus sueños. Solo o en compañía, es capaz de enfocar todos sus conocimientos y su energía en un proyecto. Está orgulloso de sus capacidades y quiere ser el mejor de su clase. Necesita serlo; en el campo le hará falta para adaptarse a contextos desconocidos.

Perseverante, acepta los inconvenientes que se le presenten y los resuelve creativamente. "La resolución de un problema comienza al definirlo", sería un lema acorde con su temperamento. Lo motiva el desafío de "cumplir su misión", de ver su trabajo concretado. Hay que presentarle el problema y los objetivos a lograr, no la descripción de sus tareas. Sabe que muchos misioneros pueden más que uno solo, por lo que no dudará en aunar esfuerzos con otros en pos del objetivo. Por eso va formando un tejido de iguales, dispersos por donde haya pasado. Un misionero admira a otro de su especie por sus méritos y talentos. No se impresiona por los encantos del artista o el carisma del timonel.

Al misionero se lo puede ver como avanzada de alguna gran corporación abriéndose paso en zonas desconocidas. Las compañías necesitan contar en sus filas con un grupo de misioneros dispuestos a cumplir la misión empresaria donde haga falta. Tiene el empuje, la determinación y la versatilidad del timonel pero, a diferencia de este, el misionero lo hace todo *por* la institución a la que representa.

¿Qué es el Sol?

Una buena manera de comprender las diferentes perspectivas de nuestros personajes sería preguntarles "¿qué es el Sol?" a cada uno de ellos.

Las respuestas podrían ser algo así:

- Para el *artista* es luz y color.
- Para el *científico* es energía térmica.
- Para el *timonel* es orientación.
- Para el *misionero* es vida.

Cuadro de tipos ideales de líderes del Modelo I/E

Punto cardinal	Personaje	Organización	Estilo de liderazgo
NO	Timonel	Nave	Voz de mando
NE	Artista	Atelier	Paleta
SO	Científico	Laboratorio	Pirámide
SE	Misionero	Campo	Tejido

Análisis FODA de los tipos ideales de líder del Modelo I/E

	Fortalezas	Oportunidades	Debilidades	Amenazas
Timonel	- Capacidad analítica - Visión panorámica - Rapidez decisoria - Responsabilidad	- Nuevos emprendimientos - Enfrentar crisis ("piloto de tormentas")	- Frío, "sin sentimientos" - Calculador y crítico - Autoritario	- Situaciones ambiguas ("niebla") - "Viento en contra"
Científico	- Capacidad ejecutiva - Visión sistémica - Tareas rutinarias - Supervisión	- Sistemas de producción y administración - Reorganizaciones	- Dificultad para la abstracción - Estructurado - Resistencia al cambio - Falta de adaptabilidad	- Contextos cambiantes - Situaciones de crisis ("no normalizadas")
Artista	- Capacidad creativa e innovadora - Visión estética - Versatilidad - Intuición	- Agente de cambio - Planeamiento estratégico - Desarrollo de productos	- Desordenado - Falto de enfoque ("vive en las nubes") - Soñador/utopista - Poco cumplidor	- Presupuestos ajustados - Cronogramas estrictos - Dificultades financieras
Misionero	- Capacidad empática - Visión armónica - Coherencia - Integridad - Sociabilidad	- Desarrollo de nuevos mercados y clientes - Establecimiento *off shore* - Control de obras	- Susceptible - "Blando", siempre dice que sí - Demasiado dogmático	- Estudio de campo deficiente - Hostilidad del entorno

Cuadro 1

1.4. Aplicación del Modelo I/E en las organizaciones

Los sectores empresarios en el Modelo I/E

Admitiendo que, según el área funcional analizada, cada compañía puede estar ubicada en diferentes sectores del Modelo I/E, así como las personas tienen "tendencias preferidas", los sectores empresarios también las tienen. Al examinar el esquema, debemos tener presente que esas ubicaciones no son exactas, sino que indican el centro de "zonas de preferencia" cuyos contornos imaginamos difusos. Se trata de una interpretación que solo intenta "orientarnos" en una realidad empresarial compleja e imposible de fijar con criterios estrictos.

A cada sector se le asoció (a manera de ejemplo) una empresa elegida como representante arquetípica de su industria. La ubicación en el mapa podría ser compartida por empresas de similares características. La cualidad que se tomó en cuenta para clasificarlas es el *tipo de vinculación* y los requerimientos de los *clientes típicos* de cada área de negocio. Como dijimos, dentro de cada organización se pueden encontrar comportamientos que tienen que ver con funciones específicas, tal como examinaremos en el punto siguiente.

Más allá del sector a que pertenezca, una empresa en formación debe contar con el liderazgo de un emprendedor, un auténtico *timonel*. Aunque este perfil suele ser efectivo en las primeras etapas, es probable que con el tiempo se desplace hacia zonas más centrales del mapa. El desplazamiento supone hacer mayor énfasis en los clientes mediante el aporte de soluciones más que de productos, descentralizar el comando hacia una red ampliada y, de ser necesario, con alcance global.

En el mismo cuadrante ubicamos a las empresas pertenecientes al sistema de *franquicias* (por ejemplo, un restaurante de comidas rápidas como McDonald's). Estas compañías mantienen una fuerte imagen institucional con énfasis en la racionalidad de sus procesos. Sin embargo, suelen dar a sus franquiciados (quienes conocen mejor gustos y necesidades de los clientes por estar en contacto directo con ellos) cierta libertad de acción (nunca falta el vaso de vino en Francia, ni el aceite de oliva en España) para que realicen adaptaciones específicas.

Cercana al vértice del cuadrante SO encontramos el sector de *seguros* –como Lloyd's de Londres– que debe respetar estrictamente los procesos administrativos y mantener una firme imagen corporativa, ya que esos son los valores perseguidos por sus asegurados al confiar en su respaldo centenario. Próximo a esta encontramos el sector *bancario*. Aunque solían poner fuerte énfasis en los procedimientos –al igual que las compañías de seguros— se observa en este caso un desplazamiento hacia el centro. Por ejemplo, el Citibank que, con nuevo nombre (Citi) y nueva imagen, busca aproximarse a los clientes (sin abandonar el perfil de seriedad). De esa manera se muestra más cercano y "amistoso" en la percepción de ellos.

Un gran *supermercado* como Wal-Mart o Carrefour, con alta rotación de mercadería y bajos márgenes, necesita priorizar la racionalidad de sus procesos logísticos para abaratar los costos. Asimismo, el hecho de estar en contacto directo con los clientes requiere de la empresa especial atención a los hábitos de compra que cambian rápidamente, ya sea por modas, cuestiones estacionales, diferencias culturales, lanzamiento de nuevos productos y otro sinfín de asuntos que les imprimen una dinámica única. También las empresas *automotrices* deben realizar procesos de adaptación relativamente veloces, aunque en su caso existe una inercia mayor, propia de las dificultades que implica el lanzamiento de nuevas líneas de automóviles.

Ingresando en el cuadrante del cerebro derecho, ubicamos a empresas de *electrónica*, como Sony, cuya gama de productos tienden a acercarse a los gustos de sus clientes y, al mismo tiempo, está "tironeada" hacia la racionalidad por las limitaciones de la tecnología. Algo más a la derecha colocamos las empresas de *consumo masivo*, como Unilever o Procter & Gamble que deben tener en cuenta las emociones de sus consumidores, aunque manteniendo la flexibilidad para adaptarse a nichos más reducidos debido a la gran gama de artículos que producen.

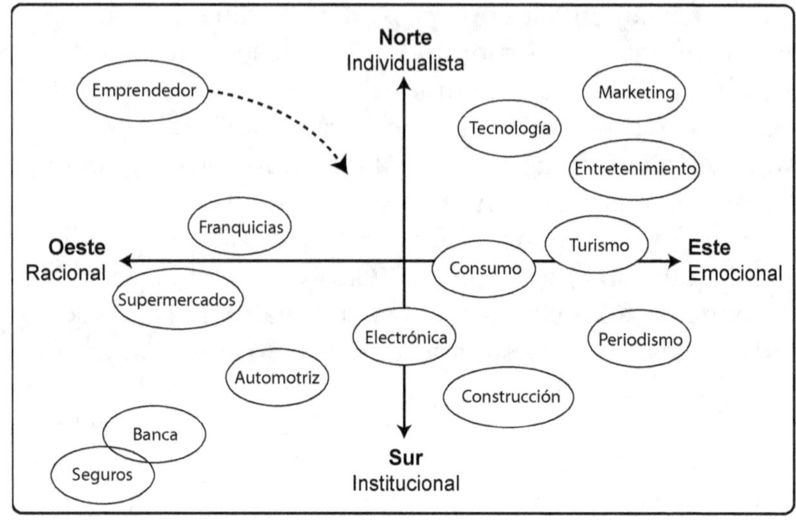

Figura 2

Por su misma naturaleza las empresas de *entretenimiento* y *turismo* están volcadas hacia lo emocional. Comparando dos casos arquetípicos como Disney y Club Med, podemos suponer que la primera tiene componentes emocionales más fuertes, mientras que la segunda posee servicios adaptados más particularmente a las necesidades de los clientes individuales. Otro grupo de empresas con fuerte foco en lo emocional son las *periodísticas*. En su caso hay un acercamiento a lo individual ya que, aunque suelen mantener una línea editorial, para tener personalidad necesita que sus periodistas sean individuos con opinión propia, con cierta ideología compartida. Una empresa que hace productos "a pedido" como Boeing o Airbus, debe contar con el compromiso de sus equipos en un trabajo mancomunado. En la misma zona podríamos ubicar a las empresas *constructoras* y viales.

Muy inclinadas hacia lo individual y emocional aparecen las empresas de *tecnología* y de *marketing* que basan su supervivencia en la capacidad creativa e innovadora de sus miembros. De allí la relativa falta de normas rígidas, el ambiente distendido y hasta lúdico que suele reinar en sus oficinas. El proceso creativo es esencialmente individual (como el pensamiento) aunque puede estimularse por medio de procesos grupales del estilo *brainstorming* o de diseño enfocado en personas.

Las áreas funcionales en el Modelo I/E

Aún dentro de una misma empresa pueden observarse diferencias culturales. El nivel en el que se visualizan con mayor claridad esas diferencias es el *funcional*. Quien haya trabajado en una corporación ha podido observar que la gente de marketing suele pensar que los de producción son rígidos y poco adeptos al cambio, mientras que los de investigación y desarrollo son vistos como soñadores por los de producción, que tienen que bajar al mundo real sus fantasías. Todas las demás áreas consideran a la dirección general como una especie de sociedad secreta integrada por miembros de un Olimpo no accesible para los mortales. Veamos cómo podrían distribuirse las áreas en el mapa.

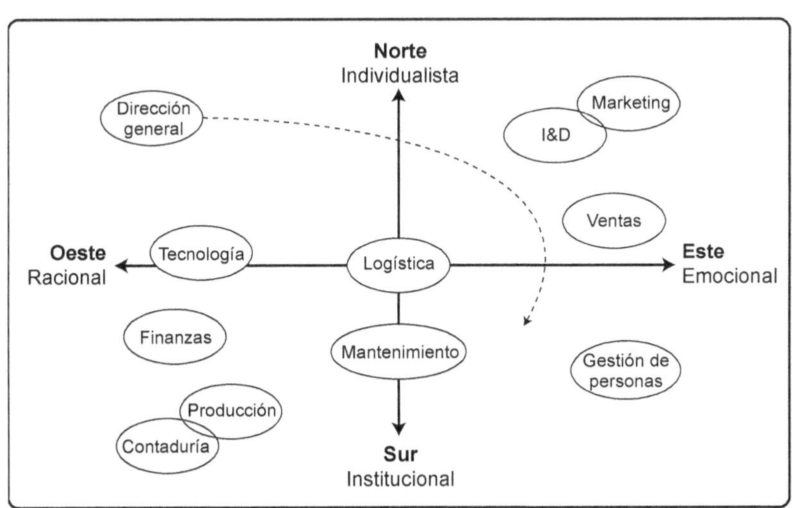

Figura 3

Dado que se trata de "pilotear", en una primera aproximación podríamos suponer que la dirección general se ubica en la zona del timonel. Sin embargo, las tendencias actuales de management parecen indicar un desplazamiento hacia la zona central del cuadro o moviéndose cómodamente a través de él. Una de las habilidades más valoradas actualmente en los líderes es la versatilidad. Se necesitan "hombres del Renacimiento" para liderar en el siglo XXI.

- Marketing es la zona de los artistas, creativos e innovadores. Otros innovadores son los de investigación y desarrollo, aunque por necesidad de tener "los pies sobre la tierra" se desplazan algo a la izquierda del mapa.
- Ventas está en la zona individualista, aunque la necesidad de respetar las pautas fijadas desde la dirección la "tiran" hacia lo institucional. Asimismo, la exigencia de actuar con empatía la mantiene vecina al extremo emocional.
- También volcada sobre el cuadrante derecho encontramos la gestión de personas, aunque en este caso –además de las cualidades emocionales– debe tener una identificación mayor con lo institucional ya que su función es ser el nexo entre los individuos y la empresa.
- Contabilidad es una actividad metódica y reglada, por eso la ubicamos muy cerca del vértice SO. Algo más desplazada hacia el centro está el área de producción, más expuesta a responder a las variaciones del contexto.
- Mantenimiento es una función bastante "neutra", ya que es transversal a la compañía. Algo similar ocurre con logística y tecnología informática, volcadas a lo racional porque deben responder a las necesidades de los individuos y de la institución.

2. Modelo del eneágono

2.1. Introducción al Modelo del eneágono

El Modelo del eneágono se emplea para analizar diferentes aspectos centrales de una organización. Permite tomar una "fotografía" de esta en diferentes momentos para identificar las brechas entre una situación dada y otra aspirada. Mediante su aplicación podrán estudiarse los cambios necesarios para llegar de un estado al otro. También ayuda a señalar las interacciones entre los diferentes elementos y los impactos cruzados.

Con este modelo puede analizarse la alineación de nueve factores o elementos clave de la empresa. A partir de los datos de la realidad se definen esos factores y se los analiza de cara a las prácticas observadas para identificar su adecuación. Asimismo, emergen las tensiones (positivas y negativas) que podrían generarse entre ellos y entre las diferentes áreas.

El modelo original fue desarrollado en la década de 1980 por R. H. Waterman Jr., T. J. Peters y J. R. Phillips[12]. Tuvo amplia difusión y se lo conoce como el "Modelo de las 7 'S' de McKinsey"[13]. En 1993 el profesor José Antonio Pérez López del IESE publicó un esquema similar al que se agregaron dos dimensiones nuevas (misión interna y misión externa) con lo que quedó conformado el "eneágono" que presentamos a continuación.

---

12 Waterman Jr., R. H.; Peters. T. J. y Phillips, J. R.: *In Search of Excellence*. Harper Business, Nueva York, 1982.

13 Parte de las definiciones que contiene esta nota se inspiraron en el libro *Alineando la organización*, de Andrés Hatum, Ediciones Granica, Buenos Aires, 2009 y en el *paper*: "A Leader's Guide to Undersanding Complex Organizations: An Extended '7-S' Perspective"; escrita por el profesor Jack Weber de Darden Business School, Universidad de Virginia.

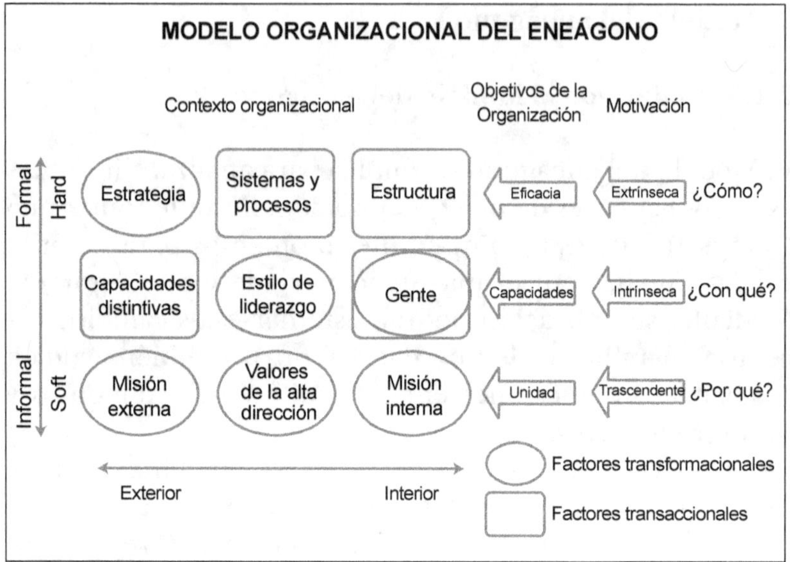

Figura 4

2.2. Dinámica del eneágono

Se trata de un marco de referencia sumamente útil para comprender de manera integral una organización. Su uso ayuda a descubrir las relaciones dinámicas entre nueve elementos fundamentales que componen el contexto organizacional: estrategia, sistemas y procesos, estructura, capacidades distintivas, estilo de liderazgo, gente, misión externa, valores de la alta dirección y misión interna.

Los que en la figura 4 están representados dentro de óvalos son los "factores transformacionales", ya que cualquiera de estos que sea modificado por decisión de la dirección generará un efecto cascada que impactará sobre los ocho restantes. Los representados dentro de rectángulos son los "factores transaccionales", ya que se deberán adecuar cuando los transformacionales sean alterados.

Para que una organización esté alineada, los nueve elementos deben encontrarse coherentemente ajustados. Cualquier desfasaje tendrá repercusiones que generarán desde pérdidas de recursos hasta el fracaso organizacional. Por ejemplo, si una compañía se propone organizar la información del mundo deberá contratar muchos expertos en informática. Si busca comercializar una línea de perfume o de bebidas alcohólicas, necesitará gente de marketing y de ventas. Desde ya que las demás áreas deberán estar cubiertas pero, para desarrollar las capacidades distintivas con las que va a salir a competir en el mercado, ciertos perfiles profesionales son más necesarios que otros.

Los tres elementos superiores (estrategia, sistemas y procesos, y estructura) corresponden a lo *hard* o duro de la organización. A medida que descendemos nos movemos hacia la zona *soft* o blanda. Suele haber una correspondencia entre lo duro y lo formal, presente en documentos impresos y tangibles, y lo blando y lo informal, propio de lo cultural, activo e influyente, pero más intangible. Respecto del tiempo, los elementos superiores están más vinculados al corto plazo, mientras que los inferiores lo están al largo plazo, ya que suelen estar arraigados en la cultura y eso les otorga mayor inercia.

Desplazados horizontalmente hacia la izquierda se ubican los elementos externos de la organización (estrategia, capacidades distintivas y misión externa); es decir, aquello con lo que la empresa "sale a competir" en el mundo. En el centro aparecen elementos que facilitan el vínculo entre la organización y el mundo. Por último, a la derecha, aparece lo más íntimo de la organización: su estructura, su gente y su misión interna.

Desde el punto de vista de los objetivos organizacionales, la línea superior apunta a la *eficacia;* es decir, al cómo o las maneras concretas de conseguirlos. Sus resultados se ven en el corto plazo –incluso a nivel del día a día– aunque sus efectos (en particular en el caso de los factores transformacionales) tienen también impacto en el largo plazo.

El trío central corresponde a las *capacidades* que debe desarrollar la organización para implementar su estrategia. Indica *con qué* gestión de personas se van a conseguir los objetivos organizacionales.

En la línea inferior figuran los elementos que refuerzan la *unidad* del conjunto organizacional. Establecen el *porqué* se persiguen los objetivos organizacionales. Le dan sentido a la organización y actúan como aglutinantes internos, al tiempo que la trascienden. Se corresponden con los valores y la cultura que la alta dirección desea transmitir tanto dentro como fuera de la empresa.

Si bien no existen motivaciones "puras"[14], en cada nivel predominan diferentes modalidades. En el nivel superior se destaca la motivación extrínseca, en el intermedio la intrínseca y en el inferior la trascendente.

2.3. Análisis de los componentes del eneágono

Valores de la alta dirección

Los valores de la alta dirección están implícitos en la visión, que es lo que la compañía podría llegar a ser si cumple con su estrategia en el marco que le dan sus valores.

Los valores son conceptos que sirven de guía y que establecen los límites éticos. Le "marcan la cancha" a los directivos y al personal en general. Son, asimismo, las aspiraciones –muchas veces implícitas y no escritas– que van más allá de los enunciados formales. Ofrecen información sobre la dirección futura que la alta dirección desea que se internalice en todos los miembros de la empresa.

---

14 El asunto de las motivaciones se analizará en detalle en el Capítulo VII, "Motivación y compensación".

Incluidas en los valores hay dos nociones, una aspiracional –la visión– que tiende al futuro, y otra que contiene los valores centrales y estables de la dirección (implícitos en la cultura). En general se trata de objetivos de muy alto nivel a los que se tiende, sin alcanzarlos completamente (como el ejemplo de la visión de Wal-Mart de "hacer que las personas comunes puedan acceder a los bienes a los que acceden los ricos"). En algunos casos pueden ser metas a largo plazo cuyo logro significaría un paso trascendente que devendrá en un cambio en la propia naturaleza de la organización (como el caso de la misión Apolo y la llegada del hombre a la Luna).

Podríamos sintetizarlo diciendo que la visión señala lo que la dirección entiende por "éxito".

Misión externa

Es la manera en que la empresa piensa agregar valor a la sociedad. Es su razón de ser. Manifiesta qué debe hacerse a diario para dirigirse a la visión. Va más allá de sus accionistas e incluso de sus *stakeholders*[15]. Tiene un sentido amplio que contiene la idea de sustentabilidad.

Un ejemplo de misión es la de Google que se propone "organizar la información del mundo y hacerla universalmente accesible y útil"[16]. Esto explica claramente a todos qué hacen para agregar valor social. Que la compañía respete y se alinee a la misión es tan importante que llevó a que el gigante de la informática se dividiera y creara el grupo

---

15 *Stakeholders* es un juego de palabras que se genera a partir de *stockholder* o accionista. Un *stakeholder* es alguien que tiene interés porque es afectado de manera directa o indirecta por lo que suceda en la compañía. En primer lugar, son *stakeholders* los empleados, los accionistas, los proveedores, los clientes y otros miembros de la empresa. También lo son los familiares de los empleados y los miembros de la comunidad donde se asienta.

16 https://www.google.com/about/company/

Alphabet[17]. Desarrollar autos sin chofer o realizar investigaciones medicinales podrían ser misiones relevantes, pero no eran las de Google. Para evitar que esta tensión de misiones generara esquizofrenia organizacional, Larry Page y Sergei Brin prefirieron armar varias compañías y permitir que el buscador siguiera cumpliendo su misión original.

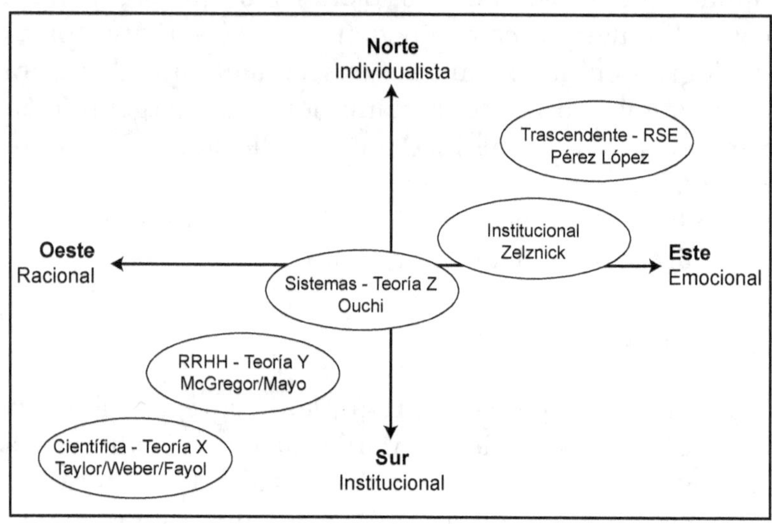

Figura 5

Misión interna

Es la *propuesta de valor* para los empleados. Además de la retribución monetaria, son maneras en que la empresa se propone detectar, atraer, desarrollar y mantener los mejores talentos en la organización. Sintetiza lo que la compañía aspira a ser para sus colaboradores. Suele incluir toda una gama de sistemas de compensación y de reconocimiento enfocados a motivar, desde lo extrínseco, lo intrínseco y lo trascendente.

---

17 https://abc.xyz/

Estrategia

En términos simples, es la manera en que la empresa "se gana la vida". La "forma de hacer" que se cumpla la misión respetando los valores. Se enfoca en la elección de caminos alternativos para lograr un posicionamiento sustentable en el mercado en el que compite. Gracias a la estrategia se consigue coherencia en la resolución de los dilemas que se presentan en un contexto organizacional cambiante. La estrategia sirve de orientación a las decisiones tomadas en la empresa.

Si imaginamos una compañía que produce un solo producto o brinda un solo servicio, la estrategia debe contemplar la pregunta de cómo lograr que se alcance un posicionamiento sustentable con respecto a otros competidores. Debe identificarse claramente cuál será la *competencia distintiva* –aquello que hará muy bien– para obtener una *ventaja competitiva* –que servirá para distinguirse de sus competidores– respecto de los jugadores actuales, los potenciales y los productos alternativos. También deberá tener en cuenta la relación de fuerzas con proveedores y clientes.

Cuando una compañía brinda un rango de productos y servicios también deberá contar con una estrategia corporativa que les permita a los diferentes *stakeholders* entender cómo distribuye sus recursos (cuál es su portfolio de negocios), cuáles son las sinergias entre los diferentes negocios y cómo piensa la corporación agregar valor a las empresas que la conforman. Estas preguntas son críticas para que los inversores puedan evaluar la capitalización presente y futura de la corporación diversificada. Este análisis permitirá determinar si el valor de la corporación como tal es mayor que el valor que resultaría de la venta de las unidades de negocio individuales. También es importante saberlo porque no son las corporaciones las que compiten sino sus negocios.

En cuanto a las divisiones o unidades de negocios, aparecen las *estrategias funcionales*. Por ejemplo, marketing se preocupará de establecer estrategias de precios, nicho o segmentación; operaciones intentará enfocarse en una estrategia de bajo costo o de mejorja continua; mientras que gestión de personas podría interesarse por "ser un gran lugar para trabajar".

En el escalón más bajo están las *estrategias individuales* que se plantean las personas para cumplir con sus propios objetivos. Las estrategias de más alto nivel deben ser claras y transparentes para que cada empleado pueda juzgar si están *alineadas* con las personales. También para que puedan desarrollar sus propias competencias distintivas que les generen ventajas competitivas dentro de la organización.

Lo crítico de la alineación es evitar la "esquizofrenia organizacional"[18] que se presenta cuando las organizaciones no la consiguen. Por ejemplo, si por una parte la empresa dice ser innovadora, mientras que por otra se castigan los errores de quienes intentan cosas nuevas, el mensaje contradictorio, produce tensiones que derivan en el escepticismo y en el cinismo de sus miembros. La dirección pierde credibilidad y la organización entra en un círculo vicioso que puede llevar a su desintegración.

Estructura

La estructura formal es la parte visible que muestra la manera en que se distribuyen la autoridad y las tareas en la organización. Es más fácil de visualizar que las otras dimensiones porque suele estar escrita en un organigrama. Permite una primera aproximación para comprender la dinámica de sus miembros.

En el caso de una compañía con un único negocio podría estar organizada por función (por ejemplo, marketing, ventas, producción, finanzas, gestión de personas, sistemas

---

18 Hatum, *Alineando la...*, *op. cit*, pág. 23.

de información, administración, etc.), por producto o por distribución geográfica. En una compañía diversificada, podría organizarse mediante oficinas regionales y unidades de negocio. Dentro de cada una de estas puede haber otras divisiones, por producto, función o ubicación geográfica.

Las organizaciones no son estáticas sino que van evolucionando con el tiempo. Una misma corporación puede tener unidades de negocio diferentes en distintas etapas de desarrollo.

Existe otra estructura paralela que es la informal, a veces más relevante que la formal. Se compone de toda la red de influencias que se dan entre quienes integran la empresa y con ramificaciones con el exterior. Movida mayormente gracias a relaciones no escritas, es la que realmente hace que "pasen las cosas" en el día a día.

Estilo de liderazgo

Cada organización tiene un estilo de liderazgo determinado, que generalmente se corresponde con el que le imprimieron sus fundadores. Por ejemplo, hay organizaciones que se orientan al trabajo en equipo y a la búsqueda de consensos, y otras más individualistas y competitivas.

El estilo imprime patrones de acción que se descubren en la organización y que no suelen estar escritos. Responden a "la manera de hacer las cosas aquí", o lo que se suele englobar dentro de la "cultura organizacional". La cultura establece "lo correcto" en términos organizacionales. Cuando se encuentran bien arraigadas o internalizadas, las normas establecidas por la cultura se transforman en implícitas; es decir, no son expresadas pero son percibidas por todos los miembros.

La cultura sirve para tomar las decisiones del día a día. Gracias a ella no se pierde tiempo en la resolución de dilemas éticos (en el sentido de comportamiento) habituales.

El lado oscuro es que "automatiza" algunas cuestiones que merecerían mayor reflexión. Asimismo, una vez arraigada, imprime cierto grado de "inercia" a la organización, lo que dificulta los procesos de cambio.

Al igual que la estrategia, los valores y las misiones, el estilo de liderazgo es un factor transformacional; es decir, cualquier modificación implica mutaciones en los otros factores. Una vez más, los nueve factores deben ser coherentes entre sí; de no serlo, producen "ruidos", rozamientos y desgaste. La falta de alineación entre estos factores puede conducir a crisis e incluso a la desintegración de la organización.

Sistemas y procesos

En general suele asociarse los "sistemas" con los "sistemas informáticos", pero en nuestro caso les damos un alcance más amplio. Nos referimos a todos los procedimientos y procesos, tanto formales como informales, que indican las actividades relevantes de los gerentes (por ejemplo, la preparación del presupuesto anual). También a los que son fuente de competencias distintivas, como las mejores prácticas en algún área de la organización (los sistemas de compras, de ventas o de logística).

También incluye los sistemas de planeamiento, de presupuesto, de manejo financiero y de reportes, de reclutamiento y selección, de remuneración y recompensa de ventas, de capacitación y desarrollo, de auditoría, de compensación, de pipeline o sucesión ejecutiva, etcétera.

Los sistemas son el primero de los "factores transaccionales"; es decir, que están supeditados a los de mayor nivel. Asimismo, pueden ser tanto facilitadores como generadores de barreras insalvables a sus hermanos mayores.

Por ejemplo, si los sistemas de remuneración son opuestos al estilo que la dirección desea darle a la compañía, la falta de sintonía traerá aparejados roces y faltas de entendimiento que pueden terminar en la desvinculación de parte de los empleados con la consecuente pérdida de talentos. Otro ejemplo sería la falta de sistemas de comunicación o informáticos adecuados entre divisiones que deberían trabajar de forma coordinada.

Adecuar los sistemas a la estrategia, al estilo de liderazgo y a los valores es un desafío que suele resultar más difícil que la alineación de los otros factores transaccionales; es decir, la gente y las capacidades distintivas.

Capacidades distintivas

Son los atributos que distinguen a la compañía de sus competidores, algo que se sabe que la compañía hace bien y que la separa del resto.

Podría ser la capacidad para trasladar aprendizajes sobre un producto o servicio entre divisiones, regiones o países de forma rápida y efectiva, o una compañía diversificada que emplea las mejores prácticas de cada unidad de negocio en otras o una forma de vender, una tecnología propia o la agilidad de respuesta.

Gente

Las personas que integran la compañía pueden ser más o menos diversas en términos de género, generación, formación profesional o alguna otra diferencia relevante a nivel gerencial. Pero en un análisis más profundo interesan las actitudes, la motivación y el compromiso, los valores, la alineación con la cultura y con el estilo de la empresa. Cada uno de estos elementos alcanza mayor relevancia a medida que nos movemos hacia arriba en la pirámide organizacional ya que tienen un amplio impacto en los niveles inferiores.

3. Caso de estudio

Apple o el liderazgo más allá del líder

> *Mantente hambriento. Mantente tonto.*
>
> STEVE JOBS[19], cofundador de Apple

En 1976, Steve Jobs y Steve Wozniak, dos amigos que se habían conocido en la Universidad de Stanford, California, concibieron la idea de una compañía de computadoras personales y fundaron Apple Computer Inc. La palabra *computer* del nombre original de la compañía se sacaría mucho tiempo después cuando la empresa se amplió a productos electrónicos en general.

Junto con la de Bill Gates, la historia de Jobs y Wozniak contribuyó a convertir los alrededores de San Francisco en la meca de los emprendedores tecnológicos. Como otros jóvenes entusiastas de aquel entonces, Jobs tuvo que vender su viejo Volkswagen por 1.300 dólares y pedir prestado el garaje de la casa de sus padres para armar los primeros equipos con la única ayuda de un pequeño grupo de amigos. Había nacido la leyenda del garaje de los millonarios de Silicon Valley.

El éxito no se hizo esperar y al poco tiempo consiguieron financiación adicional que sirvió para impulsar el crecimiento de la empresa. En 1978 lanzaron la Apple II, una computadora personal que se vendía por 666,66[20] dólares.

---

19 Jobs, S.: *Discurso de graduación en Stanford*, 2005. Traducción propia. https://www.youtube.com/watch?v=UF8uR6Z6KLc.

20 La cifra no puede ser casual y, seguramente, fue usada para reforzar el concepto de "marca transgresora" de Apple implícita en la manzana –símbolo del pecado original– mordida del logo de la compañía. Recordemos que el 666 es el número con el que se menciona a "La Bestia" (el Demonio) en el Libro del Apocalipsis.

El mismo año lanzaron el IPO[21], lo que la convertiría en una compañía pública y les permitiría hacerse del capital necesario para acelerar su crecimiento.

Los comienzos: el breve paso de Steve Jobs por Atari

En 1974 Steve Jobs había entrado en Atari, el lugar de moda para trabajar en aquel entonces. Atari había creado el concepto de los juegos en magazines[22] que se reproducían por medio de una consola en el hogar empleando un aparato de televisión común, y así revolucionó la industria del entretenimiento.

El director de personal tenía un estilo hippie que sorprendió a Steve, quien de inmediato decidió que quería trabajar en una empresa con esa actitud[23]. Durante su tiempo en Atari aprendió mucho, en particular de Nolan Bushnell, su fundador. Quedó especialmente impactado por la determinación de Bushnell en seguir sus propias normas e ideas.

Otro factor que lo impresionó intensamente fue la sencillez de los juegos que producía la compañía. Por ejemplo, las únicas instrucciones que incluía el de *Star Trek* eran: "1. Inserta una moneda. 2. Evita a los *klingon*"[24].

Según recordaba Bushnell[25]: "[Jobs] Era más filosófico que las otras personas con las que trabajaba… Yo tendía a creer que las cosas estaban predeterminadas, que estábamos programados… Steve opinaba lo contrario". Para Jobs era posible alterar la realidad.

---

21 IPO: *Initial Private Offering*. Es la primera venta pública de acciones de una compañía.

22 Los "magazines" eran unos cartuchos plásticos algo más grandes que los casetes de audio, en los que se colocaba la cinta magnética.

23 Isaacson, W.: *Steve Jobs*. Edición en español Random House Mondadori, Barcelona, España, 2011, pág. 71.

24 *Ibidem*, pág. 73.

25 *Ibidem*, pág. 73.

Años de rápido crecimiento y nuevos desafíos

Para 1980, Apple Computer ya había producido tres versiones mejoradas de la PC, al tiempo que los dos Steves se habían convertido en multimillonarios. A pesar de eso, el dinero nunca había sido su principal motivación. En un reportaje[26], Jobs resaltaba que no lo hacía por dinero sino que su intención era producir cambios en el mundo.

En 1981 IBM lanzó el modelo XT, su primera computadora personal de arquitectura abierta. La entrada de "Big Blue" al mercado de las computadoras personales fue un hecho revolucionario y explosivo. En una industria que se encontraba atomizada con infinidad de normas y de fabricantes, la aparición de IBM sirvió para fijar un nuevo estándar. Desde entonces las PC pasaron a ser "IBM compatibles" o no, lo que facilitó el ingreso de un gran número de marcas como Dell, HP y Compaq, entre muchas otras. El fenómeno se amplió a otros países, particularmente los asiáticos, como Taiwán y Corea. La estandarización de las PC simplificó su interconexión y sentó las bases para la próxima difusión de Internet.

La XT fue viable gracias a la alianza entre IBM y Microsoft, que se especializó en el sistema operativo DOS, mientras Intel hacía lo propio en memorias y en microprocesadores. Bill Gates entendió antes que el resto que quien dominaría el mercado informático sería la empresa que consiguiera imponer su software. El joven emprendedor había mostrado una mayor visión del negocio que el más grande fabricante de hardware de ese entonces, cuyo lugar privilegiado parecía imposible de alterar.

La posición y el prestigio de IBM puso a Apple en serios riesgos. Para 1982 las PC dominaban el mercado.

---

26 Videos compilados por Evan Carmichel: *Steve Jobs's 10 Rules for Success*, 2015. https://www.youtube.com/watch?v=eHzAtxW3TzY

El enfoque del mercado

En 1983, John Sculley, un experto en marketing de Pepsi, se integró a Apple como CEO. Sculley había estado a cargo de las campañas Desafío Pepsi y Pepsi Generation, protagonistas excluyentes de la guerra con Coca Cola. Dichas campañas lo habían transformado en uno de los gurús de marketing más respetados de esa época.

Luego de conocerlo durante una entrevista concertada por un *headhunter*, Jobs recordaba sobre Sculley: "Me cautivó aquel genio joven e impetuoso…"[27]. Estaba decidido a sumarlo a Apple y, para atraerlo, lo provocó de una forma difícil de resistir: "¿Quieres pasarte el resto de tu vida vendiendo agua azucarada o quieres una oportunidad para cambiar el mundo?"[28], lo desafió Jobs. La respuesta fue la esperada y Sculley aceptó el empleo.

Sculley quería vender algo más complejo que bebidas sin alcohol. Luego de la primera entrevista esbozó varias recomendaciones entre las que se contaban: "invertir en productos publicitarios para las tiendas que enamoren al consumidor con la perspectiva de ¡enriquecer sus vidas!"[29], colocando la simiente lo que llegarían a ser las Apple Stores. Parafraseando la campaña de Generación Pepsi, le dijo a Jobs: "Creo que Apple tiene la oportunidad de crear una Generación Apple", lo que terminaría de convencerlo[30].

De esa manera Apple Computer se centraría en el producto mediante una combinación de marketing, anuncios, espectáculos y relaciones públicas que la colocaría en la mente de clientes de todo el mundo.

El ingreso de Sculley se dio casi simultáneamente con la campaña de Macintosh de 1984. Steve le había encarga-

---

27 Isaacson, *op. cit.*, pág. 198.
28 *Ibidem*, pág. 319 y ss., Foto 5.
29 *Ibidem*, pág. 198.
30 *Ibidem*.

do a la agencia Chiat/Day un aviso que fuera tan revolucionario como el producto que habían creado. El clip de lanzamiento (realizado durante el Super Bowl de 1983) hacía referencia a la distopía[31] de George Orwell[32]. En una producción sumamente cuidada, un Gran Hermano televisivo (una elíptica, aunque obvia alusión a IBM) era destrozado por una amazona con su martillo. Una audiencia de personas androides quedaba inmediatamente liberada de su control. La leyenda de cierre decía: "El 24 de enero de 1984, Apple Computer presentará la Macintosh. Y entonces verán por qué 1984 no será como *1984*"[33]. La imagen de Apple como revolucionaria, contracultural y disruptiva se instaló con fuerza en la mente de los consumidores.

La cultura Apple

Desde sus años de universidad Steve Jobs estaba obsesionado con la cultura, la estética y el diseño industrial, y comprendía perfectamente el vínculo entre los tres.

En el célebre discurso para quienes se graduaban en

---

31 La "distopía" es la antítesis de la utopía. Se trata de una sociedad horrible y degradada donde el individuo vive en un estado alienado (fuera de sí), ya sea por anomia (carencia de normas y de orden) o por un exceso de reglas autocráticas y de un control totalitario. Puede tratarse de un estado de pobreza masivo donde hay una lucha de todos contra todos para obtener los escasos recursos (como el caso de la serie de películas de *Mad Max*), o un estado de control absoluto con una clase que somete por la fuerza y explota a otra (como el caso de la serie de películas de los *Juegos de hambre*).

32 En 1949 el escritor inglés George Orwell escribió la novela *1984*, tal vez la distopía más célebre que se recuerde. En ella describe a una sociedad que vive en un estado de guerra permanente, en el que los individuos son controlados hasta al mínimo detalle por un Estado omnisciente que se hace llamar "Gran Hermano". Las herramientas de control y de propaganda son utilizadas hasta un nivel intolerable. Los individuos quedan completamente alienados y se convierten en autómatas fácilmente manipulables. Algunos de los métodos descriptos por Orwell mantienen una inquietante vigencia…

33 https://www.youtube.com/watch?v=2zfqw8nhUwA

Stanford de 2005, recordaba que el origen de esa pasión había surgido cuando abandonó los estudios a los 17 años: "En el momento en que me fui, pude dejar de tomar las clases que no me interesaban y comenzar a aparecer en las que encontraba interesantes"[34].

Durante el mismo discurso Jobs recordaba la atracción que sentía por la caligrafía, en particular por las letras serif y sans serif:

Era hermoso, histórico, artístico, sutil de un modo que la ciencia no puede capturar, y lo encontré fascinante. Nada de esto tenía la más mínima esperanza de cualquier aplicación práctica en mi vida. Pero diez años más tarde, cuando estábamos diseñando la primera computadora Macintosh, volvió a mí. Y lo diseñamos para la Mac. Fue la primera computadora con caligrafía hermosa[35].

Según explicaba Steve Jobs, si no hubiera abandonado la universidad para tomar clases de caligrafía, la Mac no hubiera tenido varias tipografías, "y como Windows solo copia de Mac, es probable que ninguna computadora personal las hubiera tenido", según repetía cada vez que tenía la oportunidad.

A pesar de su simplicidad de uso y de su estética, la Mac era más lenta y tenía un sistema operativo cerrado, lo que la fue progresivamente relegando a ambientes de diseño gráfico y de arquitectura. A medida que la industria se estandarizaba, la Apple se especializaba para nichos cada vez más reducidos.

Obsesión por la perfección y mal carácter

Steve Jobs estaba obsesionado por la perfección del producto, y todo lo que no se ajustara a su criterio era considerado "basura" (*crap*). Esa actitud le trajo muchos problemas con

---

34 Jobs, S.: *Discurso de graduación en Stanford*, 2005.
35 *Ibidem.*

sus colegas de Apple. Por ejemplo, Mike Scott –que había sido contratado por la junta de accionistas para ponerles límite a sus excentricidades– nunca dejaría de intentar bajarlo a la tierra. El caso del color de la cubierta de la Apple II fue un ejemplo. Recordaba Scott que a pesar de contar con un muestrario de dos mil colores "ninguno de ellos era suficientemente bueno para Steve. Quería crear un tono diferente, y yo tuve que pararle los pies"[36].

Los berrinches de Jobs y la competencia de IBM y del resto de las "compatibles" comenzaron a afectar los resultados de Apple. Las visiones de Sculley y de Jobs se tornaron divergentes. La identidad de Apple había cambiado y, desde la incorporación del primero, habían comenzado a competir directamente contra IBM. Para conseguirlo, Sculley había encaminado a la compañía hacia una carrera por bajar costos que lo llevó a hacer acuerdos con Intel, con Novell y con la misma IBM. Además, lanzaron productos multimedia y periféricos.

En un artículo, el profesor Frank T. Rothaermel resumía así la situación: "Una serie de caídas de productos importantes, plazos no cumplidos y previsiones de ganancias poco realistas destrozaron la reputación de Apple"[37]. Los resultados siguieron empeorando y se desató una lucha de poder entre Jobs y Sculley. Finalmente triunfaría este último, lo que llevaría a la junta de dirección a expulsar a Steve Jobs en 1985.

La vida más allá de Apple

Durante los años de ostracismo Steve Jobs había comenzado de nuevo: "Lo que había sido el foco de toda mi vida

---

36 *Op. cit.*, pág. 119.
37 Rothaermel, F. T.: *Apple (2013): How to Sustain a Competitive Advantage?*, McGraw-Hill Education, Nueva York, 2015, pág. 3.

adulta se había ido, y fue devastador"[38]. Acerca del despido de la compañía que había fundado decía:

No lo veía en ese momento, pero resultó que ser despedido de Apple fue la mejor cosa que me pudo haber pasado. La pesadez de ser exitoso fue reemplazada por la liviandad de ser un novato nuevamente [...] Me liberó para entrar en uno de los períodos más creativos de mi vida[39].

En 1985, luego de irse de Apple, Jobs fundó NeXT, una compañía para producir computadoras orientadas a la educación superior y a los negocios. La génesis se produjo durante una cena en Stanford, luego de una conversación con el bioquímico Paul Berg –ganador del Premio Nobel– que estaba sentado a su lado.

Jobs y Berg siguieron en contacto. Algo más tarde, en agosto de 1985, mientras buscaba nuevos proyectos, Jobs llamó a Berg y lo invitó a reunirse con él[40]. Durante el encuentro Berg le explicó las dificultades de realizar análisis de laboratorio en el campo de la genética ya que los resultados podían demorar semanas o más aún. Entonces Jobs le preguntó:

¿Por qué no los simuláis en un ordenador? Eso no solo os permitirá acabar antes con los experimentos, sino que algún día todos los estudiantes de Microbiología de primer año podrán jugar con el software recombinante de Berg[41].

La posibilidad de darle un nuevo sentido a su vida lo entusiasmó inmediatamente y comenzó a trabajar en el nuevo proyecto de computadora para investigación.

En 1985, Steve Jobs fundó el proyecto NeXT, que más adelante daría origen a la plataforma que iba a servir para crear la World Wide Web, la música digital, las bibliotecas

---

38 Jobs, *Discurso…, op. cit.*
39 *Ibidem.*
40 Isaacson, *op. cit.*, pág. 275.
41 *Ibidem.*

digitales y las *apps*, entre otros adelantos tecnológicos. Su desarrollo estuvo plagado de obstáculos. En un momento estuvieron a punto de quedarse sin financiamiento, de no haber sido por el millonario Ross Perot que compró una parte de la compañía. Perot no estaba dispuesto a incurrir en el mismo error que había cometido antes con Microsoft, cuando Bill Gates le había ofrecido invertir en su empresa y él lo había descartado[42].

En 1990 Jobs había perfeccionado el arte de sus presentaciones y contrató el auditorio de la Orquesta Sinfónica de San Francisco para presentar al mundo la segunda generación de NeXT[43].

La animación, Pixar y Disney

Otro de los proyectos que había encarado fuera de Apple fue el de Pixar. En 1985, mientras Jobs estaba perdiendo el control de Apple, Alan Kay –socio de Apple proveniente de Xerox– le sugirió que fuera a conocer a Ed Catmull, director del departamento de informática de George Lucas, que ya había completado la primera trilogía de *La Guerra de las Galaxias*.

Jobs recordaba sobre la visita al rancho de Lucas donde estaba la oficina de Catmull:

> *Me quedé anonadado, ya a la vuelta traté de convencer a Sculley de que lo comprara [al rancho de Lucas] para la compañía, pero la gente que dirigía Apple no estaba interesada, y en cualquier caso parecían demasiado ocupados tratando de echarme*[44].

Steve sabía que con el tiempo las computadoras serían mucho más potentes y que esa potencia podía aplicarse a la animación de tres dimensiones:

---

42 *Ibidem*, pág. 295.
43 https://www.youtube.com/watch?v=d76GBkG3oyM
44 Isaacson, *op. cit.*, pág. 308.

El grupo de Lucas se enfrentaba a problemas que requerían una enorme potencia de procesamiento, y me di cuenta de que la evolución de la historia tendería a jugar en su favor. Me gusta ese tipo de tendencia[45].

Pixar había conseguido integrar software y hardware, algo que Jobs valoraba. A eso le sumaron un toque de creatividad que daba lugar a contenidos interesantes y entretenidos. Con Pixar, Jobs había encontrado un lugar donde se respetaban ambas culturas: la técnica y la creativa.

George Lucas y Steve Jobs se reunieron en una sola oportunidad. Como Lucas no estaba interesado en la animación pronto llegaron a un acuerdo. En enero de 1986 firmaron un contrato que especificaba que, con su inversión de 10 millones de dólares, Jobs se quedaría con el 70% de la compañía. El resto se dividiría entre Ed Catmull, Alvy Ray Smith y los otros treinta y cinco fundadores de la compañía[46].

Pixar creó las primeras películas animadas digitalmente en forma completa. Ganó 12 premios de la Academia, 6 Golden Globes y 11 Grammys. Películas como *Toy Story*, *Monsters Inc.*, *Finding Nemo*, *WALL-E* e *Inside Out* entre otras, divierten a niños y a adultos por igual.

En 2006 Disney compró Pixar por 7.400 millones de dólares y colocó a Jobs en la junta de dirección de la compañía. Se convirtió así en el mayor accionista individual de Disney con el 7% de las acciones.

Apple sin Jobs

Mientras Steve Jobs se abría camino en sus nuevas compañías, los tiempos para Apple no mejoraban. En 1990 el Windows de Microsoft dominaba el 90% del mercado de las

---

45 *Ibidem.*
46 *Ibidem*, pág. 310.

PC. En 1993 Sculley dejó su lugar a Michael Spindler, quien continuó con la reducción de costos y se fijó la meta de crecimiento internacional. En 1995, "Apple se expandía con una fina línea de productos y mercados geográficos. Había perdido su foco estratégico y no podía dejar de operar en rojo"[47].

En 1996, Gilbert Amelio reemplazó a Spindler. Su intención era enfocarse nuevamente en el segmento premium del mercado. Para eso terminó la alianza con IBM y compró NeXT. El "paquete" incluía a su fundador, Steve Jobs.

El año 1997 fue el peor de la vida de Apple. Amelio fue despedido por la junta y en su reemplazo colocaron a Jobs en la posición de CEO. A partir de ese momento comenzaría uno de los retornos corporativos más formidables de la historia de las corporaciones[48].

El regreso del hijo pródigo

La primera reunión de Jobs con la junta, luego de 12 años, se transformaría en una leyenda. En un artículo en la revista *Business Week*, Jim McCluney[49] –entonces cabeza de operaciones mundiales de Apple– recordaba que Jobs entró a la reunión usando pantalón corto, zapatillas y una barba sin afeitar de varios días. Acomodó su silla y dijo: "OK, díganme que es lo que está mal en este lugar". Luego de varios murmullos les espetó: "¡Son los productos! ¿Y saben qué está mal con los productos?". Tras una nueva pausa volvió a intervenir: "¡Pues los productos apestan! ¡No hay más sexo en estos productos!".

A partir de entonces Steve Jobs produjo una revolución que terminaría por afectar a todo el mercado de los pro-

---

47 *Ibidem.*
48 http://latimesblogs.latimes.com/money_co/2011/08/apple-stock-steve-jobs-ceo-ipad-iphone-ipod-mac.html y http://latimesblogs.latimes.com/money_co/2011/07/apple-earnings-stock-record-high-iphone-ipad-mac-.html
49 http://www.bloomberg.com/bw/stories/2006-02-05/steve-jobs-magic-kingdom

ductos electrónicos. Discontinuó productos como el Newton PDA, la impresora Laser Writer y la cámara QuickTake. Al mismo tiempo, comenzó a tercerizar la manufactura en Taiwán y a aumentar la escala del sistema de distribución, dando por finalizada la relación con las tiendas menores.

En lugar de realizar investigaciones de mercado, Jobs confiaba en su instinto, ya que para él, "… los clientes no saben lo que quieren hasta que nosotros se lo mostramos"[50]. Creó un sitio web revolucionario para vender los productos de Apple directamente a los consumidores on-line. Asimismo, abrió tiendas propias por primera vez. Según Rothaermel:

> *Aunque estas movidas parecían riesgosas en su momento, todas estas mejoras operativas ayudaron a impulsar las ventas antes en declinación. Por primera vez en cinco años (desde 1993), Apple se volvía rentable otra vez*[51].

Además, Jobs percibió la necesidad de hacer el software más amigable para los desarrolladores y migró a UNIX –de plataforma abierta– el sistema Mac OS X. El cambio generó un entorno más estable y mayor facilidad para recibir feedback de los usuarios y para lanzar actualizaciones.

Otra jugada –impensable un tiempo antes– fue la alianza con Microsoft para instalar el Office en las Mac. Luego del acuerdo, Jobs llamó a Gates y le dijo una frase memorable: "Bill, gracias. El mundo hoy es un mejor lugar".[52]

El valor del diseño

El diseño de los modelos de Apple mejoraba con cada nueva generación, tanto desde lo técnico como desde lo estético. Se empezaron a usar nuevos materiales, colores y

---

50 Isaacson, *op. cit.*, pág. 320, foto 6.
51 Rothaermel, *op. cit.*, pág. 4.
52 Isaacson, *op. cit.*, pág. 320, foto 10.

texturas gracias a la incorporación de Johnathan Ive, un diseñador inglés. A él se le atribuyen productos como la iMac, las iBooks de aluminio, el iPod, el iPhone y el iPad[53]. Gracias a la belleza y el rendimiento de sus equipos la imagen de Apple se revitalizó inmediatamente.

La competencia no podía seguir el ritmo de los nuevos diseños que lanzaba Apple. Para resaltar esta brecha –y mostrando su rostro más competitivo– durante una entrevista, Jobs dijo que Michel Dell solo hacía "cajas beige no-innovadoras"[54].

De cultura a culto

Retomando la línea conceptual de 1984, en 1997 Apple lanzó la campaña: Think Different. En esta aparecen personajes célebres por su postura contracultural, como Martin Luther King Jr., Charles Chaplin, John Lennon, Pablo Picasso, Mahatma Gandhi, Albert Einstein, Alfred Hitchcock y otros[55]. El foco de los avisos dejaban de ser los productos y pasaba a ser la imagen de compañía en sí misma. Con el retrato de un personaje famoso, la leyenda "Think Different" y el logo de Apple era suficiente. No se trataba de comprar productos sino de ser parte de algo más grande.

En 2002, la campaña Switch[56] mostraba a personas comunes y a famosos cambiando sus PC por Mac. En los avisos los hijos se lamentaban de que los padres aún no hubieran cambiado a Mac y los seguían molestando para que les solucionaran los problemas que les ocasionaban las PC. Otros se preguntaban por qué habían demorado tanto en cambiar.

---

53 http://www.telegraph.co.uk/technology/picture-galleries/9282889/Sir-Jonathan-Ives-career-in-pictures.html
54 *The Economist*, 8 de marzo de 2010. Schumpeter. http://www.economist.com/node/15716776
55 https://www.youtube.com/watch?v=5sMBhDv4sik
56 https://www.youtube.com/watch?v=VHid1bcf1sM

En otra serie de mensajes publicitarios –que recordaban la "guerra de colas" entre Pepsi y Coca Cola– se veía cómo el actor Justin Long (arquetipo del joven *cool* y con un toque *nerd* que se presentaba como "*I'm a Mac*") se enfrentaba con un hombre de traje gris o beige ("*I'm a PC*") que era ridiculizado de todas las formas imaginables[57].

Steve Jobs estaba interesado desde un comienzo en difundir la cultura de Apple y su imagen, más que productos que se volvían obsoletos en poco tiempo. Buscaba la fidelidad de los clientes con la marca. Quería afianzar los valores y las creencias de su compañía. Quería volver a los orígenes, al mensaje del logo de la manzana mordida[58] que había inspirado al primer eslogan de los años 1970: "*Byte into the Apple*". Buscaba que Mac fuera un culto. Como señalaba un artículo de la revista *Forbes*: "Apple es un culto y Apple Store es la iglesia de sus discípulos"[59]. Pretendía que trabajar en Apple fuera "menos trabajo, más llamado". Intentaba que sus empleados estuvieran comprometidos con la tarea de "cambiar el mundo".

Decía Rothaermel en su ya mencionada nota:

El espíritu rebelde de Apple no solo atraía una estima de largo plazo de los empleados sino que también creaba un seguimiento casi como un culto entre los clientes que apreciaban la predisposición de Apple de pensar diferente[60].

---

57 https://www.youtube.com/watch?v=tEvXVJHTQAk

58 La manzana tiene una fuerte potencia semiótica. Señalada en el Antiguo Testamento como la "fruta prohibida" representa el conocimiento que está vedado a las personas. El "pecado original" de haberla mordido implica la trasgresión más grande cometida por la humanidad. Si la intención de Jobs era crear la imagen de una cultura trasgresora del *status quo*, el símbolo no pudo ser más adecuado.

59 Revista *Forbes*, 13 de octubre de 2015. http://www.forbes.com/sites/ ewanspence/2015/10/13/apple-store-design-church-cult-apple/

60 Rothaermel, *op. cit.*, pág. 6.

Las tiendas de Apple estaban distribuidas para facilitar rituales y fortalecer el vínculo emocional entre el usuario y la empresa. Las inauguraciones eran eventos multitudinarios en los que los fieles/clientes hacían largas colas desde días antes de la apertura para ser los primeros en entrar. Su efecto derribaba las fronteras, como lo demostró la apertura del local de West Lake, China, en 2015[61].

El faro de la innovación

Los productos de Apple marcaban la tendencia del mercado a tal punto que el resto debía imitar sus diseños para mantener la esperanza de vender. La lealtad y hasta el fanatismo que habían demostrado sus clientes era un valor inapreciable que debía ser sostenido por medio de investigación e innovación permanentes.

Steve Jobs sostenía que "la innovación es lo que distingue entre el líder y los seguidores[62]", y lo ponía en práctica en Apple. Creía que era un proceso que se podía desarrollar en la compañía, una competencia vital para mantener el liderazgo.

A pesar de haber abandonado su carrera, la influencia que Stanford había ejercido sobre Jobs era notoria. Steve era amigo de David Kelly (fundador de IDEO[63] y profesor de la escuela de diseño de Stanford) desde 1979. Además, mantenía con él una estrecha relación de trabajo[64]. En un reportaje para el programa "60 Minutes", Kelly recordaba que Jobs era muy intenso, que continuamente lanzaba ideas y quería verlas llevadas a cabo. Con la ayuda de Kelly, Jobs consiguió que esa disciplina se arraigara en Apple.

---

61 https://www.youtube.com/watch?v=L9bq33sbYsc
62 http://www.cheatsheet.com/technology/20-most-memorable-quotes-from-steve-jobs.html/?a=viewall
63 IDEO es una firma consultora en temas de innovación. https://www.ideo.com/
64 https://www.youtube.com/watch?v=zFciyupnOYc

El proceso de innovación comenzaba con la generación de ideas, luego se pasaba a adopción y desarrollo, para llegar finalmente a la etapa de implementación. Para asegurarlo, era necesario un liderazgo efectivo y una cultura organizacional capaz de tolerar el riesgo y los errores, compañeros inseparables de la creatividad.

El liderazgo y el trabajo en equipo también eran banderas levantadas por Jobs. Sostenía que las personas no necesitan ser gestionadas, sino que:

> *[…] lo que necesitan es una visión común, y eso es liderazgo. El liderazgo es tener una visión, ser capaz de articularla para que las personas de tu entorno puedan entenderla, y llegar a un consenso [con ellas] sobre lo común […] Necesitamos gente que trabaje insanamente bien en lo que hace […] Por eso considero que para alguien como yo lo más importante es el reclutamiento[65].*

El resultado

El resultado de esa visión de Apple fueron productos disruptivos, entre los que se destacaban iPod en 2001, que revolucionó la industria de la música; iPhone en 2007, que hizo otro tanto en las comunicaciones, iPad en 2010, que introdujo una alternativa a las notebooks y a la industria editorial. Apple también revolucionó la manera de vender productos electrónicos y música, tanto de manera virtual como física en sus Apple Stores.

Steve Jobs llevó a Apple a desarrollar capacidades diferentes que le permitieron mantener sus ventajas competitivas por mucho tiempo. Lo consiguió mediante la diferenciación de sus productos, la lealtad a la marca, la integración de los dispositivos, los diseños cuidados que se ubican en la frontera de lo artístico, la incorporación de talento de primer nivel, la expansión de sus mercados, la innovación

---

65 Carmichel, *op. cit.*

permanente… Su muerte dejó a sus herederos enormes desafíos para el futuro.

El artista vs. el científico: los estilos de liderazgo de Steve Jobs y Tim Cook

"No te preguntes qué haría yo, haz lo correcto", le dijo Steve Jobs a Tim Cook antes de pasarle la posta de Apple, según cuenta un artículo de *The Wall Street Journal* (*WSJ*). Entonces, ¿qué diferencias hay entre "hacer lo correcto" para quien murió como una leyenda del "pensar diferente" y un "aburrido" ingeniero industrial proveniente del área de operaciones? Siendo que ambos han demostrado ser líderes sumamente exitosos, ¿en qué difieren sus estilos de liderazgo? Veamos algunas de esas diferencias.

Origen

La primera diferencia entre ambos es su origen familiar y profesional. Los padres biológicos de Jobs no podían mantenerlo, por eso lo dieron en adopción a los pocos días de haber nacido –antes de haberle puesto nombre– a la pareja formada por Clara y Paul Jobs. La única condición que pusieron antes de entregar al bebé fue que debían enviarlo a la universidad. Todo parece indicar que la pasión de Steve por las máquinas proviene de su padre que era mecánico y que le enseñó a armar y a desarmar instrumentos electrónicos. Pero Steve también tenía inclinación por las artes, según Walter Isaacson –autor de una de sus biografías– escribía poesía y tocaba la guitarra. Años después, su amor por lo artístico se iba a reflejar en sus productos, para muchos auténticas obras de arte minimalista. A pesar de esa ambigüedad vocacional, con sumo esfuerzo para cumplir su promesa, Clara y Paul lo obligaron a ir a la facultad. Es célebre la historia de Steve cuando abandonó la universidad y fue a tomar clases de caligrafía. Según contaba en el recordado discurso en Stanford, lo hizo porque le parecía más divertido y no quería malgastar el dinero que con tanto esfuerzo habían ahorrado sus padres. Al poco tiempo conoció a Steve Wozniak y juntos cambiaron la historia.

La vida de Tim Cook es bastante diferente y más lineal que la de Jobs. Se graduó en Ingeniería Industrial y obtuvo un MBA en la Universidad de Duke. Siempre trabajó en el área de operaciones y de abastecimiento, en compañías como IBM y Compaq. Pero algo cambió para ese ingeniero conservador el día que conoció a quien iba a convertirse en su mentor. Según sus propias palabras: "En menos de cinco minutos de mi primera entrevista con Steve (Jobs), quería tirar la cautela y la lógica al viento y unirme a Apple". Fue así como se convirtió en el brazo operativo de Jobs, sin el cual sus sueños hubieran sido imposibles de cumplir.

Disrupción vs. mejora incremental

Mientras Jobs orquestaba grandes saltos de innovación, mediante la introducción de productos que alteraban las reglas de juego de la industria, Cook convirtió a Apple en algo más acorde con su perfil de hombre de operaciones. Cumpliendo el consejo de su antecesor, mantuvo cualidades como realismo, cautela, colaboración y eficiencia, y las volcó a la organización. Mientras Jobs buscaba generar novedades, Cook prefería enfocarse en menos productos para mejorarlos hasta la perfección.

Durante los años de Cook la compañía no lanzó productos disruptivos como en la era anterior, sino que se enfocó en mejorar sus accesorios. Así nacieron el Apple Watch, los AirPod y servicios como Apple Music y Apple TV. Los frutos de esta estrategia comercial están a la vista: el reloj de la compañía superó en ventas a cualquier otro en el mundo y los AirPod fueron más de la mitad de los auriculares vendidos en el mundo en 2019. Para una compañía cuya identidad estaba marcada por la ruptura de paradigmas, la mejora incremental de los productos significa una auténtica revolución.

Vínculo con los clientes

Una de las diferencias más impactantes entre ambos es la relación de cada uno con los clientes de la compañía. Jobs citaba a Henry Ford cuando decía que, si les hubiera preguntado a los clientes qué querían le hubieran pedido caballos más rápidos. En la misma línea, Steve sostenía que: "Las personas no saben lo que quieren hasta que se lo muestras. Por eso no confío en las investigaciones de mercado. Nuestra tarea es leer cosas que todavía no están en la página". Cook es mucho menos arrogante, por eso no duda en mezclarse entre los clientes en cualquier Apple Store y preguntarles por su experiencia. Sus colaboradores lo definen como: "un humilde adicto al trabajo con un compromiso único con Apple".

Amor al detalle, pero de diferente forma

En una nota en el periódico *The Telegraph*, Richard Branson –el fundador de Virgin Group– decía: "El estilo de liderazgo de Steve Jobs era autocrático; tenía un meticuloso ojo para el detalle, y se rodeaba de personas con mentalidad parecida que seguían su guía". La personalidad de Jobs –quien era conocido por sus arranques de furia– contrasta con el estilo democrático, participativo y calmo de su sucesor. El cantante Bono definió a Tim como un "maestro Zen". A pesar de sus modos relajados, mejor estar bien preparado cuando se trabaja con él; su precisión es tan extrema que se cuentan casos de personas que se fueron llorando de alguna reunión, y a los mandos medios debutantes se les aconseja no abrir la boca.

La misma nota del *WSJ* cuenta un episodio que marca el nivel de exigencia y de cuidado por el detalle de Cook. En una oportunidad casi pierde los estribos cuando por error se habían enviado 25 computadoras, destinadas a Japón, a Corea del Sur. Considerando que la compañía despachaba 200 millones de iPhones por año, no parecería un fallo demasiado importante. Sin embargo, según recordaba uno de sus colaboradores, frente al episodio dijo: "Estamos perdiendo nuestro compromiso por la excelencia".

La diversidad

Tim Cook pertenece a una de las minorías históricamente más golpeadas. En una entrevista que ofreció a la revista *Business Week* en 2014, hizo público que era gay. Desde entonces reforzó el compromiso de la compañía con los derechos humanos, el medio ambiente, la educación y la defensa de la privacidad. Esto último le ocasionó fuertes roces con los gobiernos de Estados Unidos y de China. Por ahora conseguía proteger los derechos de los usuarios de Apple. También ha sostenido que está personalmente comprometido con el aumento de mujeres y de personas negras en las posiciones más altas de liderazgo de la empresa. La falta de esa diversidad es también parte del legado de Jobs.

El triunfo del método sobre la magia

Cuando Steve Jobs murió, muchos, desde los inversores de Wall Street hasta sus feligreses, pensaron que se llevaría a Apple a la tumba con él. Después de casi una década los resultados muestran otra cosa. Con su estrategia, Tim Cook consiguió multiplicar varias veces la valuación de la compañía que recibió hasta llevarla a ser la de mayor valor del mundo. Steve tuvo la visión de anticipar las necesidades futuras de su creación; para seguir creciendo, era hora de reemplazar la magia por el método. Su discípulo no lo defraudó e hizo lo correcto.

4. El tema en la prensa

"Crónica de una muerte (organizacional) anunciada"

5. El tema en el cine

The Corporation (2003)

6. Preguntas del capítulo

- La relación entre el individuo y el grupo es fuente de tensiones. Identifique situaciones personales en las que haya observado tensión individuo-grupo. ¿Cómo se resolvieron? ¿Qué aprendizajes obtuvo?
- ¿Qué diferencia/s hay entre alineación y alienación?
- ¿Qué se entiende por "interior psicofísico"?
- ¿Qué se entiende por "exterior cultural"?
- Defina qué es un "tipo ideal". ¿Qué aplicaciones tiene el concepto? ¿Qué inconvenientes podría ocasionar su empleo?
- ¿Cómo se explica que a medida que aumenta la especialización se genere una mayor integración social? Analice cuál sería el papel que juegan las ciudades en esa dinámica.

- ¿En qué momento un grupo de personas adquiere sentido "orgánico"?
- Mencione qué elementos predominan en cada uno los cuadrantes del Modelo I/E.
- ¿Cuáles son las características principales del "timonel"? ¿Cuáles sus fortalezas y debilidades?
- ¿Cuáles son las características principales del "artista"? ¿Cuáles sus fortalezas y debilidades?
- ¿Cuáles son las características principales del "científico"? ¿Cuáles sus fortalezas y debilidades?
- ¿Cuáles son las características principales del "misionero"? ¿Cuáles sus fortalezas y debilidades?
- ¿Con cuál de los tipos ideales se siente más identificado? ¿Con cuál menos? ¿Qué amenazas y qué oportunidades le ha traído?
- ¿Cuáles son las aplicaciones del Modelo del eneágono?
- ¿Qué diferencias hay entre un factor "transaccional" y un factor "transformacional"?
- ¿En qué categoría ubicaría a la gente? Justifique.
- Explique los conceptos de "eficiencia", "capacidades" y "unidad".
- Analice su organización empleando el Modelo del eneágono. ¿Observa alguna falta de alineación? En caso afirmativo, ¿qué medidas podrían adoptarse para solucionarlo?
- Si tuviera que señalar tres cualidades de Steve Jobs que resultaron críticas para su éxito, ¿cuáles serían? ¿Considera usted que posee alguna de ellas?
- Mencione los elementos fundacionales de la cultura de Apple de los primeros años. ¿Cuáles se mantuvieron constantes? ¿Cuáles cambiaron? Para realizar el análisis emplee el Modelo del eneágono.

CAPÍTULO II

Teorías de la organización

1. La transformación del trabajo en las empresas

Introducción

> *El mayor progreso de la capacidad productiva del trabajo,*
> *y la mayor parte de la habilidad, destreza y juicio*
> *con que ha sido dirigido o aplicado, parecen haber sido*
> *los efectos de la división del trabajo.*
>
> ADAM SMITH[1]

Con esta frase comienza Adam Smith su investigación sobre *La riqueza de las naciones*. Desde 1776, cuando concluyó
su célebre obra, han pasado más de 240 años. A pesar del
tiempo transcurrido los historiadores parecen coincidir
con la visión del filósofo escocés: *fueron la especialización
y la división del trabajo* los signos fundamentales de la Revolución Industrial y del consecuente desarrollo del capi-
talismo. Sus efectos –que primero se sintieron en Europa
Occidental y en Estados Unidos– se difundieron en todo

---

1 Smith, Adam: *An Inquiry into the Nature and Causes of the Wealth of Nations*. Londres, 1776. Edición consultada: traducción de Carlos Rodríguez Braun: *La riqueza de las naciones*. Alianza Editorial, Madrid, 2005,
pág. 33.

el mundo. Algunas de sus consecuencias negativas fueron y siguen siendo motivo de disputas sociales, pero sus beneficios han potenciado el crecimiento económico y la calidad de vida de la mayoría de las personas.

El primer impacto sobre el trabajo se sintió durante los siglos XVIII y XIX, cuando se produjeron las grandes migraciones de las áreas rurales a los núcleos urbanos. El fenómeno se correlaciona con el crecimiento de la burguesía en detrimento del sistema feudal. A partir de comienzos del siglo XX los cambios en la manera de considerar el trabajo se aceleraron, tanto desde el punto de vista de las empresas como de la sociedad en general.

A continuación haremos una breve reseña de esas transformaciones.

1.1. Las escuelas clásicas

A principios del siglo XX, Henry Ford y su línea de producción representaban el arquetipo más acabado de la esencia paradójica de la división del trabajo. Por una parte, produce un enorme aumento de la capacidad productiva, lo que acrecienta la disponibilidad de productos y servicios y abarata sus costos. Y por otra, se genera el hacinamiento en los centros urbanos, la alienación del trabajo, la formación de corporaciones y la concentración del capital.

Durante el siglo XX innumerables pensadores, entre los que se cuentan filósofos, economistas, sociólogos y políticos, examinaron el fenómeno de la especialización intentando encontrar soluciones a sus contradicciones internas. Cada uno aportó explicaciones parciales, aunque no por ello carentes de valor. Entre los pioneros en analizar esta forma de organización durante el siglo pasado encontramos los nombres de Max Weber (1864-1920), Frederick

Taylor (1856-1915) y Henri Fayol (1841-1925). A ellos se los suele agrupar dentro de la escuela clásica[2].

Weber analizó el fenómeno desde el punto de vista sociológico con el objeto de develar aquello que le daba *sentido* al trabajo desde lo subjetivo y desde lo social. Encontró en la burocracia la forma de manifestación más clara de los principios de eficiencia organizacional. La consideró como una de las formas de "dominación legítima", aplicada al cuadro administrativo[3]. Para Weber, la burocracia era la manera más racional de ejercer influencia en los sentidos de precisión, continuidad, disciplina, rigor y confianza. La burocracia es una organización "orientada a fines" a diferencia de otras "orientadas a valores", como podría ser el caso de una ONG sin fines de lucro o una empresa comercial en la que la responsabilidad social ocupe un lugar privilegiado.

Siguiendo una tendencia marcada por la modernidad, el grupo que podríamos identificar con Taylor y Fayol[4] enfocaron su análisis sobre el trabajo empleando una aproximación de tipo "científico". Para eso se concentraron en medir sus efectos con métodos cuantitativos y analizarlos sistemáticamente. Su objetivo principal era el de maximizar la *eficiencia* productiva.

Fayol fue el primero en sistematizar el comportamiento gerencial con el establecimiento de principios de administración. Por otra parte, dividió las operaciones industriales y comerciales en cinco grupos: técnicas, comerciales, de

---

2   Para analizar las diferentes miradas organizacionales, recomendamos el libro de Gareth Morgan, *Images of Organization* (1997, Sage) un clásico de la literatura que permitirá al lector generar una inmersión desde diferentes perspectivas que impactan a las empresas.

3   Weber, M.: *Economía y sociedad. Esbozo de sociología comprensiva*, Editorial Fondo de Cultura Económica, México, 1979.

4   Los aspectos del método de Taylor se tomaron de Owens, Richard N., *Empresas industriales. Manual de organización y dirección*; Editorial Selección Contable, Buenos Aires, 1959.

seguridad, contables y administrativas. Este último es clave para formular un programa de acción general de la empresa. Engloba los elementos de la administración: planear, organizar, dirigir, coordinar y controlar.

Taylor realizó parte de sus estudios en la Bethlehem Steel Works –una fundición de hierro– a principios del siglo XX. Estaba convencido de que podían lograrse progresos en el trabajo midiendo y estudiando científicamente los procesos de producción. En las fábricas tradicionales los operarios trabajaban turnos de ocho o más horas corridas, lo que producía una baja en la productividad a medida que el cansancio se apoderaba de ellos. Taylor consiguió probar con su método que era posible diseñar un sistema unificado, consistente, destinado a incrementar la producción y, al mismo tiempo, mejorar los salarios. Los aumentos de productividad unitaria compensaban el mayor costo de la mano de obra e incrementaban las ganancias de las compañías.

Taylor desarrolló una manera estructurada y sistemática de trasmitir el conocimiento necesario para realizar una tarea que reemplazó al modelo tradicional. Hasta entonces se empleaba el método nacido en los talleres medievales de "aprendiz y maestro". El método de Taylor, conocido como "taylorismo" (que él bautizó como "sistema tarifario por piezas"), contiene ciertos principios que lo definen:

1. Se desarrolla un conocimiento estructurado de cada uno de los elementos del trabajo del obrero. Desde entonces cada tarea se mide, se describe y se documenta sistemáticamente.
2. Se selecciona y capacita al obrero sobre la base de sus competencias y no simplemente "de la mejor manera posible", donde aparece la influencia de lo subjetivo.

3. Se interactúa con el obrero para asegurar que apliquen estrictamente los procesos definidos por el método científico.

4. Se plantea una clara división de roles entre el operario y los directivos, que son los responsables de preparar y proveer los elementos necesarios para que el obrero realice su tarea específica de producción.

Al separar las tareas en sus partes componentes, examinándolas y proponiendo mejoras en cada una de ellas, el método de Taylor produjo enormes incrementos de la productividad. En forma complementaria se vincularon los salarios con el rendimiento del operario, lo que condujo a grandes mejoras de eficiencia, en especial en organizaciones donde la medición era sencilla, como las de automotores o las postales.

El lado oscuro del taylorismo está en su visión de la persona. Su obsesión por la eficiencia productiva deja de lado otros aspectos importantes del trabajo no tan fáciles de medir. Los resultados negativos se observaron en las compañías que aplicaban los métodos de Taylor y maximizaban la producción pero no mejoraban los salarios de sus operarios. Estos abusos dieron lugar a la imagen imborrable de la película *Tiempos modernos* (1936) de Charles Chaplin. En el método de Taylor subyace la idea de que se puede tratar a la persona como otro de los componentes de una máquina: un engranaje más que solo necesita combustible y cierto mantenimiento, y del que solo interesa su rendimiento[5].

Limitar el problema de la productividad humana a una ecuación en la que intervienen únicamente las varia-

---

5   Este peligro, ya previsto por Adam Smith, fue denunciado desde la literatura por Dickens en su novela *Tiempos difíciles*, y dio sustento a las teorías de Marx.

bles "tiempo y movimiento" es, por cierto, un reduccionismo mecanicista de una realidad mucho más compleja. Esta perspectiva, limitada y tenaz, sigue asociada al concepto de la "producción en masa". Cada tanto surgen denuncias sobre empresas que aún llevan al extremo algunos de los métodos del taylorismo.

1.2. Reconocimiento de las relaciones humanas en la organización

El concepto mecanicista se fue superando a partir de los trabajos de Mary Parker Follet (1868-1933), Elton Mayo (1880-1949), Fritz Roethlisberger (1898-1974) y Abraham Maslow (1908-1970). Estos autores se enfocaron en conseguir la *satisfacción* de los trabajadores más allá del premio económico. La Escuela de las Relaciones Humanas, tal como en general se la conoce, examinó desde una perspectiva diferente la relación entre el operario y el lugar de trabajo.

El australiano Mayo introdujo el concepto de las relaciones humanas y estudió los efectos que el entorno de trabajo (compañeros, iluminación, ubicación, temperatura, etcétera) producían sobre el rendimiento de los trabajadores. Uno de sus principales descubrimientos fue el impacto sobre la producción que tienen las relaciones informales que se establecen entre las personas cuando trabajan juntas.

A partir de una serie de famosos ensayos (conocidos como los "experimentos de Hawthorne") los investigadores iban alterando las condiciones de trabajo. Así fue como se modificaron los sistemas de remuneración, se les dio a los empleados cierta libertad para elegir los períodos de descanso y de trabajo, se modificaron los horarios y otras variantes similares. Si bien al comienzo se produjo un brusco aumento de la productividad, los incrementos no se mantuvieron en el tiempo. Los efectos positivos del primer momento se debían a que los empleados percibieron que los directivos se habían interesado en ellos. A este fenómeno se lo conoce como "efecto Hawthorne". Dicho efecto establece que no importa la forma en que se muestre el interés, sino tan solo que este sea apreciado por los empleados.

Por su parte, Abraham Maslow introdujo una manera novedosa de interpretar y clasificar las motivaciones del comportamiento humano. Su modelo fue elaborado en el momento justo, ya que el planteamiento de Mayo necesitaba el soporte de una nueva teoría psicológica que reemplazara al anterior paradigma mecanicista. Se imponía una nueva concepción del individuo y sus necesidades. El esquema de Maslow presenta un *modelo con jerarquías funcionales* de las necesidades humanas.

Las *necesidades humanas* se toman como punto de partida de toda teoría de motivación. Aunque las motivaciones se encuentran íntimamente vinculadas, existe entre ellas cierto grado de aislamiento que permite considerarlas de manera independiente. Maslow fija un criterio de prioridad relativa:

1. *Necesidades fisiológicas* → homeostasis: equilibrio con el medio, alimento, alojamiento, esparcimiento, descanso, etcétera.
2. *Necesidades de seguridad* → en la organización se vincula con la estabilidad laboral y con la relación con los superiores. "Se manifiestan claramente en la elección de lo familiar sobre lo desconocido."[6]
3. *Necesidades sociales o afectivas* → deseo de mantener relaciones cordiales con el entorno. Se manifiesta al

---

6   Marín, A. L. y García Ruiz, P.: *Sociología de las organizaciones*. Editorial Mc Graw-Hill, Madrid, 2002, pág. 140.

buscar afinidad con los colaboradores, en la necesidad de integración con la empresa y en la identificación con su misión (alineación) y con su cultura (*fit*[7]).

4. *Necesidades personales o de estima* → la necesidad de reconocimiento social, de estima y respeto.
5. *Necesidades de autorrealización* → comprende los aspectos vinculados a lo espiritual, la voluntad de desarrollar al máximo las propias capacidades potenciales, la libertad de pensamiento y creación, el establecimiento de nuevos desafíos y metas personales, el enriquecimiento intelectual, etcétera. Se resume en el impulso por trascender.

Las motivaciones están jerarquizadas ya que no se pueden satisfacer las de nivel superior hasta que no se encuentren satisfechas las de nivel inferior. El modelo es popularmente conocido como la "Pirámide de Maslow".

Como vemos, cada teoría introduce un nuevo componente a la forma de abarcar a la persona humana. Taylor consideraba solo los aspectos económicos, Mayo introduce lo social y Maslow la necesidad de realización que fundamentalmente se busca en el trabajo.

David C. McClelland (1917-1998) complementa la labor de Maslow con la Teoría de las necesidades[8], donde identifica tres necesidades de las personas: de afiliación, de logro y de poder. Si bien las personas tienen todas estas necesidades de alguna forma, solo una motiva al individuo en algún punto de su vida. A diferencia de Maslow, quien considera que los individuos nacen con una jerarquía bien ordenada de necesidades, McClelland cree que las necesidades varían a lo largo del tiempo. Este punto de vista implicaría

---

7   El "*fit*" o "calce" cultural es una forma de expresar la afinidad entre la cultura de la persona y la de la organización.

8   McClelland, D. C.: *The Achieving Society*. Van Nostrand, Princeton, 1961. Reimpresión: Martino Fine Books, 2010.

que los directivos podrían manipular esas necesidades, por ejemplo, con cambios en el ambiente de trabajo.

1.3. El interés por los valores

La necesidad de autorrealización exige que la dirección dedique sus esfuerzos a satisfacer los aspectos existenciales. En las compañías globales, las necesidades de primer orden suelen estar satisfechas. Las iniciativas se enfocan en que las personas logren su realización por medio del trabajo.

Las críticas más serias al modelo de Maslow provienen *desde lo empírico,* debido a las dificultades de ponerlo en práctica. También se le reprocha el considerar que las jerarquías sean las mismas, sin tener en cuenta las culturas y las personalidades individuales. Así como no es lo mismo una fábrica de muebles en Misiones (Argentina) que una planta de enlatado de bacalao en Noruega, tampoco lo son las características personales y culturales de los empleados de una y de otra.

Es así como la cultura comienza a adquirir relevancia, ya que toma en consideración los valores directrices de la sociedad. La cooperación aparece como un valor presente, en mayor o menor medida, en la mayoría de las culturas.

Las personas se resisten a tratar el fruto de su trabajo como una mercancía más. No haberlo comprendido de esta manera desde el comienzo dio origen y justificación a la visión marxista de la alienación del trabajo. Al reconocer este error, las escuelas de administración comenzaron a enfocarse en la necesidad de las personas de considerar que su trabajo es una contribución que agrega valor a la organización en la que se desempeñan.

Chester Barnard (1886-1961) continuó con esta tendencia. Su experiencia principal demostró la importancia de la relación de cooperación entre los dirigentes y los empleados: la dirección y la fuerza de trabajo debían unirse para el bien de toda la organización. A diferencia de las propuestas de Taylor y de Weber, Barnard ofrece una propuesta que abandona la estructura verticalista, donde los superiores daban las órdenes a los empleados para que estos las ejecutaran de forma casi militar.

En sus investigaciones, Barnard explora las condiciones que facilitan la cooperación entre los miembros de la empresa, más allá de sus jerarquías formales. Asimismo, incorpora a la racionalidad de Weber una visión de la empresa como organización autoconsciente y la define como "…un sistema de actividades o fuerzas de dos o más personas conscientemente coordinadas"[9].

Para ello, es necesario generar la voluntad de cooperar entre los diversos actores de la empresa. Esto requiere definir un *propósito común*, desarrollar la *capacidad para comunicarlo* y *conseguir la aceptación* de los principios organizacionales por parte de todos.

El sistema de Barnard se apoya en cuatro pilares:

a. *Incentivos*: para que cada uno contribuya, en la medida de sus posibilidades, al éxito común. Además del salario, se agregan el prestigio, el aprendizaje y la realización personal. El sistema choca con la dinámica social que impone la necesidad de un chequeo continuo entre los factores para lograr el equilibrio.

b. *Autoridad*: la legitimidad de la autoridad proviene de la racionalidad de las decisiones –como en la científica– y de la eficacia de las órdenes. Hay un balance entre la aceptación y la voluntad de cooperación.

c. *Grupos informales*: es el aceite de la maquinaria burocrática. Aunque a primera vista las relaciones infor-

---

9   Marín, A. L.: *op. cit.*, pág. 143.

males parecerían entorpecer el desenvolvimiento organizacional, en realidad colaboran como descarga de tensiones y apoyo. Barnard tomó lo positivo y se olvidó de lo negativo, como la violación colectiva de normas, la baja productividad acordada y el surgimiento de contraculturas.

d. *Directivos*: además de las tareas de planificación, supervisión y control, deben dedicar parte de su tiempo a la educación y al mantenimiento de la moral.

1.4. La Teoría Y de McGregor

Douglas McGregor (1906-1964), un profesor de comportamiento del MIT[10], publicó a mediados del siglo XX el libro *El lado humano de las organizaciones*[11], donde introduce los *factores humanos* en el análisis de las políticas de organización empresaria. Continuando la línea de Barnard, la denomina "Teoría Y", en contraposición a las "Teorías X" relacionadas con la imagen mecanicista de la escuela clásica. La propuesta central de la Teoría Y es que el empleado alcance sus propios fines mientras trabaja en sintonía con las metas de la empresa. Conseguir esta *alineación* de intereses es la tarea primordial de la dirección.

La teoría implica un enfoque del individuo poseedor de una compleja serie de motivaciones orientadas a dar sentido a su trabajo, **_más allá de la remuneración económica_**. Asimismo, se apoya en personas capaces del autocontrol, es decir, de ser responsables de sus acciones. Esta es la fuente de las actuales escuelas de gestión de personas. Desde en-

---

10 Sigla del Massachussets Institute of Technology (Instituto de Tecnología de Massachussets).

11 McGregor, Douglas: *El lado humano de las organizaciones*; McGraw-Hill; traducción: Andrés M. Mateo; Buenos Aires y otras, 1994.

tonces los empleados son reconocidos como el recurso más importante de la organización.

Como el mismo McGregor dice, no se trata de un "ablandamiento" de la dirección, sino que parte de la premisa de que la gente es capaz de autodirección y de control en el logro de sus objetivos. La intensidad de la intervención de la dirección es directamente proporcional a la intensidad del compromiso adquirido. Dada la naturaleza del rol que ocupa, cuanta más autonomía tenga un empleado, mayor será el grado de integración y de compromiso que se logrará.

1.5. Análisis empírico de Rensis Likert

Rensis Likert (1903-1981) intenta dar sustento empírico a las teorías de McGregor para demostrar que las empresas *funcionan mejor cuando se dirigen como sistemas de cooperación* y no como burocracias. Propuso cuatro modelos típicos de organización:

> a. Explotadores autoritarios – autoritarios.
> b. Benevolentes autoritarios – paternalistas.
> c. Consultivos.
> d. Participativos.

Combinó los *estilos de dirección o liderazgo* con las *estructuras de comunicación* y las *motivaciones de los empleados.*

Estos modelos de estructura organizacional se vinculan con los tipos de liderazgo.

1.6. Teoría Z de William Ouchi

Veinte años después de la aparición de la Teoría Y, William Ouchi (1943) introdujo la Teoría Z, letra con la que quiere señalar que se trata de un intento superador al de McGregor. Según Ouchi:

> *La cooperación no se explica solo por la voluntad de sus miembros para establecer relaciones interpersonales de confianza. Es necesaria una cultura compartida, una serie de valores igualmente adoptados por los empleados y la dirección, que incluya la idea de la empresa como institución a largo plazo, con cuyas metas se puedan identificar todos los que participan en ella. Solo una cultura de cooperación puede explicar la capacidad de una empresa para lograr un éxito continuado y estable*[12].

Comienza a observarse en los autores que estamos examinando el empleo de un lenguaje de tono metafísico o espiritual. Se habla de "cultura compartida", "valores comunes", "compromiso moral", "largo plazo", "alianza", "participación", "cooperación", "misión", etcétera.

Aflora un sentimiento de "unión invisible", de "lazo" que da unidad a todos los miembros de la empresa. Este vínculo real pero intangible parecería ser indispensable para alcanzar el éxito personal y –al mismo tiempo– en los negocios. Se trata de un compromiso de tipo moral –ya que se apoya en la cultura– e implica que los empleados avalan la misión de la organización y se identifican con ella.

1.7. La organización y su entorno

La noción de empresa como organismo en el que todos sus miembros cumplen un papel vital ya estaba presente en la visión del filósofo, sociólogo y antropólogo inglés Herbert Spencer (1820-1903). Spencer adoptó esta visión orgánica e intentó aplicar las leyes de la Biología y de la Termodinámica a los fenómenos sociales para integrarlos al campo de

---

12 Citado en Marín, *op. cit.*, pág. 155.

la ciencia. Con esa inspiración enuncia el principio de la "uniformidad o constancia de las leyes naturales".

Spencer presenta un universo material y orgánico, donde los cambios se producen por intercambio de fuerzas (energía). En esta dinámica se generan procesos evolutivos e involutivos mientras la energía o materia del conjunto permanece invariable, lo que va conformado la historia universal. El principio se traslada a las sociedades que se integran por el incremento de su población y por el aumento de la densidad en algunas regiones.

La evolución de Spencer se regiría por las siguientes pautas generales:

1. Estaría implicando cambios progresivos de una forma *menos coherente a otra más coherente*; es decir, una creciente integración.
2. Durante la evolución se produce una *diferenciación creciente*. De lo *homogéneo* a lo *heterogéneo*.

Pero toda evolución tiende a un equilibrio, cuando se termina la posibilidad de intercambiar energía "… pues la continua división y subdivisión de fuerzas produce su disipación o transmisión al medio ambiente, y acabará, pues, por reducir al reposo a cada ser en evolución"[13].

El punto es que la evolución de las organizaciones (consideradas como organismos) se produce mediante un intercambio dinámico con el entorno, que da lugar a una *creciente integración* de los individuos y a un *aumento de la diferenciación* de las funciones por estos desempeñadas. Tal como ocurre en el cuerpo humano, donde cada órgano cumple su función, las estructuras sociales dispersas y uni-

---

13 Este es afín al principio de intercambio de energía –entropía– de la Termodinámica. Spencer suele usar de manera metafórica los conceptos de fuerza, materia y movimiento, siempre apoyándose en el principio de conservación de la energía.

formes tienden a reunirse para asumir roles cada vez más específicos y a depender cada vez más unas de otras.

Los cambios del entorno se traducen en el organismo empresario como un desplazamiento del "centro de gravedad" del tipo de habilidades requeridas para la supervivencia. De una empresa enfocada en la eficiencia de los procesos se pasa a una en las que predominan las funciones de *adaptación*. De allí que las estructuras mecánicas sean desplazadas por estructuras de carácter orgánico.

Estructuras organizativas

Descripción de la función	Estructura mecánica	Estructura orgánica
Estructura administrativa	Burocrática	Redes
Roles, responsabilidades	Especializados, procesos definidos, manuales de procedimiento	Flexibilidad adaptativa, difusos, cambiantes
Coordinación y control	Supervisión jerárquica. Planes, procesos y responsabilidades definidos en manuales. Evaluación frecuente de resultados	Revalorización de los conocimientos de quienes realizan la tarea. Consultas permanentes. Interacción colaborativa entre dirigentes y trabajadores. Planes flexibles. Resultados a largo plazo sobre metas estratégicas
Comunicación	Vertical	Multidireccional. Redes

Cuadro 2

Que se haya evolucionado hacia una empresa "orgánica" no significa que se hayan abandonado ciertas funciones que requieren el estricto respeto de los procesos, tales como las tareas de producción, contables o legales. Sucede que ese tipo de estructura queda circunscripta a determinadas áreas donde son más convenientes los criterios de eficiencia en entornos previsibles, en los que la tecnología no puede producir cambios fundamentales y en donde los resultados pueden medirse con criterios objetivos de evaluación. En la actualidad, las tareas de este tipo son llevadas a cabo por sistemas informáticos integrales del tipo ERP[14], SCM o CRM, como los del tipo SAP o JD Edwards.

Las áreas "blandas" de la organización, como investigación y desarrollo, marketing y gestión de personas, son las que requieren mayor adaptación al entorno, ya que se desenvuelven en un ambiente en el que prima la ambigüedad. Estas áreas realizan tareas poco estandarizadas porque los problemas tienden a ser diferentes y particulares. Dar respuesta a estas características del ambiente necesita desarrollar habilidades *soft*, tales como creatividad, capacidad de liderazgo, adaptación al cambio y gestión de la incertidumbre. Peter Drucker (1909-2005) ya había notado esta tendencia, y en uno de sus últimos trabajos sostenía que innovación y marketing eran las únicas competencias centrales[15] de las empresas modernas.

Las fronteras de la organización

En este entorno tan ambiguo las fronteras aparecen difusas y permeables. La organización se integra a su entorno por medio de alianzas estratégicas, acuerdos de colaboración, proyectos conjuntos, sistemas informáticos similares –en muchos casos compartidos de manera total o parcial– y otros tipos de asociaciones de corto o largo plazo. Los roles de competidores, proveedores, clientes y agencias

---

14 ERP: *Enterprise Resource Planning* [(Planeamiento de Recursos de la Empresa); SCM: *Supply Chain Management* (Dirección de la Cadena de Abastecimiento); CRM: *Customer Resource Management* (Dirección de los Recursos de Clientes).

15 *Core business.*

estatales aparecen menos definidos, en gran parte por el avance de las comunicaciones.

Siguiendo la línea de Spencer, de influencia darwinista, el proceso de evolución empresaria puede resumirse en tres pasos similares a los realizados durante la evolución de cualquier organismo vivo: *variación* –ampliación– de funciones, *selección* de las variaciones exitosas y *retención* de los vencedores.

Las empresas agregan funciones, productos o servicios como variantes complementarias a sus capacidades centrales; el resto de las organizaciones imitan a las exitosas y dan lugar a nuevas formas de organización. Las organizaciones que no evolucionan y se adaptan tienden a desaparecer[16]. La adaptación al cambio es la competencia esencial para la supervivencia y para la sustentabilidad.

1.8. Phillip Selznick: la institución, una organización con carácter

Frente a esta idea de la empresa considerada como organismo, Phillip Selznick[17] (1919-2010) introduce la necesidad de la presencia de un líder que tendrá la difícil tarea de

---

16 El caso de las empresas de logística son un buen ejemplo. De manera tradicional existían tres grupos de empresas diferentes: los transportes de carga, los depósitos de mercaderías y los *forwarders* o importadores. Con la evolución de Internet y de otras formas de tecnología informática, cada una de esas empresas fue absorbiendo las funciones de las demás, ya sea por ampliación de tareas o por acuerdos estratégicos con firmas competidoras o complementarias. El proceso dio origen a un nuevo tipo de empresa, las de logística, que surgieron como resultado de la integración y de la diferenciación de las tres clases de organizaciones originales.

17 Tomado de Selznick, P.: *Leadership in Administration: A Sociological Interpretation*; Harper & Row. Extracto publicado en Mintzberg, H. y Quinn, J. B.: *The Strategy Process Concepts, Contexts, Classes*; Prentice Hall, NY, 1991/1988. Edición consultada: traducción de Georgina Greenham del Castillo: *El proceso estratégico. Conceptos, contextos, casos.* Pearson Educación, Buenos Aires, 2ª edición, pág. 397.

orientar ciertas tensiones propias de las organizaciones. Entre las más destacadas pueden mencionarse los principios idealistas y la conveniencia, la libertad individual y el apego a la organización, el corto y el largo plazo, y otros dilemas similares. La proliferación de organizaciones públicas, políticas, industriales y educativas desplegadas por todo el mundo hace que la responsabilidad del bienestar de un número creciente de individuos dependa de un amplio grupo de líderes. Dadas las obligaciones sociales que deben asumir las empresas, el rol de los líderes empresarios en gran medida pasa a confundirse con el de los políticos.

Este nuevo contexto lleva a Selznick a sostener que la idea de empresa como organización privada deba ser elevada al grado de "institución", lo que implica mayor *relevancia y sentido de su alcance social.*

El modelo mecánico original, con sus reglas y objetivos determinados, resultó un medio eficiente para dirigir los esfuerzos de los individuos en pos de metas concretas. Pero para Selznick, el término "organización" tiene una connotación de "herramienta desechable" por lo que debería ser reemplazado por el concepto de "institución" que es perdurable, ya que trasciende a las personas que la fundaron.

Se trata de una manera distinta de enfocar el sentido de una organización. No es un modelo puro, sino que se puede dar en forma combinada o aparecer en tiempos diversos. Lo importante del concepto es que "institucionalizar" significa *infundir valor* más allá de los fines económicos propios de la empresa.

Considerada de esta manera, la organización deja de ser una herramienta descartable y se transforma en una "fuente de satisfacción personal". Dicho en otras palabras, lo que Selznick intenta es darle un *sentido trascendente* a la organización. La institución no se termina con la tarea, y adquiere una connotación diferente que genera una identificación mayor en la comunidad que la integra. El objetivo es infundir un "carácter" personal a la organización, tarea que recae dentro de las responsabilidades de sus líderes.

Resumiendo, para Selznick la organización es tan solo una herramienta destinada a la consecución de un objetivo determinado. Las *instituciones trascienden este objetivo material al sumarle valores que les dan sentido,* con lo que adquieren un cierto *carácter* infundido por sus líderes, imprescindible para adaptarse a la dinámica del contexto. En el modelo institucional subyace un nuevo compromiso asumido ante todo por sus líderes y, a partir de ellos, por todos los miembros de la institución. El carácter infunde personalidad a la organización, que deviene entonces en institución.

Los factores emocionales

La ambigüedad de los fines empresariales hizo que los modelos racionalistas de Taylor y Fayol fueran superados por la realidad. Los conflictos, las luchas en pos de intereses particulares, la formación de coaliciones informales y otros elementos generadores de roces dentro de las organizaciones han sido siempre la expresión de la inevitable tensión existente entre el individuo y la institución. Para orientar estos intereses particulares –a veces enfrentados– es que las organizaciones deben encontrar mecanismos para legitimar el poder ejercido desde la dirección. La solución debe darse considerando la doble naturaleza humana; es decir, abandonar la idea del hombre con comportamiento exclusivamente racional[18] e incorporar al análisis también su naturaleza emocional.

El ingreso de factores emocionales al análisis introduce mayor incertidumbre, ya que las metas son más ambi-

---

18 En el caso de las organizaciones empresariales, la "racionalidad" del hombre parecería referirse a su tendencia a la maximización del beneficio material, es decir, una racionalidad económica. Lo "racional", además de su carácter descriptivo, contiene la fuerza de lo normativo. De una manera sutil, denota también "sensatez" contra la "tontería" de lo no-racional, lo "irracional".

guas y resulta más difícil cuantificarlas de manera objetiva. Es decir, a las dificultades de un entorno competitivo debe sumársele la situación interna de la organización, conformada por elementos de carácter bastante difuso vinculados a la subjetividad propia de lo humano.

Es entonces cuando aparece la necesidad de analizar el *sentido* de las acciones sociales para que sirvan como guía de las decisiones directivas. Herbert Simon (1916-2001) propone un análisis de "racionalidad limitada" para analizar el entorno. Dentro de este esquema, las dificultades que tiene el directivo a la hora de decidir se manifiestan tanto en torno a la *definición del problema* como a los *fines* a lograr y a los *medios* adecuados para conseguirlos. En este tipo de escenario se está lejos de obtener "soluciones óptimas" del estilo de las que proponen los modelos econométricos. Nos movemos dentro del campo de las soluciones de compromiso y no tanto en la rigurosidad de lo fáctico.

De allí que tome relevancia otro tipo de análisis de la realidad, basado en las *señales* que ofrece el contexto más que en datos objetivos obtenidos por procedimientos racionales. En esta línea se expresa Karl Weick, el próximo pensador que analizaremos.

1.9. Karl Weick y la interpretación de símbolos en las organizaciones

Karl Weick (1936) parte de la premisa de que para tener respuestas adecuadas hay que tener idea del entorno compuesto por los grupos, las instituciones y las personas con sus expectativas. No son datos que se obtengan de manera explícita sino que son *producto de la interpretación de la realidad por parte de los directivos* y del resto de la organización[19] sobre la base de estudios de mercado y del entorno social en general. Las orga-

---

19 Marín, *op. cit.*, pág. 202.

nizaciones deben interpretar la realidad con datos parciales y limitados, que son los que posee para tomar decisiones[20].

La idea es que para lograr el éxito en un determinado momento se debe actuar porque es imposible conocer el futuro. Asumiendo una actitud pragmática, primero hay que actuar, probar y hacer algo. Solo la acción mueve al logro de objetivos. Desde esta postura, Weick propone un procedimiento de prueba y error. La legitimidad de la decisión se consigue luego de que el procedimiento haya demostrado su efectividad.

En este sentido se podría comparar con la definición de Alfred Chandler (1918-2007)[21] de *estrategia*, para quien es "la determinación de fines y objetivos básicos a largo plazo, y la adopción de cursos de acción y de asignación de los recursos necesarios para lograr esos fines".

La definición de Weick plantea la estrategia como resultado de hechos históricos y no como el fruto del examen de las relaciones de causalidad entre los elementos del entorno. Se prioriza la capacidad de la estrategia como factor de movilización de las energías de la organización necesarias para la concreción de cualquier objetivo. De alguna manera se busca transformar los planes de acción en las *profecías autocumplidas* de las que habla Robert K. Merton (1910-2003)[22].

---

20 Pone de ejemplo el juego de las palabras, en el que una persona sale de la habitación y cuando regresa debe adivinar qué palabra se dijo en su ausencia por medio de 20 preguntas que solo pueden responderse con sí o no. La única pista posible es si se trata de un animal, vegetal o mineral.

21 Ver Chandler, A.: *Strategy and Structure: Chapters in the History of the Industrial Enterprise*, MIT, Cambridge, 1970.

22 Ver Merton, R. K.: *Social Theory and Social Structure*. The Free Press, Nueva York, 1949. Edición consultada: *Teoría y estructura sociales*. Editorial Fondo de Cultura Económica, México, 1992. Una *profecía autocumplida* se produce cuando los actores intervienen en la dinámica de los acontecimientos accionando a favor de lo que consideran cierto. El ejemplo típico es el de la corrida bancaria: cuando los ahorristas creen que el banco entrará en

1.10. Nuevo institucionalismo en el análisis de las organizaciones

Existen otras maneras de plantear el tema de la legitimidad en la organización. A una de ellas se la conoce como "nuevo institucionalismo" y se basa en autores de la década de 1980 como Walter W. Powell (1951) y Paul DiMaggio (1951). El problema central de la *legitimidad* es que los directivos *no pueden esperar ver el resultado de las acciones emprendidas* para explicar y explicarse por qué obtuvieron el resultado que han tenido[23].

Para lograr esa legitimidad las empresas emplean "mitos racionalizados" que los empleados van asumiendo como verdaderos. La legitimidad se apoya en la creencia y en la confianza, elementos imprescindibles para liderar personas y procesos. Por eso, para Powell y DiMaggio las empresas tienden a parecerse cada vez más entre sí y aplican políticas, prácticas y sistemas similares[24].

1.11. La sociedad y el concepto de *stakeholders*

Las organizaciones no se desenvuelven aisladamente, sino que mantienen una relación estrecha con el resto de la ciudadanía de los ámbitos político, cultural, asociativo, religioso, sindical y otros. Así surge la necesidad de que las empresas reconozcan su rol dentro del tejido social y que asuman las responsabilidades asociadas.

La *responsabilidad social de la empresa* da lugar al concepto de *stakeholders*. La palabra (sin traducción al español) surge como una combinación entre *stockholders* o ac-

---

cesación de pagos y corren a retirar su dinero, lo que termina por producir el efecto que esperaban y demuestra que "estaban en lo cierto".

23 Marín, L.: *op. cit.*, pág. 205.

24 Estas "políticas, prácticas y modos de actuación similares", están relacionadas con las formas religiosas, tales como mitos, rituales, liturgias, etcétera.

cionistas y *stake* que puede interpretarse como "apuesta". Un *stakeholder* es entonces una persona (que pertenezca o no a la compañía) u organización que tiene algún interés en la empresa o que es afectada por las acciones que ella realiza.

La organización y sus directivos tienen la responsabilidad de no defraudar la confianza que los empleados y los demás grupos de interés han depositado en ella. El valor que deben aportar las compañías no es solamente económico y de corto plazo, sino social y ecológico, lo que las hace sustentables a largo plazo.

La transparencia que brinda Internet ayuda a que cada individuo se convierta en un auténtico auditor del comportamiento de las compañías y de sus directivos. Las redes sociales son un vehículo potente para comunicar cualquier desvío. Abrazar la responsabilidad social empresaria se convierte así en una necesidad de supervivencia.

1.12. La evolución de la cultura empresaria en el Modelo I/E

Emplearemos el cuadro del Modelo I/E[25] (interior/exterior) para el análisis de las tendencias organizacionales históricas. Considerando la organización enfocada en la "eficiencia productiva" de principios del siglo XX (identificada con el fordismo y el taylorismo), podemos volcar en el Modelo I/E la posición del "centro de gravedad cultural" de la empresa y ver cómo se fue desplazando a medida que se fue "humanizando" el enfoque directivo. En cada etapa existen cambios en la *presunción básica* sobre la naturaleza de la persona.

El punto de vista apoyado exclusivamente en los parámetros *eficiencia operativa* y en la *función* (Teoría X, hombre

---

25 Ver Capítulo I: "La persona en la organización".

egoísta, con racionalidad económica) se abandonó de manera gradual a medida que las teorías de la organización comenzaron a incorporar nuevos factores de estimulación.

Elton Mayo[26] descubre la influencia del entorno en la producción; Maslow introduce las motivaciones y produce un importante salto cualitativo al considerar también elementos emocionales y de satisfacción personal. El trabajo debe tener sentido, lo que evitará producir el fenómeno de alienación generalmente asociado a la división del trabajo.

Douglas McGregor lo resume en la Teoría Y[27], como contraposición a la X. Las escuelas de sistemas consideran la empresa desde una perspectiva orgánica, interesándose por lograr consistencia. Se aproximan más al hombre, apreciado como un ser complejo e individual, *contenido* en la organización e *integrado* a ella.

La escuela institucional se interesa por las relaciones humanas –formales e informales– en las empresas que persiguen la inserción social. Selznick[28] define lo institucional como una "empresa con alma", e introduce un sentido que va más allá de lo exclusivamente económico. De apelar al comienzo a factores de motivación "extrínsecos" (como el dinero u otro tipo de recompensa explícita) las empresas se orientan a los "intrínsecos", entendidos como aquellos que residen en el interior de la persona, como la satisfacción por el aprendizaje u otro logro personal. Más cerca de nuestro tiempo, pensadores como Juan Antonio Pérez López hablan de motivación "transcendente"[29] en la que la preocupación desinteresada por el bienestar de un tercero es el principal motor de la acción. Una especie

---

26 Marín, A. L. y García Ruiz, P.: *Sociología de las organizaciones*. Editorial Mc Graw-Hill, Madrid, 2002, pág. 131.

27 McGregor, D.: *The Human Side of the Enterprise*. McGraw-Hill, 1960. Edición consultada: traducción María del Carmen Chávez García: *El lado humano de las empresas*. McGraw-Hill, México, reedición comentada, 2007.

28 Mintzberg, 1991: 397.

29 Pérez López, Juan Antonio: *Liderazgo*. Ediciones Folio, Barcelona, 1997:18.

de moral altruista que orienta a las organizaciones económicas en línea con los conceptos de *sustentabilidad* y *responsabilidad social corporativa*, cada vez más presentes en la prioridad de los directivos empresarios.

	Clásica	Relaciones humanas	Sistemas	Institucional	Cultural (altruista)
Análisis central	Productividad Científica Racionalidad absoluta	Satisfacción	Consistencia interna / Consistencia externa	Inserción en el contexto social y normativo	Sentido trascendente
Imagen del hombre	*Homo econonomicus*	Hombre que se realiza	Hombre complejo	Hombre social	Hombre espiritual
Autores principales	Weber Taylor Fayol	Mayo Barnard Maslow McGregor McClelland	Bertalanffy, Kast y Rosenzweig, Lawrence y Lorsch, Pfeffer y Salancik, Ouchi	Selznick, Simon, March y Cyret Powell y Di Maggio, Weick	Simmel, Maffesoli, Wilber Deal y Kennedy, Mitroff y Denton, Senge
Supuestos básicos	Teoría X	Teoría Y	Complejidad analítica Teoría Z	Revolución cognitiva: racionalidad limitada	Motivación interior y trascendente
Ideología	Científica	Moderada pro trabajadores	Empresarial	Pragmática	RSC, sustentabilidad

Cuadro 3

Luego de revisar el desarrollo histórico parecería apropiado dejar planteada la tendencia hacia un mayor peso de la espiritualidad[30], que utiliza formas y estructuras emparentadas con lo cultural e, incluso, con lo religioso.

---

30 Ver Mitroff, I. y Denton, E.: *A Spiritual Audit of Corporate America*. Jossey-Bass Publishers, San Francisco, 1999.

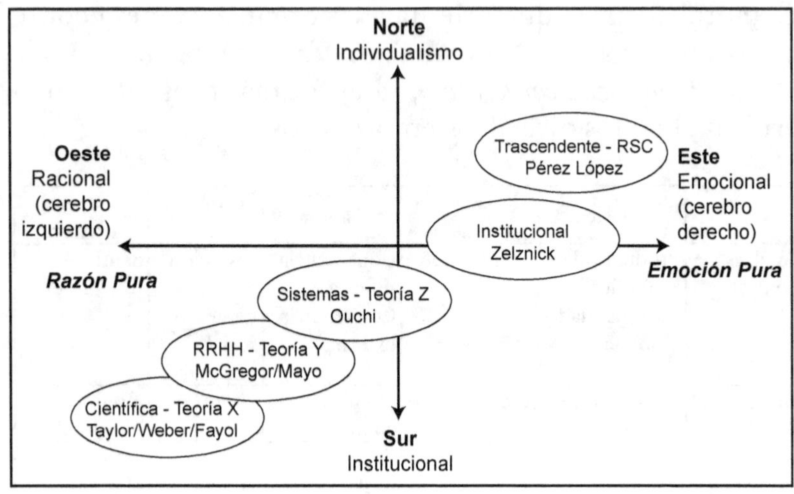

Figura 6

2. Caso de estudio

Zappos, una holocracia para servir al cliente

> *En Zappos, deseamos que la gente nos llame. Creemos que formar conexiones personales, emocionales con nuestros clientes es la mejor manera de proveer un gran servicio*[31].

> Tony Hsieh, CEO de Zappos.

2.1. Los orígenes

Un día de 1999, Nick Swinmurn recorría un *mall* de San Francisco para comprar un par de zapatos[32]. En un negocio encontró el estilo que quería, pero no el color que le gustaba; en otro tenía el color, pero no el número… Frustrado, volvió a su casa sin conseguir lo que buscaba. Desde

---

31 http://www.inc.com/magazine/20100601/why-i-sold-zappos.html
32 http://www.zappos.com/d/about-zappos

su computadora exploró las ofertas, nuevamente sin éxito. En aquel entonces ya existían las tiendas on-line pero ninguna se especializaba en zapatos. En ese momento le surgió la idea de lanzar una zapatería virtual.

Su propósito era fundar un sitio web en donde se pudiera encontrar la mejor selección de zapatos en términos de marca, estilo, colores y tamaños. Para conseguir financiamiento se acercó a Tony Hsieh (se pronuncia shay) y a Alfred Lin, quienes hacía poco tiempo habían vendido su compañía, Link Exchange, a Microsoft por 265 millones de dólares.

Swinmurn había conseguido que Hsieh abandonara su escepticismo inicial cuando le señaló que el calzado en los Estados Unidos era un negocio de 40.000 millones de dólares y que por entonces el 5% se vendía por medio de catálogos en papel[33]. Hsieh y Lin decidieron arriesgar dos millones a través de Venture Frogs, su compañía de inversiones. La nueva empresa se inscribió bajo el dominio ShoeSite, nombre que al poco tiempo se transformó en Zappos (palabra inspirada en "zapatos") para no limitarla al mercado del calzado. Luego de un arranque lento, en 1999 consiguieron recaudar 1,6 millón de dólares. Entusiasmado con el proyecto, en 2000 Hsieh se sumó como CEO.

En 2001 llegaron a 8,6 millones. Abrieron un centro de distribución en Kentucky en 2002. El crecimiento se daba más por el "boca a boca" que por inversiones en publicidad.

Tony Hsieh y su equipo tenían una visión basada en tres premisas:

- Algún día el 30% de las compras en Estados Unidos será por Internet.
- Las personas les comprarán a los sitios que tengan los mejores productos y la mejor selección.
- Zappos sería esa compañía.

---

33 http://www.inc.com/magazine/20060901/hidi-hsieh.html

Fijaron como metas de largo plazo, para 2010, llegar a vender 1.000 millones y figurar en la lista de la revista *Fortune* como una de las mejores compañías donde trabajar.

En 2003 alcanzaron los 70 millones y decidieron manejar directamente[34] todo el inventario de productos. Tony Hsieh consideraba que esa era la única manera de controlar la calidad del servicio al cliente, para lo cual debieron expandir la capacidad logística. En 2004 llegaron a los 184 millones, mudaron las oficinas centrales de San Francisco a Nevada, y recibieron 35 millones de inversión del fondo Sequoia Capital. En 2007 agregaron a su inventario carteras, anteojos, ropa, artículos para chicos y relojes. En 2008, dos años antes de lo previsto, llegaron a los 1.000 millones de ventas. Un año más tarde aparecieron con el número 23 en la lista de *Fortune* de las 100 mejores compañías para trabajar.

"Zappos y Amazon sentados en un árbol..."

En 2009 Hsieh y Lin retomaron las conversaciones con Amazon con la expectativa de una posible venta a la compañía fundada por Jeff Bezos que había intentado comprarla en 2005. En una nota[35], Hsieh contaba que en Zappos la cultura está por sobre todo y temían que en ese momento Amazon no respetara este principio. Para Hsieh mantener las condiciones de los empleados, tales como servicio médico completo, fuerte inversión en desarrollo e independencia a los representantes de ventas, no eran temas negociables ya que consideraba que era allí donde residía el secreto de la excelencia en la atención al cliente.

Algunos miembros de la junta discrepaban y consideraban estos principios como "los experimentos sociales de

---

34 Hasta ese momento en parte cumplían el papel de intermediarios entre los productores y los clientes, lo que representaba un 25% de la facturación.

35 http://www.inc.com/magazine/20100601/why-i-sold-zappos.html

Tony"[36]. Creían que para seguir creciendo había que cambiar de orientación y profundizar el foco en los resultados. Para ellos un CEO debía ocuparse menos de la "felicidad de los empleados" y más en vender zapatos. Aunque Hsieh aceptaba que este punto de vista podía resultar en el corto plazo, estaba seguro que en el largo plazo arruinaría su creación.

A pesar de que Hsieh y Lin controlaban la mayoría de las acciones comunes –lo que impedía la venta de la empresa sin su consentimiento– ellos eran los únicos dos de la junta (compuesta también por representantes del fondo Sequoia) que creían en la cultura que habían contribuido a fundar. Hsieh recordaba esta etapa como muy estresante: "Para nosotros, Zappos no era solo un trabajo, era un llamado. Entonces ideamos un plan: compraríamos la parte de nuestra propia junta de directores para sacarlos"[37].

Tony Hsieh ya estaba trabajando con su libro *Delivering Happiness*[38] y su presentación a Jeff Bezos giró mayormente alrededor de este tema. Debía dejar claro que, a diferencia de Amazon, donde la felicidad está asociada con el precio, en Zappos la competencia no se daba a ese nivel:

> *"En Zappos, deseamos que la gente nos llame. Creemos que formar conexiones personales, emocionales con nuestros clientes es la mejor manera de proveer un gran servicio"[39].*

Aunque tanto Amazon como Zappos compartían el objetivo de crear una gran experiencia para sus clientes, la manera de conseguirlo era diferente. Asimismo, Hsieh se sentía más cerca de Bezos que de su propia junta de dirección.

---

36 *Ibidem.*
37 *Ibidem.*
38 https://www.amazon.com/s?k=delivering+happiness
39 http://www.inc.com/magazine/20100601/why-i-sold-zappos.html

El trato se realizó empleando acciones de Amazon. Hsieh se lo explicó a los 50 empleados más antiguos: "El discurso [de explicación del arreglo con Amazon] fue de las cosas más importantes que hice en mi vida…"[40]. La adquisición se cerró el 1 de noviembre de 2009. Los inversores de Sequoia se llevaron 248 millones. El directorio de Zappos quedó conformado por un comité ejecutivo que incluía a Hsieh (que continuaba siendo el CEO), Bezos y dos ejecutivos de cada una de las compañías. La cultura de Zappos estaba protegida.

2.2. La cultura Zappos

La cultura Zappos se basaba en 10 valores centrales[41]:

1. Entregar WOW por medio del servicio.
2. Abrazar e impulsar el cambio.
3. Crear alegría y un poco de rareza.
4. Ser aventurero, creativo y tener la mente abierta.
5. Buscar el crecimiento y el aprendizaje.
6. Construir relaciones abiertas y honestas con comunicación.
7. Construir un equipo positivo y espíritu de familia.
8. Hacer más con menos.
9. Ser apasionado y determinado.
10. Ser humilde.

Se promovía una cultura de "trabajar duro, jugar duro". Lo lúdico aparecía como un mecanismo para poner en práctica esos valores. El otro elemento era la holocracia.

---

40 *Ibidem.*
41 http://www.zappos.com/d/about-zappos-culture

2.3. Holocracia y autoorganización

En diciembre de 2013 Tomy Hsieh anunciaba una reestructuración por la que se comenzaría a aplicar el concepto de holocracia (u holacracia) en Zappos. La holocracia era un modelo de organización que buscaba bajar la autoridad al más bajo nivel de la estructura. Por su forma de funcionamiento guardaba similitud con los círculos de mejora continua que desde hacía años se empleaban en empresas como Toyota y General Electric, aunque más orientados al servicio al cliente que a la mejora de los productos y procesos. La noción fue popularizada y registrada por Brian Robertson en 2007[42].

La palabra holocracia se compone de "cracia" –por gobierno– y de "holón". Un holón es una unidad completa por sí misma pero que forma parte de algo mayor. Ejemplo típico son los átomos, que son entidades por derecho propio pero que se asocian con otros para componer las moléculas que forman las sustancias. Lo mismo podría decirse de cada uno de los órganos del cuerpo humano o de las áreas de una empresa. La holocracia es, entonces, una suerte de "gobierno por todos".

De acuerdo con Robertson, en la holocracia no hay descripción de tareas sino que los roles se definen alrededor del trabajo (en lugar de las personas) y son actualizados regularmente. Los empleados no tienen títulos y un mismo empleado puede cumplir diferentes tareas en distintos círculos. En lugar de contar con gerentes que delegan autoridad, existen equipos que tienen autoridad sobre sus roles funcionales. Esta forma de estructura permite reaccionar rápidamente frente a cambios de contexto, ya que la información y la cadena de decisiones no debe hacer un recorrido primero ascendente y luego descendente. Los equipos se autoorganizan de acuerdo con sus necesidades.

---

42 Ver www.holacracy.com

Con 1.500 empleados, Zappos fue la mayor compañía en aplicarla. Tony Hsieh explicaba al respecto:

Tratamos de comprender cómo estructurar Zappos más como una ciudad, y menos como una corporación. En una ciudad, las personas y los negocios se autoorganizan [...] La holocracia permite que los empleados actúen como emprendedores y autodirijan su trabajo en lugar de reportar a un gerente que les diga qué hacer[43].

Hsieh había descubierto el sistema cuando estaba buscando nuevas formas organizacionales de aumentar la estructura sin incrementar la burocracia.

2.4. El servicio al cliente como karma

Los empleados de Zappos eran estimulados para ir más allá del servicio al cliente tradicional. Dicha cultura se construía sobre la base de episodios que se iban convirtiendo en auténticas leyendas.

Una vez, cuando una clienta había pedido devolver las botas de su marido, muerto en un accidente de automóvil, al día siguiente recibió un arreglo floral enviado por el representante del *call center* sin consultar con su supervisora[44].

En una ocasión, luego de una noche de recorrida por bares, Hsieh le apostó a un representante de una marca de zapatos que si llamaba a la *hotline* de Zappos el empleado sería capaz de encontrar las pizzerías con *delivery* más cercanas a su ubicación. Pasados unos minutos, después de la confusión inicial, el empleado volvió con una lista de las cinco más cercanas.

En otra oportunidad, una estudiante que planeaba mudarse a Nevada –donde estaba ubicado el *call center*– llamó por un par de botas. La conversación derivó en cómo era

---

43 *Ibidem.*

44 http://www.entrepreneur.com/article/185050

vivir en Las Vegas y se transformó en una llamada récord de 10 horas y 29 minutos.

Este tipo de historias abundaban en Zappos. En una entrevista[45], Jane Judd, gerente de Lealtad al cliente decía:

> *Nuestra interacción con los clientes ha sido la herramienta de marketing por excelencia desde que comenzó Zappos. Especialmente en el comienzo cuando no había una tonelada de dinero para poner en marketing, decidimos proveer el mejor servicio al cliente, que probó ser nuestra estrategia de marketing por el boca a boca. Un 75 % de nuestro negocio son clientes repetitivos[46].*

En promedio, cada empleado contestaba unas 5.000 llamadas por mes y unos 1.200 e-mails por semana, con picos durante las fiestas. Los empleados de los *call centers* no tenían libretos establecidos, lo que resultaba clave para construir la cultura de servicio que pretendía Tony Hsieh. Con la estructura holocrática buscaba facilitar esa autonomía, flexibilidad e independencia.

3. El tema en la prensa

El modelo colaborativo avanza en los procesos internos de las empresas

---

45 https://econsultancy.com/blog/4912-q-a-zappos-jane-judd-on-customer-loyalty

46 *Ibidem.*

4. El tema en el cine

Metrópolis (1927)

5. Preguntas del capítulo

- ¿Cuáles fueron los signos clave de la Revolución Industrial? ¿En qué cambió la forma de trabajar a partir de entonces? ¿Cómo afectó a la sociedad?
- ¿Qué significado tiene la búsqueda de sentido para Weber?
- ¿En qué se diferencia una organización orientada a fines de otra orientada a valores? ¿Considera que esa dicotomía aún tiene vigencia? De ser así, ¿cómo se manifiesta?
- ¿En qué aspectos se diferencian principalmente las teorías de Frederick Taylor y las de Elton Mayo?
- ¿Qué permitieron descubrir los experimentos de Hawthorne? Piense en alguna oportunidad en que le haya ocurrido o en la que haya observado que algo similar ocurriera.
- Describa brevemente el Modelo de la Pirámide de Maslow. ¿En qué escalón considera que se encuentra en este momento de su vida?
- ¿Cuál fue el principal aporte de Chester Barnard? ¿A qué conclusiones llegó? ¿Cómo se manifiestan sus observaciones actualmente?
- Según Douglas McGregor, ¿cuáles son las principales diferencias entre la Teoría X y la Teoría Y? ¿Cuáles son las fortalezas y cuáles las debilidades de cada una para explicar el comportamiento de las personas en la organización?
- ¿Qué implica tener una cultura compartida en la organización?
- ¿Qué quiere resaltar Phillip Selznick al hablar de institución en lugar de organización? ¿Qué cualidades las diferencian?
- ¿Cómo definiría el concepto de *stakeholder*? ¿Cuáles fueron los factores que llevaron a su creación?

- ¿Qué es la RSE (responsabilidad social empresaria)? ¿Se trata de un costo o de una inversión? Justificar.
- Compare la Revolución Industrial con la Revolución Informática. ¿Qué elementos tienen en común? ¿En qué se diferencian?
- Explique la Ley de Moore. Mencione al menos tres maneras en que haya impactado en la forma de trabajar.
- ¿Qué es la sustentabilidad? ¿Cómo impacta en las empresas? ¿Cómo impacta en los individuos? ¿Qué *stakeholders* serán los más beneficiados por las prácticas sustentables?

CAPÍTULO III

Seleccionando a las mejores personas para la organización

1. Introducción

Iniciamos este capítulo sobre el análisis de las prácticas de gestión de personas con el proceso de *staffing* (o empleos), que incluye lo que usualmente se llama el *recruiting*, la selección propiamente dicha y la inducción[1] de los nuevos empleados a la organización. No comenzamos con esta práctica al azar; además de ser la primera en cuanto a contacto con la gente (la nueva gente que trabajará en la organización), probablemente sea la más importante para lograr una organización alineada. No da lo mismo cualquier persona para las organizaciones. Hay personas para cada tipo de empresa y son ellas quienes colaborarán en alinear la organización. Equivocarse en la selección de las personas es un error mortal para las organizaciones que requieren implementar sus estrategias y contar con gente capaz de acompañarla.

---

[1] Como veremos, la inducción (en inglés *onboarding*) es el "aterrizaje" del empleado en la empresa. Durante esta etapa se guía a la persona recién contratada, para que conozca desde el lugar de trabajo y los colegas, hasta las normas y prácticas. El objetivo es que en forma progresiva vaya incorporando la cultura de la compañía.

Hay mucho escrito sobre el tema de selección y abundan nuevas tendencias y modas que en mayor o menor medida hacen su aporte dependiendo de la organización analizada. Un aspecto crítico en cualquier práctica de gestión de personas es que la técnica utilizada contribuya a la alineación de la empresa. Por eso, en el tema "selección" no se obtienen resultados similares si se tiene en cuenta la actitud o la llamada *behavioral interview*[2]. La fuente de reclutamiento también es muy útil para la identificación de los mejores talentos. En definitiva, hay que pensar bien dónde ir a buscar a los empleados, cómo será el proceso de selección y cómo haremos para inducirlos a la cultura y los hábitos de la organización. A continuación intentaremos mostrar las distintas etapas del proceso de selección (*staffing*) y las prácticas más usuales en cada etapa. Analizaremos el *recruiting*, la selección y la inducción de las personas en la organización. En cada caso explicaremos las técnicas para establecer cuándo y en qué tipo de organización es más conveniente su uso.

1. *Recruiting*

El reclutamiento parecería ser algo de lo más sencillo, sin embargo, en tiempos en los que el talento escasea, identificar a los candidatos necesarios para conseguir una masa crítica que permita al entrevistador tener una terna adecuada es difícil. Hasta hace algún tiempo era mucho más fácil: los jefes solicitaban un candidato al departamento de personal o de gestión de personas y –en un plazo prudencial– aparecía. La globalización de muchas industrias y la escasez de talento en ciertos sectores ha complicado el panorama del

---

2   En español "entrevista conductual". Apunta a descubrir aspectos de la conducta del empleado difíciles de percibir cuando se analizan sus habilidades profesionales.

proceso de reclutamiento, aunque también ha permitido ampliar los horizontes de las búsquedas.

No siempre es responsabilidad de los jefes o de los directivos participar de los vaivenes del *recruiting*. Sin embargo –y cada vez con mayor frecuencia–, obtener una fuente de candidatos adecuados permitirá seleccionar a un buen candidato final. Es entonces cuando el reclutamiento se convierte en un proceso crítico para cualquier jefe que esté buscando a un empleado.

Los departamentos de gestión de personas están avezados en cómo y dónde buscar. Aun así, es prudente analizar las fuentes de abastecimiento de talento (*sourcing*) que ayuden a las organizaciones a conseguir los mejores recursos disponibles; es decir, aquellos más aptos y capaces para sus organizaciones. No da lo mismo dónde buscar ni cómo entrevistar. Analizaremos primero las alternativas de *recruiting* existentes y luego las mejores opciones para la organización.

1.1. Alternativas de *recruiting*

Contactos personales o referidos

Muchas veces las mejores incorporaciones ocurren a través de referidos que ya trabajan en la empresa. En general, los referidos suelen ser exitosos, ya que quien los recomienda conoce su forma de trabajar y las necesidades del puesto, más aún si quien recomienda trabaja con la persona que busca un colaborador. Nadie garantiza que esta forma de búsqueda sea un éxito, pero muchas veces el *feeling* (la percepción) personal es clave para habilitar el proceso.

Asociaciones profesionales

La *network* o red de contactos del sector o de la industria donde se encuentre a quien busca puede ser clave para conseguir a las personas que se necesitan. Ciertas industrias tienen asociaciones muy activas que procuran dar servicio a las empresas para conseguir el capital humano necesario. Estas organizaciones poseen directorios muy completos de potenciales candidatos.

Portal de carreras de la empresa

Este puede ser un buen recurso, aunque no siempre es bien manejado por las organizaciones. Suele ocurrir que las empresas se llenan de currículos que no usan y que no sirven, ya que los portales están hechos para que las personas "tiren" sus currículos allí sin filtro alguno.

Un buen ejemplo de portales para aplicar a trabajos es el de Procter & Gamble (P&G) (www.pg.com), que utiliza esta herramienta para diferenciarse de la competencia. El sistema permite cargar el currículum y luego realiza una serie de preguntas específicas para distintos puestos, lo que ayuda a evaluar la viabilidad del candidato. Luego de este primer filtro habilita al candidato a continuar con la siguiente etapa del proceso de *recruiting*. La compañía evalúa también lo que denomina "competencias para el éxito", que sirve para examinar varios aspectos de la formación y de la experiencia, y establecer si el perfil de la persona está acorde con lo buscado en cuanto a las necesidades profesionales, así como en lo que se refiere a sus valores y principios.

El ejemplo indica una gran alineación entre la forma de hacer *recruiting* y los valores de la empresa. El sistema de P&G no se limita a recibir currículos. Tampoco lo implementaron porque "hay que tener un portal" para recibirlos. La empresa lo utiliza en forma intensiva en línea con los objetivos de la organización. Por otra parte, el portal centraliza las búsquedas de todo el mundo por regiones, lo que facilita al interesado aprovechar la aplicación.

Presentación en universidades/escuelas de negocio

Se trata de un buen recurso cuando a las compañías les interesa reclutar talentos jóvenes, en particular gente con potencial, pero sin experiencia de trabajo. Para comenzar, hay que realizar un mapeo de las universidades que incluya su localización y carreras en las que destaca cada una. Por ejemplo, las empresas cerealeras recurrirán a diferentes lugares que las empresas petroleras. La clave está en identificar las competencias distintivas de las universidades consultadas, y ver cómo se plasman en cada carrera. La continuidad en las presentaciones es clave. De nada vale asistir y presentar un año, hay que hacerlo con frecuencia y realizar presentaciones con impacto, que demuestren la apuesta al futuro que hace la empresa.

En Latinoamérica aún no está bastante extendida la importancia de los MBA (*Master in Business Administration*), aunque sí se valoran los *Executive* MBA, orientados a personas con mayor experiencia profesional. La diferencia radica en que los primeros suelen ser *full time* y se focalizan en gente más joven, mientras que los segundos se orientan a personas con mayor experiencia y, en muchos casos, son las propias empresas las que asumen el valor de la matrícula.

Los MBA ofrecen entonces una oportunidad interesante para realizar un *recruiting* de mandos medios y para conseguir personas con alto potencial en el mercado regional. Existen varias escuelas regionales que cuentan con MBA y tienen departamentos de salida profesional tales como la Universidad Di Tella de Argentina, la Universidad Adolfo Ibáñez de Chile, el INCAE de Costa Rica y la Fundación Getulio Vargas de Brasil, entre otras.

A diferencia de Latinoamérica, en los Estados Unidos las empresas tienen muy bien estudiado el proceso de *recruiting*, tanto en universidades como en escuelas de negocios. Son frecuentes las presentaciones realizadas en dichas instituciones para poder "cazar" a los mejores talentos de las más prestigiosas casas de estudio.

e-recruiting

Se realiza mediante los llamados "Job Boards" o portales de búsqueda. Los más conocidos son Indeed, Career builder y Glassdoor, entre otros). Estas fuentes de currículos son muy utilizadas en el mercado en búsquedas para distintas posiciones. Sin embargo, no siempre completan todas las necesidades. Así, en mercados donde el talento no abunda –como en la industria petrolera–, los *niche boards* o portales de nicho, como www.rigzone.com; www.oilcareers.com, resultan útiles para puestos específicos o muy demandados.

En redes profesionales el líder es Linkedin.

Simulaciones on line

L'Oréal ha sido una avanzada en el reclutamiento on-line a través de la simulación de negocios REVEAL. Esta simulación ha sido una de las más grandes de su tipo y estaba abierta a universitarios o MBAs que cursaban sus últimos años de carrera. En esta simulación, los participantes estaban invitados a armar su personaje (avatar) y participar de una competencia, así como a conocer las diferentes áreas de la compañía.

1.2. Empleo del video

Videollamada

El uso del video en el proceso de selección es una opción relativamente nueva, pero, como es natural, se ha extendido a partir de la pandemia. Existen alternativas para el uso eficiente de la video llamada.

Video cuestionario o video presentación

Con esta herramienta digital, el candidato se graba a sí mismo respondiendo un cuestionario previamente definido (y que puede personalizarse en cada proceso). Es una manera muy eficiente de filtrar candidatos, pues, al no ser presencial, se trata de un *método rápido y de bajo costo.*

Normalmente se da un límite de tiempo para responder cada pregunta y es muy efectivo para hacer preguntas tipo filtro que funcionan como excluyentes en el proceso. Por ejemplo, si requieren un candidato con inglés fluido, pueden incluir preguntas en inglés con lo cual se valida esta habilidad en una etapa temprana del proceso.

Video entrevista

Si se dispone de una plataforma que permita este tipo de comunicación, como ser Zoom o Microsoft Teams, puede empezarse a reducir gastos logísticos de esta etapa del proceso, ya que será más sencillo contar con la disponibilidad del candidato y de sus reclutadores.

Además, a diferencia de otras herramientas digitales, la video entrevista permite una percepción más integral y completa de las competencias laborales (competencias digitales y habilidades blandas) de los candidatos. Por otro lado, este método brinda mayor confort a los postulantes.

Smart Video

Es una tecnología mucho más sofisticada y especialmente optimizada para procesos de selección de personal.

El reclutador realiza la entrevista a través de una plataforma o servicio que permite la grabación de un Smart Video. Este queda almacenado y se puede hacer uso de sus múltiples funcionalidades: etiquetar las respuestas o los momentos más importantes, hacer comentarios, cuadros comparativos, visualizar el CV, calificar competencias e incluso compartir con otros colegas para también contar con su feedback sobre el desempeño del candidato en la entrevista.

Si a esa tecnología se le suma la del *crowdsourcing*, las funcionalidades se potencian. La razón es que podría entrevistarse a muchos candidatos en simultáneo y en horarios flexibles. Lo que, además de agilizar el proceso de selección, mejora la experiencia del candidato y es un punto extra para la marca empleadora.

La tecnología simplifica operaciones que aportan poco valor al proceso de reclutamiento y permite hallar candidatos aptos con menor esfuerzo. Sin embargo, sabemos que no es sencillo aprender de la noche a la mañana a utilizar estas herramientas digitales para realizar un buen proceso de selección.

Video resume

Es una forma activa que algunos candidatos han encontrado para "venderse" mejor a la hora de encontrar trabajo. Utilizando el sitio www.youtube.com muchos jóvenes profesionales (y no tan jóvenes) incorporaron la versión "video" de sus propios currículos para realzar algunas de sus virtudes.

Otras fuentes para *e-sourcing* pueden ser las redes sociales. Algunos cuestionan si es ético emplear esta clase de redes ya que los jóvenes aparecen en contextos privados. Por otra parte, una foto, imagen u opinión permanece en Internet por mucho tiempo, y las personas cambian... Internet puede ser una ventana indiscreta.

Las entrevistas on-line mediante Zoom, Google Meet o algún instrumento de comunicación similar son herramientas de reclutamiento importantes para contactar personas de diversas partes del mundo. En especial son muy utilizadas por las empresas globales para atraer a jóvenes con vocación cosmopolita.

Ejemplo: **Video resume Gary Schutt**

Ejemplo: **Aurelie**
https://www.youtube.com/watch?v=y9cgiFtu6mk

Ejemplo: **Chiara Giberti**
https://www.youtube.com/watch?v=kS4pi76qEZw

Es evidente que esta nueva forma de exponerse aporta dinamismo y rapidez a las presentaciones. A pesar de su utilidad, de ninguna manera sirven para reemplazar el CV. En todo caso hacen más atractiva la presentación en papel y permiten conocer con mayor detalle los intereses, la personalidad, el estilo y las habilidades profesionales del candidato en el proceso de *recruiting*.

1.3. Otras herramientas digitales

Es sabido por todos que los métodos tradicionales de filtrado de candidatos y selección de personal progresivamente serán sustituidos por herramientas usadas en las redes sociales, el big data y la inteligencia artificial para recolectar información valiosa sobre los candidatos.

Analizar, organizar y resumir esa información son acciones relevantes que estas herramientas ayudan a procesar rápidamente y, en algunos casos, hasta automatizarlas.

Formulario virtual

Consiste en un conjunto de preguntas cerradas que se envía a los aspirantes a través de una plataforma específica como Google Forms, y sirve para saber más sobre ellos y sus capacidades. El candidato completa el formulario on-line, lo que reduce la labor operativa de recopilación y procesamiento.

El formulario puede diseñarse para validar concretamente una serie de conocimientos que el postulante debería tener, sobre todo en los casos de conocimientos que no pueden adquirirse fácilmente. Es responsabilidad del reclutador elaborar un formulario efectivo, que permita detectar posibles mentiras en el currículum.

Otra ventaja adicional es la posibilidad de asignar una puntuación a cada respuesta y, de esta manera, poder establecer un ranking de los candidatos.

Inteligencia artificial

La inteligencia artificial (IA) es el campo de la tecnología dedicado a la creación de programas que puedan realizar actividades que supongan capacidades cognitivas similares a las humanas. Permite automatizar diferentes acciones, lo que es ideal para los procesos de selección de personal, pues la cantidad de tareas realizadas de manera tradicional significan un importante costo en tiempo y dinero.

La IA permite, entre otras tareas, realizar un reclutamiento predictivo. Es decir, el reclutador puede llegar a los candidatos deseados sin un mayor esfuerzo gracias a un perfil profesional determinado por un algoritmo que facilita la búsqueda del candidato ideal. Este algoritmo automatiza el proceso de reclutamiento, pues busca en la red los atributos necesarios para la vacante a través de palabras clave relacionadas con las características deseadas.

El reclutamiento predictivo también considera el historial de contrataciones de la empresa, así como su presencia en Internet. Esto ayuda al sistema a plantear mejor el perfil profesional que debería tener el candidato ideal para la empresa, y a los equipos de gestión de recursos humanos a comprender mejor las características y particularidades del talento de su empresa.

Cuando el reclutador ya tiene una base de datos con candidatos acordes con los criterios de búsqueda, puede enviar un correo electrónico automatizado a cada uno de ellos para establecer un primer contacto. Después de la revisión de las respuestas y de la reputación on-line de los candidatos (redes sociales y páginas web), mediante filtros se obtiene una lista con la selección de postulantes.

La IA brinda la posibilidad de elegir, de manera predictiva, al candidato adecuado para la empresa a través de un complejo análisis automatizado sobre sus capacidades y su presencia en Internet. De esta manera, se consigue revisar y filtrar con precisión cientos de currículos por día.

1.4. Utilizar el reclutamiento más adecuado para la organización

Si bien en el punto anterior hemos explicitado algunos de los métodos de reclutamiento existentes, hay varios más que las compañías utilizan y que también son efectivos, por ejemplo, la compra de *mailing lists* (listas de direcciones de mail) y el *headhunting* (caza de talento), entre otras.

Ahora bien, no todos los métodos son buenos para todas las empresas. Que existan no significa que todos juntos puedan ser utilizados para reclutar. Hay que ser selectivo e identificar al que mejor se adapte a la organización o al área para la cual se realiza la búsqueda. Una organización con tendencia conservadora y valores culturales fuertes deberá decidir cuidadosamente qué práctica implementará. Las referencias personales de empleados actuales o de clientes o proveedores suele ser una buena forma de incluir en el proceso de selección a personas que comparten los principios de la empresa. Las compañías que requieren un flujo de talento constante, deben innovar en materia de *e-recruiting* o intentar con las simulaciones. Las organizaciones que se mueven en industrias de baja generación y alta competencia por el talento, deberán intentar varias estrategias y recurrir a la ayuda externa de *headhunters* especializados, asociaciones profesionales y a *job boards* de nicho para conseguir el personal que requieren.

En este punto el proceso recién comienza. Una vez identificados los candidatos sigue el proceso de selección que dispara preguntas tales como: ¿cuál es el mejor método? ¿Debemos entrevistar? De ser así, ¿qué tipo de entrevista realizar? ¿Cuántos candidatos se deberá entrevistar? ¿Se debería, en cambio, hacer una evaluación distinta de los candidatos? A continuación, vamos a tratar de clarificar la descripción de los distintos métodos, la adecuación de estos a la estrategia de la empresa y el impacto que tienen en la organización.

2. El proceso de selección de los candidatos

¿Qué estamos buscando? es la primera pregunta que debe hacerse a la hora de encarar un proceso de selección. Muchas veces se subestima el proceso, y cuando llega el momento de entrevistar al potencial empleado, se comprende que no se le ha dedicado el tiempo de preparación adecuado al armado de la entrevista. Tampoco se ha buscado la colaboración del área de gestión de personas para armar un perfil adecuado. Se encara la entrevista de forma intuitiva y puede llegarse a contratar a una persona tan solo porque "nos cae en gracia" o "nos parece que puede andar bien".

A continuación, intentaremos colaborar con la difícil

tarea de seleccionar gente y reforzar algunas ideas para que los directivos las pongan en consideración cuando deben elegir al candidato más adecuado para la posición.

Snow y Snell (1993)[3] realzan el valor del proceso de selección al considerar que existen modelos de *staffing* alineados con la estrategia organizacional. Para los autores, la selección figura en el segundo nivel de análisis de las prácticas de gestión de personas que impactan en la estrategia de la organización y en el alineamiento de su capital humano con los objetivos organizacionales.

Para organizar el análisis de los distintos temas relacionados con el proceso de selección, comenzaremos por definir qué estamos buscando en la persona, ya que eso nos dará una pauta del tipo de proceso más conveniente. Así, analizaremos los procesos basados en la aptitud y la experiencia de la persona, en la actitud y *fit* (o calce) organizacional y, finalmente, en el potencial futuro de la persona y en sus habilidades. En el análisis que realizaremos de cada uno de estos temas nos involucraremos con métodos de selección distintos para cada uno de ellos. Profundizaremos en particular en la entrevista de selección y los *assessment center* (centros de evaluación). Para dar un panorama más amplio de las técnicas de selección existentes, no dejaremos de lado otras metodologías.

2.1. Dime a quién buscas y te diré qué proceso de selección es el más conveniente

Muchas son las maneras, formalizadas o no, utilizadas para seleccionar personas. La experiencia y la academia nos

---

3   Snow, C.C., & Snell, S.A.: "Staffing as strategy". In M. Schmitt & W.C Borman (Eds), *Personnel selection in organizations*: 448-478. San Francisco: Jossey-Bass, 1993.

permiten hacer una división de tipos de procesos de selección según lo que se busque. La organización podría estar buscando personas con aptitud y experiencia para cierto puesto o gente en la que pese más la actitud (por ejemplo, orientación al cliente) que la aptitud, y que calce con la cultura organizacional. Por último, se podría estar buscando gente con potencial para el futuro como, por ejemplo, jóvenes profesionales. Muchas veces –tal vez en la mayoría–, se requiere todo lo anterior de un candidato. En el último caso, cuando se intenta buscar actitud, *fit* cultural, aptitud, experiencia, potencial y habilidades… es probable que las expectativas sean demasiado altas y que los sistemas no den la respuesta esperada. Se deben implementar sistemas que colaboren con la selección, no técnicas milagrosas para buscar lo imposible. Las técnicas empleadas deben estar en línea con lo buscado. Veamos las diferencias.

La selección por aptitud y experiencia se realiza cuando lo importante es entender si el candidato es la persona adecuada para el puesto por sus capacidades técnicas o por su trayectoria pasada, elementos en los que debe ponerse el foco principal. Indagando aspectos del rendimiento pasado será posible descubrir qué valor puede aportar la persona a la organización.

Asimismo, en las organizaciones con cultura y valores fuertes, la selección debe tener muy en cuenta la aptitud y el *fit* organizacional, además de cierto nivel de conocimiento técnico. La capacidad de trabajar en un entorno particular en estos casos es el elemento clave para definir la suerte del candidato. Este criterio suele ser aplicado por muchas empresas pequeñas o medianas, familiares, y por algunas corporaciones de mayor tamaño.

En síntesis, la organización podría estar buscando en sus candidatos potencial para el futuro, gente que ocupe en el mediano o largo plazo lugares relevantes en la empresa, o que cumpla con ciertas competencias generales.

Este proceso de selección se adecua bien para el caso de jóvenes profesionales en ciertas organizaciones y para empresas que emplean un sistema de competencias genéricas a las que deben ajustarse los candidatos.

Baron y otros (1996, 1999, 2003)[4], van más allá de la práctica y consideran que las bases de selección de una organización son los pilares del modelo organizacional en sí mismo. Tienen un impacto directo en la organización del trabajo. Los autores definen tres formas para que la organización pueda conseguirlo:

- buscar que los candidatos *contribuyan de inmediato* a realizar su trabajo;
- buscar empleados *con potencial* para cumplir distintas funciones a lo largo del tiempo;
- concentrarse en los *valores de las personas*, con el pensamiento más enfocado en el largo plazo.

La primera forma de selección da lugar a modelos de organización burocráticos o autocráticos; la segunda generaría organizaciones basadas en talentos, y la tercera es más adecuada para organizaciones basadas en el compromiso de su gente.

Según el sistema de selección elegido, habrá diferentes métodos de seleccionar y se deberán aceitar los mecanismos para que el proceso sea el más apropiado para la necesidad de la empresa.

---

4   Baron, J., Burton, D. y Hannan, M.: "The Road Taken: Origins and Evolution of Employment Systems in Emerging Companies", Industrial and Corporate Change. Vol. 5 N° 2 ,1996, págs. 239-275.
Baron, J. y Kreps, D.: *Strategic Human Resources.* John Wiley & Sons Inc, NY, 1999 (ver cap. 3 y 19).
Baron, J. y Hannan, M.: "The Economic Sociology of Organizational Entrepreneurship: Lessons from the Stanford Project on Emerging Companies". *Case Working Paper Series 6. Center for Economy and Society (Cornell University)*, 2003.

Muchos de los métodos utilizados en los procesos de selección se basan en entrevistas personales o en *assessment centers*. Explicaremos estos métodos, sus variantes y cómo utilizarlos de acuerdo con lo explicado antes.

2.2. La entrevista de selección

Uno de los métodos más transparentes usados para seleccionar personas es la entrevista de selección. A pesar de que muchas empresas realizan entrevistas, no siempre se logran los resultados más adecuados para la organización o área que requiera un candidato en particular. En este sentido, una recomendación es pensar en el tipo de proceso que se aplicará para realizar la entrevista de selección más adecuada. No da lo mismo indagar a alguien por su aptitud, que poner el foco en la actitud, en su potencial o en sus competencias. Veamos.

Es importante conocer el estilo personal de entrevistar para adecuarlo a las necesidades del proceso elegido. Según los diferentes modos, la entrevista varía en los temas que se indagan, en la manera de preguntar o en el feedback que se ofrece a medida que la entrevista avanza.

La entrevista puede tender a ser abierta o semiestructurada. En el primer caso, el entrevistador abre la entrevista con preguntas abiertas que permiten que el entrevistado se sienta libre para hablar de los temas consultados. Las entrevistas semiestructuradas tienen cierto grado de orientación, aunque las respuestas pueden ser abiertas.

También podemos valernos de entrevistas estructuradas. En este caso, el entrevistador llevará a la reunión un *check list* establecido de antemano con las preguntas a realizar. Puede, por ejemplo, poner el foco principal en las capacidades o en las competencias a investigar.

La entrevista podría ser general y amplia, o centrada

Figura 7

en la experiencia y en la performance pasada. En el primer caso tiene como objetivo conocer varios aspectos de la vida personal y profesional del candidato. En el segundo, el interés está en averiguar qué hizo, cómo lo hizo y qué logró en ese recorrido.

La combinación de tipo de entrevista y de foco, produce estilos diferentes a la hora de entrevistar. De esta manera, el entrevistador concurre a la entrevista consciente de su propio estilo y, de ser necesario, podrá adaptarlo al proceso de selección buscado. Así surge el estilo de entrevistador curioso, el perceptivo o el intuitivo, y el basado en la evidencia o en la información objetiva.

El *estilo curioso,* pone en evidencia a las personas que quieren conocer distintos aspectos de la vida profesional y personal del candidato. Estas preguntarán de manera transparente sobre esos temas y utilizarán preguntas abiertas o semiestructuradas para obtener la información que desean. Los ámbitos de indagación pueden ir desde la experiencia profesional, hasta la familiar y las aficiones personales. En general, el entrevistador está intrigado en los porqués de las distintas situaciones o experiencias que atraviesan las personas. No necesariamente esta clase de entrevista tiene el cometido de comprender si el candidato es el mejor para el puesto, sino que pretende satisfacer la necesidad del entrevistador de comprender ciertos aspectos del candidato. En este caso el peligro es el intrusismo; es decir, llegar a traspasar lo profesional y entrar en ámbitos personales ajenos al cometido de la entrevista.

Los entrevistadores con *estilo perceptivo o intuitivo* son los que tratan de entender las capacidades del candidato y su adecuación para el puesto, con el foco puesto en la experiencia de la persona. La entrevista transcurre como una conversación amena y amistosa. En general se trata de entrevistas que, si bien intentan indagar, tienen mucho de intuición y de "me gusta o no me gusta" el candidato. Domina en la entrevista lo que el candidato hace para ganarse el puesto, más que lo que haya realizado a lo largo de su experiencia. Adler (2002)[5] considera que cuando domina la percepción del entrevistador, la personalidad del candidato, su estilo de comunicación, su extroversión, la primera impresión y hasta la forma en que saluda afectan al resultado de la entrevista. Asimismo, cuando predominan los logros son otras las cosas que se convierten en el foco de atención del entrevistador, como la iniciativa del candidato, las competencias directivas y técnicas, entre otras.

La cualidad distintiva del *estilo investigador* del entrevistador es su curiosidad. Además de los temas habituales que se tratan en las entrevistas –que suelen ser similares–, se interesa por la intensidad y por el estrés que produce. El investigador necesita conocer en detalle vida y obra de la persona en otros aspectos, además de los laborales. In-

---

5   Adler, L.: *Hire with your head.* John Wiley & Son, Nueva Jersey, 2002.

dagará con un plan, y usará preguntas más punzantes y estructuradas. El problema de estas entrevistas es el exceso de indagación que puede generar un clima inquisitorio poco agradable.

Por último, el *estilo basado en evidencias o informativo* es uno de los más focalizados a la hora de entrevistar. Quien entrevista hará lo posible para concentrar su atención en entender la experiencia profesional del candidato, qué hizo, cómo lo hizo y dónde lo hizo. Le ayudará a comprender su *performance* pasada para descubrir si la persona tiene o no la experiencia adecuada para el puesto. La preparación para este tipo de entrevistas es exhaustiva. El entrevistador debe trabajar en identificar las competencias específicas que requiere el puesto. Antes de la entrevista realiza un listado de preguntas destinadas a ese fin. Cuando el entrevistador no está bien entrenado en esta clase de entrevista, suele olvidarse de otros factores que pueden afectar al trabajo y que no tienen por qué referirse solo a la experiencia y a la *performance* anterior, como, por ejemplo, las competencias personales.

Definir el estilo personal para entrevistar sirve para entender qué deberá tenerse en cuenta al realizar un proceso efectivo de selección. El proceso elegido depende de las necesidades de la empresa.

Así, el proceso de selección que se focaliza en la aptitud y en la experiencia del candidato requerirá un estilo de entrevista basado en evidencias e informativo. Por otro lado, el proceso focalizado en la actitud y *fit* organizacional está más cerca del intuitivo y del perceptivo con un toque de investigador. Por último, el proceso que se focaliza en entender el potencial de las personas y/o en las competencias podría combinar el informativo, el intuitivo e, inclusive, el investigativo.

2.3. La entrevista focalizada en entender la aptitud y la experiencia del candidato

Esta clase de entrevista requiere muy buena preparación previa del entrevistador para realizar un trabajo objetivo (o lo más objetivo posible). Está basada en la premisa de que la forma fehaciente de predecir un buen rendimiento es considerando la performance pasada de la persona. El entrevistador realiza preguntas específicas sobre las acciones pasadas del candidato relacionadas con sus habilidades y competencias, de acuerdo con las requeridas en el trabajo para el que se está postulando.

La reunión en sí comienza mucho antes de la entrevista. Se inicia en el momento en que la organización o el área involucrada en la búsqueda –es probable que junto con gestión de personas– realizan un análisis de habilidades, y culmina con la evaluación de las distintas capacidades de los candidatos.

Bowers y Kleiner (2005)[6] comentan que en este tipo de entrevistas se utiliza una estructura sistemática para juntar varios elementos: la información que incluye, el desarrollo de preguntas a realizar y la manera de conducir las entrevistas y de evaluar las habilidades. Para los autores, el foco debe ponerse en evaluar las habilidades requeridas para el trabajo específico para el que se postulan los candidatos y no en sus personalidades. En este cometido, se toman en cuenta competencias técnicas y otras que hacen a la *performance* de las personas, las que se aprenden durante la vida personal y laboral, y reflejan cómo debería hacerse el trabajo.

La definición de las habilidades, las competencias y las capacidades para el puesto es clave para realizar las pregun-

---

6   Bowers, D. y Kleiner, B. H.: "Behavioural Interviewing", *Management Research*, Vol. 28, N° 11/12, 2005, págs. 107-114.

tas adecuadas durante la entrevista. Para este tipo de entrevista no es suficiente decir que se "requiere ser creativo" o "tener capacidad para ventas", sino que hay que ser mucho más específico en la definición de la habilidad. Asimismo, deben convertirse esas habilidades en objetivos de performance de lo hecho por el candidato; de manera tal que cuando la evaluemos se podrá establecer cuán lejos o cerca está de la definida.

Volviendo a nuestro ejemplo anterior, deberíamos especificar mejor la habilidad "creatividad". Sería más adecuado emplear una descripción como: "creativo a nivel de desarrollo de producto". En el caso de "capacidad de venta" deberíamos decir "gran capacidad para la venta personalizada". Así se generarán objetivos de *performance* más claros. Si hablamos de creatividad a nivel de desarrollo de producto, se podrá considerar que la persona tendrá que coordinar, por ejemplo, la introducción de tres nuevos productos por año. Por su parte, en cuanto a la habilidad para la venta personalizada, podría sugerirse como objetivo de *performance* que la persona sea capaz de armar un programa de *training* para nuevos vendedores con el objetivo de penetrar en el mercado nacional mediante la generación de nuevas cuentas (pueden incluirse ejemplos de los objetivos deseados) (Adler, 2002)[7].

Una vez que se tienen las habilidades listadas, se realiza un perfil de la posición. Este es diferente de los perfiles normales, ya que es mucho más detallado en cuanto a habilidades para el puesto y objetivos de *performance*. Un perfil para este tipo de entrevista debería también incluir la estructura de la organización, dónde se ubica el puesto y las interfaces que la posición tendrá.

La hora de la verdad es en la entrevista. Es allí donde el trabajo previo del entrevistador, las preguntas que realiza y

---

7 *Op. cit.*

la evaluación final de las habilidades exploradas permitirán obtener una idea clara sobre la adecuación del candidato al puesto. Pero ¿en qué difieren dichas preguntas de otras entrevistas? Y ¿qué tipo de preguntas deben realizarse?

Una de las grandes diferencias entre una entrevista basada en entender la aptitud y la experiencia anterior de la persona y otro tipo de entrevistas, es que la primera intenta predecir la *performance* futura a través de la *performance* pasada, mientras que la segunda está interesada en conocer a la persona. Con esta diferenciación, el *grupo* de preguntas que requiere la entrevista basada en aptitud y experiencia es distinto del de otras entrevistas. Así, por ejemplo, el siguiente listado de preguntas sería el adecuado si quisiéramos evaluar en los candidatos su capacidad y su habilidad analítica:

- Me gustaría que me cuente cuándo tuvo que analizar información para poder tomar una decisión importante.
- ¿Utiliza números, estadísticas u otro tipo de metodología numérica para acceder a información para la toma de decisiones? Otorgue ejemplos específicos.
- ¿Cuáles son los pasos que usted frecuentemente realiza para tomar una decisión? Detalle los pasos.
- ¿Cómo estudia usted un tema problemático? ¿podría dar un ejemplo?
- Descríbame una de las situaciones que para usted hayan sido más desafiantes desde el punto de vista analítico. ¿A quién y qué utilizó como referencia para resolver el tema? ¿Hay algo que hubiese hecho distinto con la visión que la retrospectiva otorga?
- Describa una situación donde tuvo que analizar algo sin previa instrucción en el tema o guía o ejemplos para ayudarlo a ubicarse en la situación. ¿Cómo superó la situación? ¿Qué resultados concretos obtuvo?
- Comente sobre alguna situación en la que usted

haya definido y decidido cambiar para lograr un mejor nivel de *performance*. ¿Qué procesos siguió o implementó? ¿Cómo reaccionaron sus colegas? ¿Y sus colaboradores? ¿Cómo logró alinearlos?

- Comente una situación donde su análisis haya sido considerado erróneo. ¿Qué hizo al respecto? ¿Cómo logró sobrellevar el tema? ¿Qué pasos dio para poder corregir el problema?
- Describa una situación donde haya anticipado potenciales problemas en algún proyecto y también haya generado soluciones alternativas para evitar la situación problemática.
- Provea ejemplos donde haya resuelto problemas complejos en equipo.

En definitiva, las preguntas de este tipo de entrevistas son mucho más enfocadas en la habilidad que se quiere evaluar. No se preguntan cosas generales como "¿dígame por qué le interesa este trabajo?". ¿Por qué dejó su último empleo? O ¿por qué está interesado en este trabajo? Las preguntas detallan el interés específico en obtener evidencia de una aptitud o capacidad como, por ejemplo:

- Describa un problema difícil que haya intentado resolver. ¿Cómo identificó el problema? ¿Cómo intentó resolverlo? (Evalúa la capacidad para resolución de problemas).
- Describa qué pasó cuando intentó persuadir a otras personas para que hicieran algo de lo que no estaban convencidos o de acuerdo (evalúa la capacidad de liderazgo).
- Describa alguna situación donde haya decidido hacer algo necesario para un proyecto/organización y usted empujó dicha iniciativa (evalúa la capacidad de iniciativa).

- Comente sobre una situación donde usted no logró los objetivos o falló en el intento de alcanzar los resultados (evalúa la capacidad de respuesta a la adversidad).

Seis pasos clave para realizar una buena entrevista con foco en actitud y experiencia del candidato

1. Análisis completo de las habilidades para cada puesto que se vaya a buscar.
2. Definir las habilidades para el puesto.
3. Definir los objetivos de *performance* para el puesto.
4. Armar un perfil de búsqueda que incluya los objetivos de *performance* para el puesto.
5. Conducir la entrevista y dar ejemplos de las habilidades a evaluar.
6. Calificar cada habilidad.

2.4. Entrevista focalizada en competencias genéricas de los candidatos

Hay otro tipo de entrevistas cuyo foco está puesto más en indagar competencias genéricas en el candidato que en otros temas. Esto sucede en empresas donde se utilizan competencias de este tipo para seleccionar gente, para evaluar y para desarrollar. Es lógico pensar que si la organización ha realizado el trabajo de entender cuáles son las competencias genéricas adecuadas para la empresa, ellas se hagan efectivas también a la hora de seleccionar personas para dicha compañía.

¿Qué es una competencia? Para Rosenfeld y Wilson[8], las competencias son "un grupo de conductas efectivas

---

8   Rosenfeld, R.H. y Wilson, D.C.: *Managing Organizations*. McGraw-Hill. Bershire, England, 1999, pág. 124.

agrupadas de una forma que resulte lógica para la organización".

En estas entrevistas hay dos factores clave: primero, tener en claro la definición de las competencias que se evaluarán. Segundo, establecer una apertura en la misma competencia para evaluarla adecuadamente y evitar decir solo: "trabaja en equipo o no trabaja en equipo". El trabajo previo del entrevistador busca esa apertura y que sea significativa para evaluar bien; deberá ser validada por otros en la organización, así como ser replicada por otros evaluadores. Una posibilidad para facilitar la evaluación de las competencias es generar indicadores para que los evaluadores se enfoquen en ciertas conductas.

¿Cuáles son las competencias utilizadas con mayor frecuencia? El listado de la página siguiente abarca, al menos de forma general, muchas de las competencias que actualmente se usan en las compañías.

Las competencias que se utilizarán deberán ser relevantes, críticas y agregar valor a la organización. En la medida de lo posible, deberían ser observables y medibles para facilitar el proceso de selección por medio de este sistema.

Listado de competencias genéricas utilizadas con mayor frecuencia

Competencias	Indicadores de la competencia
Capacidad de aprendizaje	- captar y asimilar conceptos e información - realizar regularmente algún tipo de estudio - tener una permanente actitud para el aprendizaje y espíritu de investigación
Adaptación al cambio	- acepta y se acostumbra fácilmente a los cambios - responde al cambio con flexibilidad - promueve procesos de cambio
Creatividad e innovación	- propone y encuentra formas nuevas de hacer las cosas - es innovador y práctico - busca alternativas de solución - toma riesgos que rompen con los esquemas tradicionales (pero ¡no se suicida!)
Trabajo en equipo	- identifica claramente los objetivos de grupo y orienta su trabajo hacia su consecución - tiene disposición de colaborar con otros - tiene experiencia en colaborar con otros - antepone intereses colectivos a los propios
Visión de futuro	- conoce el entorno y sus tendencias - se adapta a las tendencias del entorno y/o intenta anticiparse - tiene metas bien establecidas e intenta lograrlas
Responsabilidad (*accountability*)	- se compromete y cumple con los compromisos que adquiere - asume las consecuencias de sus actos - se esfuerza por dar lo mejor de sí y más también
Lealtad y compromiso con la organización	- antepone los intereses organizacionales a los personales - siente orgullo por pertenecer a la organización (tiene la "camiseta puesta") - es respetuoso de las normas vigentes
Orientación al servicio	- posee un trato cordial y afable - se interesa por el cliente como persona - entiende y se preocupa por entender las necesidades de los clientes internos y externos dando solución a sus problemas
Entusiasmo y optimismo	- quiere lo que hace y no hace lo que quiere - tiene impulso personal para lograr lo que se propone - contagia a los demás su entusiasmo. No es un "llanero solitario" - enfrenta las situaciones con realismo y no se da por vencido fácilmente

Competencias	Indicadores de la competencia
Persistencia	- insiste, persiste y no desiste hasta lograr los objetivos - muy motivado intrínsecamente
Flexibilidad	- no es rígido en su forma de pensar - está abierto a nuevas ideas o a diferentes formas de realizar las cosas de las que él o ella tiene en mente - adoptan y adaptan posiciones diferentes para poder lograr sus resultados - identifican cuándo es necesario cambiar y lo hacen
Búsqueda de la excelencia	- sus metas están siempre más arriba - no acepta la mediocridad - hace su trabajo cada vez mejor
Liderazgo	- transmite y expresa su habilidad a otros - influencia claramente a su grupo o entorno - tiene habilidad para calcular riesgos - toma decisiones y sabe apoyar decisiones - influye positivamente en otros - es referente
Capacidad analítica	- tiene capacidad para profundizar en los temas - puede ver más allá de lo superficial - no se pierde en el bosque, puede identificar los factores clave de los temas a tratar
Organización y planificación	- tiene capacidad para organizarse con visión a corto y mediano plazo - reconoce los pasos críticos para poder accionar un proyecto y planifica acorde
Manejo de la diversidad cultural	- logra adaptarse e integrarse en entornos culturales distintos - sabe involucrarse con personas de culturas diferentes y consigue trabajar en equipo - logra influenciar en un marco de diversidad
Autoconocimiento	- tiene claro cuál es su identidad profesional y su rumbo - conoce sus preferencias, competencias y actúa según sus creencias - es autocrítico
Trabajo bajo presión	- logra adaptarse a entornos inciertos y presionantes - genera resultados en situaciones de estrés
Iniciativa	- es un emprendedor interno (*intrapreneur*) - genera proyectos viables y realizables - entusiasma a otros con sus proyectos - tiene capacidad de generar iniciativas y de llevarlas a cabo

Cuadro 4

2.5. Entrevista focalizada en entender las actitudes y *fit* organizacional/cultural del candidato

Este tipo de entrevistas focaliza su mayor atención en las actitudes, los valores y las habilidades interpersonales del candidato. También intenta obtener información y hasta cierta certeza sobre el *fit* entre el candidato y la organización. Finalmente, otro objetivo de esta entrevista es entender si el candidato va a agregar algún tipo de valor a la organización.

Muchos las consideran "tradicionales", ya que se realizan preguntas generales a los candidatos sobre distintos temas, tanto personales como profesionales, sin foco aparente. La percepción y la intuición dominan muchas veces, ya que el entrevistador busca determinar si la persona es la correcta para la organización.

No siempre se selecciona el mejor candidato, sino a quienes demuestren mejor adaptación a un contexto organizacional particular. Adscriben a esta clase de entrevistas las empresas familiares y las compañías caracterizadas por poner el acento en ciertos valores, así como muchas pequeñas y medianas empresas (PYMES).

¿Qué se pregunta? Como comentamos antes, son preguntas generales sobre temas como educación, *background* profesional y trayectoria laboral, además de personales, como familia, *hobbies* y otros similares.

Al entrevistador perceptivo también le interesa indagar más en profundidad aspectos que observa en el currículum del candidato. La percepción se mezcla entonces con la indagación, por medio de la que va llegando a descubrir si el candidato tiene las habilidades, actitudes y valores que la empresa requiere de él o de ella.

Le interesa saber dónde estudió, por qué estudió donde lo hizo, la capacitación alcanzada por motivación propia, la modalidad de estudio (¿fue a doble escolaridad? ¿Estudió de noche? ¿Tuvo que trabajar para solventar sus estudios?).

También busca conocer el rendimiento académico, para establecer su presunta capacidad de aprendizaje.

Aunque como en todas las entrevistas laborales el interés es la experiencia profesional del candidato, en este caso el foco estará en evaluar la amplitud de experiencia en cada empresa donde trabajó para determinar si sirve para la propia compañía. Indagará en la descripción de tareas y el grado de responsabilidad, y si dicha responsabilidad fue o no creciendo a lo largo del tiempo. Querrán saber las tareas más y menos agradables y los logros laborales puntuales, así como qué motivó a la persona a presentarse a trabajar en esa empresa y qué lo atrae del puesto.

Respecto de la experiencia laboral, durante estas entrevistas también se indagará sobre las razones de las desvinculaciones: ¿qué motivó la salida de ese trabajo? En última instancia, el entrevistador estará evaluando la causa que lo llevó al cambio: ¿es una persona mercantilista? ¿Cambia por mejor salario, desafío, valores? Por fin, respecto del tema laboral, preguntarán sobre fortalezas y debilidades de las organizaciones en donde trabajó. El pedido de referencias es habitual en este tipo de entrevistas.

Cuando exista interés en actitudes y *fit* organizacional, podría averiguarse sobre áreas que tal vez rocen el intrusismo en temas personales. Por ejemplo, el tema de la familia. Así, podría preguntar sobre la actividad de los miembros de la familia, o por los proyectos relacionados con el estado civil de la persona. En caso de que se decida hacerlas, estas preguntas deben ser cuidadosas y siempre explicar su vínculo con los temas laborales. Algunos entrevistadores eligen realizarlas porque en la organización subyacen ciertos valores o premisas que requieren ser chequeados en la entrevista de selección.

Aquellos ejecutivos que deseen aplicar este tipo de entrevistas deben leer y entender un currículum para realizar preguntas que confirmen los datos incluidos en él.

Es probable que las entrevistas sean uno de los métodos más utilizados para un proceso de selección de personal. Existen de varias clases, elegir cuál utilizar –tal como describimos en esta sección– dependerá de muchos factores, entre los que se encuentran la cultura de la organización y sus valores, la posición a cubrir y su importancia. En ciertas organizaciones es frecuente la combinación de diferentes tipos, lo que depende del puesto a cubrir. Podríamos citar como ejemplo el caso de una posición que requiera experiencia u otra que busque un joven profesional.

Además de las entrevistas individuales pueden realizarse las llamadas *panel interview*, que son grupales y en las que participan varios entrevistadores para un mismo candidato de forma simultánea o a lo largo del proceso. El uso de estas variantes requiere considerar qué se busca con las entrevistas y la importancia que dicho proceso tenga en la organización.

La entrevista de selección no es el único método utilizado para la contratación. Existen otros que complementan el proceso de selección de personal, y a continuación los presentaremos y explicaremos brevemente.

3. Otros métodos utilizados en el proceso de seleccionar personas

Como mencionábamos antes, las entrevistas no son los únicos métodos para poder seleccionar personal. Existe una batería de opciones que la organización deberá elegir de acuerdo con la necesidad del puesto o con los atributos que la empresa quiera detectar en el candidato. La combinación de distintas modalidades permite que el proceso sea más confiable y otorgue mayor validez a sus resultados. Es recomendable no apoyarse solo en un método de selección, sino combinar varios para lograr mayor efectividad.

Ahora bien, ¿qué otros métodos existen? ¿Cómo impactan en el proceso de selección? Hay varias opciones. Mencionaremos las más utilizadas, con independencia de la validez o confianza de sus resultados, según la descripción de Newell y Rice (1999)[9]. Los autores mencionan las mediciones psicométricas, los tests de *performance*, las referencias y los *assessment centers* como las más reconocidas. Explicaremos también brevemente la grafología debido al creciente uso que esta técnica está teniendo en diversos mercados.

Las técnicas *psicométricas* en general incluyen los tests de habilidad y los de personalidad. Los de habilidad o aptitud miden la suficiencia verbal, numérica, perceptual, espacial y mecánica, o las aptitudes sensoriales o motrices. Asimismo, los cuestionarios de personalidad, cada vez más populares, intentan identificar los elementos estables de la personalidad, ya que pueden ser considerados como disposiciones del comportamiento. Estos tests se basan en categorías o inventarios de personalidad, el resultado permite colocar a las personas en alguna de las categorías. El MBTI (*Myers Briggs Type Indicator*) es uno de los más difundidos para este fin.

Los *tests de habilidad y personalidad* pueden usarse en el proceso de selección, pero no para encontrar a la persona con el perfil ideal y rechazar a quienes no lo tienen, sino como una herramienta más para llegar a la entrevista de selección y aclarar las dudas sobre los resultados encontrados.

Los tests basados en la *performance* (*performance tests*), tienen particular relevancia cuando la actividad específica puede ser evaluada como, por ejemplo, el uso de computadoras, la capacidad para conducir un vehículo o el uso de algún software en particular entre otras. En la academia se utilizan

---

9   Newell, S. y Rice, C.: "Assessment, Selection and Evaluation. En Leopold, J. Harris, L. y Watson, T. (Eds.): *Strategic Human Resourcing*, Financial Times, Pitman Publishing, 1999, págs. 129-165.

con frecuencia cuando en una universidad se le pide a un candidato a docente que presente un *paper* o prepare una clase. Estos tests intentan reproducir, por medio de ejercicios, las habilidades que la persona requerirá para el trabajo.

Las *referencias* son muy comunes en la búsqueda laboral. Las consultoras de gestión de personas, suelen utilizar esta herramienta para validar el proceso de selección. Los siguientes son algunos de problemas que podrían surgir cuando se piden referencias. El primero aparece cuando al referenciador se le pide comentarios sobre aspectos generales de la personalidad, como honestidad, cooperación y adaptación al entorno organizacional. Estas cualidades son muy vagas y pueden ser interpretadas por quien da la referencia con su propio criterio. En otras ocasiones, el futuro empleado elige las referencias que presentará, por lo que no debemos sorprendernos ante la aparición de sesgos positivos. Para conseguir que el método sea más confiable, hay que ser más específicos y seleccionar las referencias adecuadas.

Los *assessment centers* no son un método *per se,* sino una amalgama de métodos. Los candidatos son expuestos a diversas situaciones y son evaluados mediante una variedad de ejercicios y de contextos. Este método permite evaluar a un grupo de candidatos al mismo tiempo, lo que también permite examinar la dinámica del grupo. Las empresas que abogan por este método exponen a los candidatos a diversas situaciones, en general, para testear una serie de competencias que hacen a la posición y/o a la alineación con los principios organizacionales.

Por último, la grafología es una técnica cada vez más utilizada. En Francia, por ejemplo, Shackleton y Newell (1991)[10] reportan una gran cantidad de empresas que uti-

---

10 Shackleton V. y Newell, S.: "Management Selection: A Comparative Survey of Methods Used in Top British and French Companies". *Journal of Occupational Psychology.* 1991, vol. 64, págs. 23-36.

lizaban la grafología en algún punto del proceso de selección. Pero, ¿qué es la grafología? Pues bien, es una técnica, arte o ciencia (dependiendo de quién la defina) que deduce características personales de un texto escrito a mano (Clark, 1992). Es útil como filtro inicial de ciertas características personales explorables por este medio. En algunos casos pueden identificarse las fortalezas de los candidatos, así como sus debilidades, lo que permite al entrevistador optimizar la entrevista. También otorga objetividad, ya que normalmente el grafólogo no conoce o no entrevista a los candidatos.

4. Fusiones, adquisiciones y grandes incorporaciones de personal

El proceso de selección de personal tiene sus complicaciones y por ello le hemos dedicado tiempo para poder entender las formas de hacerlo y su impacto en la organización. Si hablamos de fusiones, adquisiciones o grandes incorporaciones de personal, la situación se complica más aún ya que deben manejarse procesos paralelos que no siempre ocurren en el momento más oportuno. Las tres situaciones tienen temas en común y otros diferentes.

Los aspectos comunes se refieren al impacto interno provocado por el cambio en la organización al ampliar su tamaño, ya sea por incorporación de nuevos negocios o por crecimiento. Ambos casos requieren incorporaciones masivas de personal. También es común a las tres la tensión producida en los individuos afectados debido a la incertidumbre que estos procesos generan.

La diferencia es clara: una fusión o adquisición significa la incorporación de nuevas unidades al negocio ya existente; las grandes incorporaciones de personal impactan en la estructura actual al tener que lidiar con mucha más gente. Pero, en definitiva, los tres procesos son muy complicados. Traen aparejados problemas y la necesidad de resolverlos para que la organización (nueva o existente) esté alineada con ciertos objetivos estratégicos, y para que sea viable y sustentable en el futuro.

Los problemas generados por un gran ingreso de gente a la organización[11] se plantean en cuanto a lo individual de las personas que la componen, lo organizacional y lo cultural.

Con respecto a lo individual, las reacciones ante grandes incorporaciones traen aparejado un sentimiento de haberse quebrado un contrato psicológico. La inseguridad, la incertidumbre y la ambigüedad en todos los niveles del personal son sentimientos frecuentes. Florece la ansiedad y el estrés colectivos. Las personas hacen preguntas como: ¿será esto una oportunidad u obturará mi carrera? ¿Cuál es mi futuro? ¿Y mi rol en este proceso? Aparece también una obsesión por la supervivencia, una crisis de compromiso y de identidad con respecto a la organización, lo que se suma a una estratificación: "nosotros" (los que estábamos) y "ellos" (los que se incorporan); "lo nuevo" versus "lo viejo".

Las reacciones organizacionales ante grandes incorporaciones generan crisis en el *management*, que puede originar mayor centralización (los procesos se hacen más lentos) y complicar la comunicación. Se producen tensiones en las relaciones interpersonales y entre los grupos. Se crean camarillas, aparecen el *groupthink*[12] y la "politiquería". Otras consecuencias de un manejo inapropiado del proce-

---

11 En el caso de fusiones y adquisiciones, el ingreso de gente al comienzo frecuentemente termina con una optimización de puestos y, por lo tanto, racionalización de la estructura.

12 El *groupthink* o pensamiento en grupo, es un sesgo inconsciente por el que los individuos de un grupo dejan de ejercer su capacidad crítica (por temor al líder o a "ir contra corriente") y toman decisiones sin la sana discusión necesaria.

so se vinculan con el aumento del ausentismo, la baja de la productividad, la pérdida de motivación general y la fuga de talentos.

En cuanto a lo cultural, hay varias reacciones que generan muchas dicotomías: nosotros versus ellos; superior versus inferior; atacar versus defender; ganar versus perder y –fundamentalmente– un choque cultural que hay que saber apaciguar.

¿Qué hacer antes de dar un paso hacia una fusión o adquisición o apertura de puertas para un proceso de incorporaciones masivas? Analicemos los grandes temas antes, durante y después de las grandes incorporaciones.

4.1. Antes de la incorporación

Por cuestiones estratégicas, la organización puede estar necesitando el camino de la fusión, de la adquisición o, simplemente, puede pensar en un gran salto en crecimiento que requerirá que aumente el capital humano de la organización. Explicaremos los temas que hay que tener en cuenta en esta primera fase, anterior al proceso de incorporación, proceso que afecta a ciertas competencias y ciertos aspectos de la cultura del trabajo, del estrés producto del proceso previo en las personas que ya están en la organización, de la importancia de generar una dirección clara y de la estructura efectiva para llevar a cabo el proceso y, por último, de la importancia que tiene utilizar una comunicación clara.

Las formas de trabajo y la cultura impactan en estos procesos. La incorporación masiva de personal implica el ingreso de diversos paradigmas culturales propios que las personas nuevas traerán consigo. Para evitar el choque con la cultura corporativa preexistente deberán evaluarse los *gaps* entre ambas. El objetivo final será lograr la integración cultural de la organización emergente.

4.2. Tensiones: culturas y formas de trabajo

- *Orientación al trabajo*: orientación a resultados vs. orientación a procesos.
- *Autonomía de la decisión*: centralización vs. descentralización.
- *Forma de trabajar*: tradicional vs. innovadora.
- *Sistema de compensación*: reconocimientos vs. recompensas.
- *Proceso de decisión*: autoritario vs. participativo.
- *Orientación*: valores vs. resultados.

Hay que hacer el ejercicio de ubicar la situación inicial en alguno de los extremos anteriores antes de lanzar el proceso de fusión o adquisición o la gran incorporación. En general, la cultura de la organización impacta en el proceso y en la forma de trabajar. Evaluar la distancia entre la situación presente y la futura es clave para anticipar los cambios que se deberán hacer una vez iniciado el proceso.

Al analizar los procesos de fusiones y adquisiciones, Salama y otros (2003)[13], describen el caso de la adquisición de Bankers Trust (BT) por el Deutsche Bank (DB). Los autores comentan que en el período de preintegración Deutsche Bank realizó un ejercicio de evaluación cultural para minimizar los choques culturales entre el banco alemán y el norteamericano. Luego de la evaluación, pudieron tomarse medidas correctivas ante algunas percepciones que veían la compra del BT por el DB como la de un banco que no era de primera línea, lo que no ayudaría al DB a mejorar su reputación. Esta percepción fue vista por el *top management* del DB como resultado de una falta de

---

13 Salama, A.; Holland, W. y Vinten, G.: "Challenges and Opportunities in Mergers and Acquisitions: Three International Case Studies - Deutsche Bank-Bankers Trust; British Petroleum-Amoco; Ford-Volvo". *Journal of European Industrial Training*, 2003, Vol. 27, N° 6, págs. 313-321.

información sobre la validez de la adquisición. Para solucionarlo, se reforzó de inmediato la comunicación sobre la racionalidad del proceso.

Debe tenerse muy en cuenta el estrés producido por la incertidumbre del proceso, ya que cuando comience habrá que contar con gente adecuada para que lo lleve adelante. Ante grandes incorporaciones de personal surgen distintos problemas y dudas entre los empleados originales: la incertidumbre sobre el futuro, las inseguridades sobre sus puestos de trabajo, la pérdida de control de la situación y, a nivel organizacional, el encontrar formas de sostener el entusiasmo de quienes participan.

En este sentido, debe prestarse especial atención a asuntos como evitar la fuga temprana de talentos, trabajar con los mandos medios –quienes suelen ser los más afectados– y ganar la confianza de los empleados para embarcarlos en el proceso.

La *dirección* y la *estructura* del proceso suelen incorporar varios niveles para efectivizar la implementación. Las estructuras exitosas en estos procesos requieren también gente comprometida y que trabaje para el proyecto en distintos niveles de la organización. En los casos exitosos de grandes incorporaciones se han visto estructuras conformadas por un comité de seguimiento o dirección, *transition managers,* equipos multidisciplinarios, equipos de transición y personas comprometidas en el proceso *full* y *part time.* Veamos qué significa y qué rol le correspondería a cada una de estas estructuras.

Los *comités de seguimiento* o dirección dan las pautas estratégicas del proceso. Intentan alinear la organización con el nuevo proceso y definen los equipos que participarán en la implementación, entre otros. El comité garantiza la continuidad del proceso y controla que los resultados se vayan cumpliendo, y realiza los cambios necesarios para que esto suceda.

Los *transition managers* o coordinadores, asumen responsabilidades para manejar la transición del proceso de incorporación. Coordinan y comunican en distintos niveles; consolidan las incorporaciones, hacen que cada uno tenga su trabajo y que este se encuentre alineado con la estrategia, e informan al comité de seguimiento sobre la marcha de la implementación del plan.

Los equipos multidisciplinarios o de transición tienen como fin trabajar con el comité de seguimiento en varias temáticas estructuradas de forma matricial. Como ejemplo de estos equipos de trabajo pueden mencionarse los equipos de integración, de selección, para temas de compensación y para temas de comunicación, entre otros.

Gran parte de la explicación del éxito de la integración entre Amoco y British Petroleum (BT), luego de la compra por parte de la última, estuvo en la fase preparatoria. Se creó un equipo de integración para hacer frente a los posibles desafíos que la fusión implicaba. Este grupo fue liderado por ejecutivos *senior* que reportaban al CEO de la empresa (Salama y otros)[14].

La comunicación clara es fundamental en la fase previa al proceso de incorporaciones, ya que debe afianzarse la claridad en distintos aspectos. Primero, hay que anunciar claramente quién, cuándo y cómo llevará a cabo el proceso. También deben manejarse las repercusiones; esto es, los miedos, las incertidumbres y la "radio pasillo". Es indispensable en este sentido poder transmitir un mensaje con la idea de "futuro compartido deseable" y comunicar los medios que se emplearán para alcanzar dicho futuro.

Cuando la comunicación resultó inefectiva, se produjeron los siguientes inconvenientes:

____

14 *Op. cit.*

- Recursos inadecuados.
- Inapropiada atención de los ejecutivos/directivos de la organización.
- Mensajes inconsistentes.
- Lanzamiento tardío del proceso.
- Carencia de planificación.
- La comunicación fue poco frecuente o culminó muy temprano.

Es importante considerar que en esta fase el proceso también afecta a clientes y proveedores. En este sentido hay que preguntarse: ¿requerirán nuevos recursos para hacer frente al gran crecimiento de la actividad?¿O se convertirán en un escollo para nuestra propia productividad?

4.3. Durante y después del proceso de incorporación: la integración

La integración es una fase crítica que depende mucho de cómo se haya elaborado el período posterior a una gran incorporación. En esta segunda fase la comunicación es fundamental, pues es esencial mantener la claridad, la transparencia y la frecuencia, aunque no solo la comunicación permite un proceso de integración exitoso. Veamos otros temas que requieren nuestra atención:

Creación de equipos multidisciplinarios: ayudan a combinar sinergias entre los "viejos" y los "nuevos". No crearlos con frecuencia desemboca en la aparición de "quintas", donde la gente permanece y no contribuye con la integración.

Sistema de compensación y reconocimiento: la clave aquí es comenzar a resolver las diferencias salariales, sobre todo cuando se viene de un proceso de fusión con sistemas de remuneración diferentes. Siempre que sea posible, hay que crear un sistema que integre a los grupos; es decir, evitar los "expatriados". También debe generarse una política de compensación para los talentos del grupo original con el propósito de evitar su fuga. En este sentido, la compensación de los "nuevos" talentos puede estar basada en mejores salarios de bolsillo, y en el caso de los "talentos originales" puede ponerse el foco en beneficios a mediano o largo plazo (plan de retiro, entre otros). Comentan Salama y otros (2003) que, durante el proceso de integración de Deutsche Bank y Bankers Trust, se utilizaron estrategias de retención para aquellos empleados que venían de BT para evitar su fuga y minimizar la incertidumbre. A las personas elegidas que venían de BT les ofrecieron *retention bonuses* (bonos de retención) si accedían a quedarse en la nueva organización durante dos o tres años.

Sistema de evaluación: ante todo, debe definirse qué se valorará. Frente a procesos tan impactantes, como son las grandes incorporaciones de personal, hay que tener en cuenta que la evaluación debe cambiar para recompensar y para reforzar las actitudes y las conductas deseadas en la organización.

Programas de integración: hay que ofrecer el *training* apropiado para integrar los grupos y mantener la productividad y la moral altas. También se debe trabajar intensamente en la planificación de carrera con el objetivo de disminuir la incertidumbre con respecto al futuro laboral de las personas involucradas en el proceso de integración.

4.4. Preguntas frecuentes en grandes procesos de incorporación

Antes del proceso de incorporación

- ¿Hay una visión clara y alcanzable?
- ¿Está esa visión bien comunicada?

- ¿Qué beneficios existen para el negocio? ¿Se entienden como tales?
- ¿Cuáles son los beneficios para las personas que ya se encuentran en la organización?
- ¿Cuáles son las consecuencias para las personas ajenas a la organización? (Por ejemplo, clientes y proveedores).
- ¿Qué mensaje se está enviando desde la dirección?
- ¿Cómo se verán afectadas la moral y la productividad?
- ¿La gente se siente bien informada sobre el proceso de incorporación, su impacto y progreso?
- Los ejecutivos de las distintas áreas ¿están realizando los pasos para minimizar las reacciones y construir un sentimiento positivo del proceso?

Durante el proceso de incorporación

- ¿Es efectiva la inducción del nuevo personal?
- ¿Están siendo consideradas nuevas y mejores formas de encarar los temas o siguen imperando las viejas costumbres?
- ¿Existe buena comunicación sobre el avance del proceso?
- ¿Tienen los ejecutivos suficiente información para dar a sus colaboradores una idea clara de lo que está sucediendo? (Dónde, cuándo, por qué y cómo ocurrirán los cambios).

Posterior al proceso de incorporación

- ¿Entienden las personas sus nuevos roles y responsabilidades?
- ¿Tiene la gente la información que necesita o sabe dónde conseguirla?

- ¿Entiende la gente los nuevos procesos y prácticas?
- ¿Qué es lo valorado y reconocido en esta nueva etapa organizacional?
- ¿Están siendo bien implementados los cambios?
- ¿Tienen los ejecutivos los recursos necesarios para reorganizarse y reconstruir capacidades?
- ¿Se está construyendo una mentalidad nueva y compartida, o existe un choque de culturas?

Durante la fase previa a la integración debe existir una clara comunicación, se deben establecer estructuras para liderar el proceso y realizar la evaluación de la cultura de las organizaciones involucradas. Esto último permitirá identificar los principales problemas a resolver. Asimismo, se podrán relevar aspectos y características de la cultura y de los valores que servirán de sustento para la construcción conjunta.

Durante la fase de integración el foco estará en la creación de grupos de integración, en el involucramiento de la alta dirección y en definir estrategias de integración apropiadas para superar los escollos que pueda traer la diversidad.

En todo este proceso el valor de la comunicación y de la participación son vitales. Appelbaum y otros (2007)[15] mencionan estos dos grandes temas como claves para establecer las bases de confianza y de apertura al cambio que requiere todo gran proceso de fusión, adquisición o incorporación masiva de personal.

---

15 Appelbaum, S.H.; Lefrancois, F.; Tonna, R. y Shapiro, B.T.: Merger 101 (part two): training managers for culture, stress, and change challenges. *Industrial and Commercial Training*, 2007, Vol. 39, N° 4, págs. 191-200.

5. Caso de estudio

Contratar talento, la tarea más importante en Google

Una fuerza de trabajo de personas grandiosas no solo realiza un buen trabajo, sino que atrae a más gente grandiosa.

ERIC SCHMIDT y JONATHAN ROSENBERG[16]

Introducción

"¿Por qué parece que todos quieren trabajar en Google?", era la pregunta que muchos solían hacerse. Durante varios años Google aparecía como la compañía preferida para trabajar a nivel mundial, no solo para los estudiantes de profesiones vinculadas a la tecnología, sino también para carreras vinculadas a los negocios[17]. Según Universum Global –una consultora sueca de búsqueda de talentos–, a Google le seguían Microsoft, Apple, Amazon y Facebook. En una entrevista, Kevin Troy, uno de sus directivos, explicaba: "Lo que esas compañías tienen en común es que han hecho un gran trabajo en posicionarse como un lugar en que el trabajo puede tener un gran impacto"[18].

El 35% de los estudiantes de ciencias manifestaban que querían "estar dedicados a una causa" o sentir que "servían a un bien mayor". La visión de Google de "No hagas el mal" y su misión de "Organizar la información del mundo y hacerla universalmente accesible" parecerían estar en línea con lo deseado.

---

16 Schmidt, E. y Rosenberg, J.: *How Google Works.* Grand Central Publishing, Nueva York, 2014. Traducciones propias.

17 Según Universum Global, sobre una muestra de más de 240.000 estudiantes de todo el mundo. http://universumglobal.com/insights/worlds-attractive-employers-2015/

18 http://www.cnbc.com/2015/03/27/google-is-still-the-place-everyone-wants-to-work.html

Pero el objetivo de mejorar la sociedad aparecía ligado a otros beneficios. Comidas y refrigerios gratis a toda hora, licencias por maternidad y paternidad extendidas, lo último en juegos de mesa y de video, gimnasios con aparatos para alto rendimiento, *personal trainers* y masajistas, horarios y vacaciones flexibles, chequeos médicos y odontológicos, y otra serie de ventajas estaban incluidas en el contrato, además de uno de los salarios más altos del mercado. A partir de Google, la vara a superar por las empresas que buscaban captar el mejor talento había subido sensiblemente. La compañía lo sintetizaba de la siguiente forma:

Cuando se trata de beneficios y ventajas, tenemos todo lo que esperarías de una compañía grande, como seguro de salud, beneficios de retiro y otros. Pero también ofrecemos mucho más que lo básico. Nuestros beneficios son parte de lo que somos, y están diseñados para cuidarte en forma integral y mantenerte sano, tanto en lo físico, como en lo emocional, en lo financiero y en lo social[19].

En 2015, Google abrió una página web (*re:work*[20]) en la que se proponía compartir sus prácticas, investigaciones e ideas propias y de otras organizaciones, destinadas a "poner a las personas primero". El sitio se dividía en cuatro grandes áreas: contratación, gerentes, herramientas de análisis de personas y eliminación de sesgos.

La tendencia a compartir sus prácticas de gestión de personas con el mundo la había iniciado antes Laszlo Bock, cabeza de "operación de personas" de Google, con su libro *Work Rules*. En un reportaje al *Washington Post*, Bock decía: "Tenemos una estrategia explícita de voluntad de abrir las fuentes más de lo que hacemos adentro".[21]

---

19 http://www.google.com.ar/about/careers/lifeatgoogle/benefits
20 https://rework.withgoogle.com
21 https://www.washingtonpost.com/news/on-leadership/wp/2015/10/29/google-to-share-its-internal-hr-tactics-and-trainings-with-the-world/

Como resultado del arsenal dedicado a la caza de talentos, en 2015, se recibieron más de dos millones de postulaciones para trabajar en Google[22], de las cuales se contrataron uno de cada 130 candidatos, comparados con uno de cada 14 que habían conseguido ingresar a Harvard[23], convirtiendo el ingreso a Google en una meta unas diez veces más difícil que el ingreso a una de las universidades más prestigiosas y apetecidas del mundo.

Para ver el caso completo[24]:

6. El tema en la prensa

Cuando la estrategia pasa por seducir a los *millennials*

7. El tema en el cine

***Pursuit of Happiness* (2006)**

---

22 http://www.forbes.com/sites/stanphelps/2014/08/05/cracking-into-google-the-15-reasons-why-over-2-million-people-apply-each-year/
23 http://www.staff.com/blog/what-does-it-take-to-get-a-job-at-google/
24 https://eugemarchiori.wixsite.com/website/post/el-caso-google

8. Preguntas del capítulo

- ¿Existe en la organización un proceso definido para seleccionar potenciales talentos?
- ¿Qué competencias se tienen en cuenta a la hora de seleccionar? ¿Las actuales o las competencias que la empresa requerirán a futuro?
- ¿Tiene la compañía un proceso de inducción preparado para recibir a los recientemente contratados?
- ¿Qué tipo de entrevistas realizan en la organización?
- ¿Proveen capacitación interna para que aquellos que van a entrevistar lo hagan correctamente?
- ¿Qué otras herramientas se utilizan en el proceso de selección?
- ¿Está la empresa usando diferentes métodos de selección para lograr un mejor proceso?
- ¿En qué medida la organización incorpora la inteligencia artificial en el proceso de selección?

CAPÍTULO IV

Gestión del talento

1. Introducción

La gestión del talento es hoy –y lo será por muchos años más– un tema clave y crítico para las organizaciones. A lo largo de los capítulos anteriores hemos analizado distintos asuntos organizacionales en general, y prácticas de gestión de personas en particular. Como veremos, la gestión del talento integra varias dimensiones de la organización y busca generar un marco coherente para hacerlo con eficiencia.

Hay muchas definiciones sobre qué es el talento. Las repasaremos para aunar criterios sobre la manera en que lo entendemos en este libro. Sin embargo, más importante que la definición es explicar los motivos que nos llevaron a incorporar este tema.

Debido a la escasez actual de ciertos profesionales para algunas posiciones, el talento y una estrategia clara para su gestión son críticos para alinear las áreas de la organización con la estrategia del negocio.

Cohen (2001)[1] confirma la idea de la importancia del talento cuando dice que "el talento de aquellos con una alta *performance* se ha convertido en una diferencia crítica entre aquellas compañías que crecen e innovan, y aquellas que dudan o simplemente sobreviven".

---

1   Cohen, D.S.: *The Talent Edge.* John Wiley, Toronto, 2001, pág. xvi.

Brown y Hesketh (2004)[2] consideran que la nueva realidad de las empresas requiere más que nunca gente talentosa ya que, gracias a estas, consigue ventajas competitivas. Para los autores, el talento es escaso, con el agravante de que hoy los empleados tienen mayor movilidad y su compromiso se ha reducido. A todo esto, hay que agregar que la gente hoy demanda mucho más que antes cuando aceptaban, sin mayor resistencia, los estándares ofrecidos (por ejemplo, beneficios y compensaciones.

Sin embargo, es más complejo encontrar una buena definición del talento. Como señalan Lewis y Heckman (2006)[3], es muy difícil identificar un significado preciso para la expresión, debido a la confusión respecto de las definiciones de los términos usados y a las diferencias en los supuestos de los autores que escriben sobre el tema. Por ejemplo, Lewis y Heckman notan que las expresiones *estrategia del talento, gestión de la sucesión y planificación de la gestión de personas* suelen usarse como sinónimos.

Existen varios enfoques de la gestión del talento. Uno de ellos la relaciona con prácticas tradicionales de gestión de personas, como el reclutamiento, la selección, la capacitación y la medición del desempeño, entre otras (Cohen, 2001; Robertson y Abbey, 2003[4]; Cheese y otros, 2008)[5]. Este enfoque no es nuevo; en realidad, las prácticas tradicionales de gestión de personas se están volviendo más vitales para el éxito de una empresa y, por ende, vincular estas prácticas con los talentos requeridos por las empresas ha adquirido mayor importancia.

---

2   Brown, P. y Hesketh, A.: *The Mismanagement of Talent. Employability and Jobs in the Knowledge Economy.* Oxford University Press, Oxford, 2004.

3   Haeckel, S. H.: "Organizational innovation and organizational change". *Annual Review of Sociology* 25: 1999, 597-622.

4   Robertson, A. & Abbey, G.: *Managing Talented People.* Harlow: Pearson Education Limited, 2003.

5   Cheese, P., Thomas, R., & Craig, E.: *The Talent Powered Organization.* London: Kogan Page, 2008.

Otro enfoque diferente está estrechamente relacionado con la idea de la planificación de gestión de personas, la gestión estratégica de gestión de personas y la planificación de la sucesión. Rothwell y Kazanas[6], por ejemplo, explican la importancia estratégica de la gestión del talento, mientras que otros subrayan el valor de crear *pools* de talento para la sucesión. Sin embargo, esta corriente de la literatura, no ha logrado "hacer avanzar la teoría o la práctica de los recursos humanos" (Lewis y Heckman, 2006:141).

Un tercer enfoque asume una perspectiva más general y vincula la gestión del talento con temas como el liderazgo (Barner, 2006)[7], las reservas de talentos (Michaels y otros, 2001)[8], el potencial individual (Smilansky, 2006)[9], el desarrollo de talento (Fulmer y Bleak, 2008)[10] y la atracción y retención de personal (Rueff y Stringer, 2006)[11]. Lamentablemente, los tres enfoques mencionados no consiguen aclarar por completo el concepto de gestión del talento. Ninguno de los dos primeros explica la noción ni echa luz sobre cómo gestionar el talento a través de una mejor comprensión de la planificación o las prácticas de gestión de personas. El tercero no es muy convincente debido a su falta de foco y profundidad con respecto a los temas cubiertos. Además, ninguno de los tres es estratégico o está vinculado con la estrategia de negocios de la empresa y, por lo tanto, los tres necesariamente limitan el impacto potencial de la

---

6   Rothwell, W. J. & Kazanas, H. C.: *The Strategic Development of Talent.* Amherst, MA: HRD Press, 2004.

7   Barner, R.: *Bench Strength.* New York: Amacom, 2006.

8   Michaels, E., Handfield-Jones, H. & Axelrod, B.: *The War for Talent.* Boston. MA: Harvard Business School Press, 2001.

9   Smilansky, J.: *Developing Executive Talent.* Chichester: Jossey-Bass, 2006.

10 Fulmer, R. M. & Bleak, J. L.: *The Leadership Advantage: How the Best Companies are Developing their Talent to Pave the Way for Future Success.* New York: Amacom, 2008.

11 Rueff, R. & Stringer, H.: *Talent Force: A New Manifesto for the Human Side of Business.* Upper Saddle River, NJ: Pearson and Prentice Hall, 2006.

gestión del talento. En realidad, de acuerdo con los enfoques anteriores, la gestión del talento no sería más que otro aspecto del área de recursos humanos. Más adelante en este libro, quedará claro que el alcance de la gestión del talento se extiende más allá de este departamento.

2. Definición de gestión del talento

Para nosotros, la gestión del talento es *una actividad estratégica alineada con la estrategia de negocios de la empresa, cuyo objetivo es atraer, desarrollar y retener empleados talentosos en los diversos niveles de la organización*[12]. El proceso de planificación del talento, por lo tanto, está directamente vinculado con los de planificación estratégica y de negocios de la empresa.

En el centro de esta definición está el empleado. Consistente con lo expuesto por Barney (1991[13], 1995[14]), Vance y Vaiman (2008)[15] y Lewis y Heckman (2006)[16] la gestión del talento se arraiga en la teoría de la organización basada en los recursos (*resourced-based theory of organizations*), que afirma que solo pueden lograr una ventaja competitiva sostenida las empresas que desarrollan recursos valiosos, poco frecuentes y difíciles de imitar. La gestión del talento pone el foco en el capital humano. En lugar de centrarse en el

---

12 Hatum, A: *Next generation talent management.* Chippenham: Palgrave Macmillan, 2010.

13 Barney, J. : "Firm resources and sustained competitive advantage". *Journal of Management* 17(1): 99-120, 1991.

14 Barney, J.: "Looking inside for competitive advantage". *Academy of Management Executive* 9(4): 49-61, 1995.

15 Vance, C. M. & Vaiman, V.: "Smart talent management: on the powerful amalgamation of talent management and knowledge management", in V. Vaiman & N. Van Dam, *25 Best Practices in Learning & Talent Development.* Northampton, MA: Lulu Publishers, 2008.

16 Lewis, R. E. & Heckman, R. J.: "Talent management: a critical review". *Human Resource Management Review* 16: 139-54, 2006.

empleado individual, se concentra en el talento a nivel de la organización. Dicho de otro modo, en lugar de preguntarse cómo el talento de una persona puede servir a la empresa, la gestión del talento se pregunta cómo se puede ajustar la estructura de una organización para atraer, desarrollar y retener personas talentosas. Si la empresa se convierte en líder en estas actividades, desplegará capacidades organizacionales valiosas, poco frecuentes y difíciles de imitar y, por lo tanto, disfrutará de una ventaja competitiva sostenida.

La perspectiva de la gestión del talento se basa, en parte, en la idea de que el talento puede hallarse en todos los niveles de una organización. Este punto de vista capta el hecho de que todos los niveles de una organización pueden contribuir al desempeño de la empresa, y también es consistente con Gurthridge y otros (2008)[17] quienes sugieren que la gestión del talento debe apuntar a todos los niveles de la organización.

Para nosotros, el talento no se refiere solo a los jugadores "A" de una organización, sino también a los empleados que no necesariamente están siendo desarrollados para llegar a formar parte de la dirección de la empresa. Así, consideramos que la gestión del talento abarca no solo al equipo directivo, sino a la organización como un todo.

También es importante el talento crítico. Este no es, necesariamente, un talento directivo, pero podría ser clave para la estrategia del negocio. El talento crítico es un grupo o conjunto de personas sin las cuales la organización no podría realizar sus estrategias. Ellas generan un alto valor agregado para la organización, para sus clientes y para sus accionistas. Por ejemplo, el grupo de geólogos en las empresas petroleras son talentos críticos ya que trabajan directamente en el descubrimiento de hidrocarburos.

---

17 Guthridge, M.; Komn, A. B. y Lawson, E.: "Making talent a strategic priority", in *The McKinsey Quarterly* 2008, 1: 49-59.

El talento no es entonces exclusividad de los altos potenciales que, no obstante, hay que cuidar y tener en cuenta. El talento se encuentra en toda la organización, tanto en directivos, ejecutivos, mandos medios y empleados de las empresas como en los demás sectores. Hay que estar atento para descubrir dónde está el talento y cómo se lo puede potenciar. Como señala Capelli (2008)[18], en el corazón de la gestión del talento está la capacidad de la organización para anticipar la necesidad de capital humano y establecer un plan para lograrlo.

Por fin, y para entender los conceptos que giran alrededor del tema del talento, *talent management* o la gestión del talento, digamos que se refiere a la capacidad de la organización para atraer, desarrollar y retener personas comprometidas y competentes. Las empresas que sean capaces de hacer un buen trabajo en ese sentido "van a ganar una cuota importante de este recurso crítico y escaso, y van a incrementar su *performance* drásticamente" (Michaels y otros, 2001)[19].

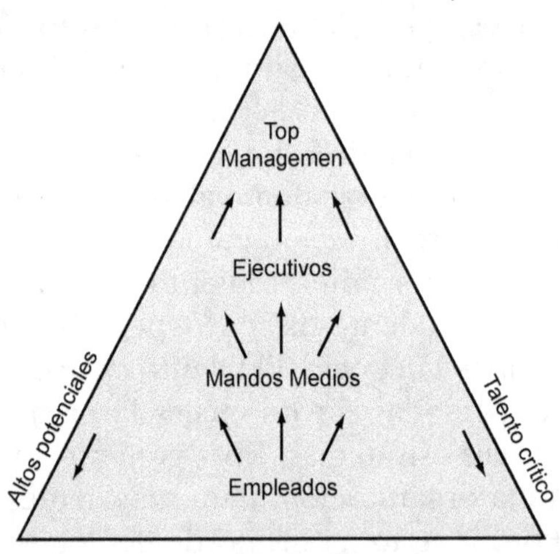

Figura 8
Gestionar el talento en toda la organización

---

18 Capelli, P.: "Talent Management for the Twenty-First Century", *Harvard Business Review*, 2008, Vol. marzo, págs. 74-81.

19 *Op. cit.*

3. Modelo de gestión del talento

El tema del talento ha tomado mucho auge en los últimos años por varias razones. En primer lugar, la globalización de los negocios requiere un talento específico, por lo cual no resulta una tarea fácil la búsqueda de personas preparadas para enfrentar procesos globales. Por otra parte, las reestructuraciones (*downsizing, outsourcing,* entre otras) han minado la lealtad de los empleados. Por último, los cambios demográficos que incorporan nuevas generaciones al mercado laboral han modificado la perspectiva del interés por el trabajo. La motivación de las nuevas generaciones de empleados es diferente de lo que era. El contenido del trabajo, los nuevos desafíos, el desarrollo profesional, la localización del puesto, la flexibilidad, el clima interno y la infraestructura se suman a la tradicional motivación puramente extrínseca (dinero) a la hora en que la gente elige su lugar de trabajo.

La generación Y –como se ha dado en llamar a los más jóvenes– está produciendo muchos cambios en los sistemas de trabajo de la empresa, y de manera tal que contribuye a preparar a las organizaciones para las necesidades de sus futuros directivos. Estos motivos hacen mucho más complejo el panorama del manejo del talento y requiere que su gestión esté bien pensada, de manera inteligente para estar alineada a la estrategia y para que no se convierta en una traba para ella, sino que, por el contrario, la refuerce.[20]

Cuando se piensa en la forma de gestionar el talento hay que considerar su complejidad. Es necesario tener en cuenta tres aspectos esenciales para que dicha gestión sea efectiva, a saber: la atracción, el desarrollo y el compromiso, y la retención de las personas. Ninguno de los tres puede quedar fuera de una buena gestión del talento. Las veces en

---

20 Hatum, A.: *The new workforce challenge.* Chippenham: Palgrave Macmillan, 2013.

que las empresas han hecho foco solo en la atracción o en la retención, el modelo ha fracasado. De ahí que la gestión del talento tiene su complejidad, ya que debe pensarse en las tres "patas" del modelo de forma conjunta.

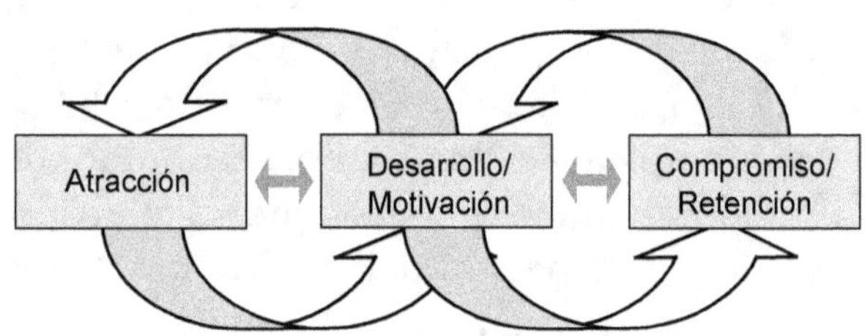

Figura 9
Modelo de gestión del talento

Cuando haya que definir los talentos organizacionales hay que emplear como marco este modelo. No solo es importante atraer a la gente, también debemos saber qué vamos a hacer con ella luego de incorporarla. El objetivo es que quieran seguir formando parte de un proyecto empresario mientras resulten funcionales a su estrategia.

No existen recetas para llenar las distintas partes que componen el modelo. Cada organización deberá hacer el ejercicio que corresponda. Deben conseguir coherencia y consistencia con las prácticas o procesos que se incorporen a cada parte del modelo. Algunas organizaciones requerirán procesos de selección o sistemas de compensaciones atractivos (algunas Pymes por ejemplo). Otras, podrán apoyarse más en la marca como foco de la atracción que ejerce. En general, la recomendación es generar un nombre que la gente reconozca e incite a ser la elegida para trabajar (Thorne y Pellant, 2007)[21].

---

21 Thorne, K. y Pellant, A.: *The Essential Guide to Managing Talent.* Kogan Page, Londres, 2007.

4. Propuesta de valor para el empleado (EVP)

Las compañías deben trabajar en la propuesta de valor para el empleado (en inglés EVP, *Employee Value Proposition*). La EVP permite enfocarse al mismo tiempo en la atracción y en el compromiso de la gente. La EVP es "una suma de todo lo que la gente experimenta y recibe cuando es parte de una compañía. Todo, desde la satisfacción intrínseca del trabajo hasta el ambiente, liderazgo, colegas, compensación y más. La EVP trata sobre cuán bien la empresa satisface las necesidades de las personas, sus expectativas y también sus sueños" (Michaels y otros, 2001)[22]. En el fondo responde a la pregunta ¿por qué una persona talentosa va a querer trabajar aquí?

La EVP se compone de cinco elementos: organización, personal, trabajo, oportunidad y recompensas. Cada uno de ellos puede abrirse. La *organización* se refiere al ambiente, el respeto, la responsabilidad social, entre otros. El *personal* involucra el compañerismo, el liderazgo y la cooperación. El *trabajo* se vincula con temas como la innovación, el balance laboral-familiar y la alineación del empleo con los intereses individuales. La *oportunidad* hace referencia a las posibilidades de crecimiento y desarrollo profesional. Por último, las *recompensas* se asocian a la compensación, el tiempo libre y las prestaciones.

Los directivos deben clarificar los aspectos competitivos de la propuesta de valor, que deben alinearse con las prioridades estratégicas de la empresa. Al mismo tiempo, hay que ajustar las inversiones de gestión de personas para aumentar los resultados en cuanto a la atracción y a la retención de empleados.

Muchas veces los empleados se unen a las empresas por las recompensas y las oportunidades, pero se quedan por el

---

22 *Op. cit.*

personal y por la organización. Deben encontrarse los atributos que aumenten la cantidad de empleados que se sientan atraídos y, al mismo tiempo, que refuercen su grado de compromiso. Así se trabaja el modelo de gestión del talento para conseguir sinergia entre sus tres componentes.

5. Estrategias de *staffing*

Las estrategias para el manejo del talento requieren "una nueva visión y compromiso para el manejo del talento por parte de las empresas, nuevas estrategias de *staffing*, nuevas formas de desarrollo y una revisión efectiva del talento" (Michaels y otros, 2001)[23]. Ante todo, es preciso entender que debe crearse un contexto adecuado para su desarrollo y que sea exitoso. La gente talentosa necesita reconocimiento, quiere sentir que consigue resultados significativos, busca emocionarse con lo que hace, quiere tareas variadas, mucho estímulo y percibir que está contribuyendo a generar valor y a hacer una diferencia en la organización (Thorne y Pellant, 2007)[24].

Debe existir entre los líderes la convicción de que un mejor talento conduce a una *performance* superior. Este punto es clave, y no depende solo del área de gestión de personas, la dirección de la empresa debe comprometerse y responsabilizarse por la estrategia de gestión del talento. Por su parte, las cabezas de gestión de personas tienen un rol de soporte en su ejecución.

Un estudio realizado por *The Economist Intelligence Unit* (2006)[25] confirma la idea anterior. El estudio sugiere que los CEO invierten mucha parte de su tiempo –en promedio más

---

23 *Ibidem.*

24 *Op. cit.*

25 http://graphics.eiu.com/files/ad_pdfs/ceo_Briefing_UKTI_wp.pdf

del 20%– en temas de *talent management*. El estudio también sugiere que dichos temas han adquirido importancia debido al impacto que tienen sobre la *performance* corporativa, aunque sea difícil de cuantificar.

En este sentido, Guthridge y otros (2008)[26] enfatizan que existen en las empresas una gran cantidad de obstáculos para el buen manejo y la gestión del talento. Da la casualidad de que son los directivos y los ejecutivos quienes más entorpecen dicha gestión. Los autores mencionan varias barreras, entre las cuales las más importantes son: a) los *senior managers* no invierten el tiempo suficiente en la gestión del talento; b) la organización tiene silos que impiden la colaboración y compartir recursos y c) los *line managers* no están comprometidos lo suficiente ni con el desarrollo de las personas, ni con sus carreras.

Las *nuevas estrategias de staffing* requieren que la organización esté atenta a distintas fuentes de reclutamiento para diferentes tipos de talento. La mayor competencia en varios sectores de la economía hace que muchas empresas innoven no solo en la forma de reclutar, como vimos en el Capítulo III, sino también en las fuentes desde donde hacerlo. En este sentido, la creatividad es clave para incorporar candidatos de distintas fuentes. Antes hemos analizado cómo una empresa como L'Oréal invierte de manera permanente en su estrategia de reclutamiento a través de innovación en la forma de atraer gente (por medio de juegos como Reveal, que vimos en el Capítulo III, y otros para segmentos específicos tales como ingenieros, gente de marketing y científicos). Esta estrategia le permitió acceder a universitarios y a estudiantes de programas MBA.

Las organizaciones deben comunicar una propuesta de valor para las distintas poblaciones y segmentos de empleados. Los cambios demográficos actuales, con la in-

---

26 *Op. cit.*

corporación de nuevas generaciones al mercado laboral, requieren adaptar dichas propuestas a distintos públicos. Por ejemplo, Tesco –una gran cadena de supermercados de Gran Bretaña– divide su *recruitment* en oportunidades para graduados y para estudiantes con mensajes diferentes según las necesidades del grupo al que está enfocando (Guthridge y otros, 2008[27]; ver www.tesco-careers.com). El mensaje de la empresa es claro en cuanto a permitir que cada uno se sienta cómodo por formar parte de la organización y por haber encontrado su lugar.

Los procesos de selección más "aceitados" que conectan las aptitudes deseadas con las competencias organizacionales, facilitan la tarea y ayudan a conseguir resultados más acordes con la realidad de la organización.

Las *nuevas formas de desarrollo* son clave en el modelo de gestión de talento. El desarrollo –como se observa en la Figura 10– está en el centro del modelo y hace de amortiguador entre la atracción y la retención. Desarrollar personas talentosas impulsa el éxito de la organización y aumenta la posibilidad de una mejor *performance,* al mismo tiempo que facilita su retención.

Además de la capacitación formal –por ejemplo, cursos en escuelas de negocios–, para desarrollar personas talentosas hay que exponerlas a experiencias desafiantes y ofrecerles coaching y feedback como parte de un programa integral.

6. Proceso de revisión del talento

Cabe aclarar que el rol de la línea *(line managers)* es fundamental en el proceso de desarrollo del talento. Los jefes, los gerentes y los responsables de las personas talentosas son la

---

27 *Ibidem.*

cara de la organización. Un mal jefe puede provocar la pérdida de talento valioso para la compañía. Por ende, uno de los focos debe estar en la capacitación de los jefes para que sean líderes responsables de desarrollar gente de alto valor. Si los jefes no se hacen responsables, esta práctica quedará en el vacío. Asimismo, sin un sistema de reconocimientos (y, por qué no decirlo, de castigos), la responsabilidad se diluye y los jefes desechan la importancia del talento. El desarrollo del talento debe ser considerado como una competencia de alto impacto en la carrera directiva. Para llevarlo a la práctica suele resultar efectivo atar dicha capacidad y su resultado a aspectos monetarios.

La revisión efectiva del talento es el último paso crítico en el modelo de gestión de talento. Es importante que las organizaciones lo formalicen para que el modelo no quede solo en las palabras. El proceso requiere un fuerte compromiso de los líderes de la alta dirección.

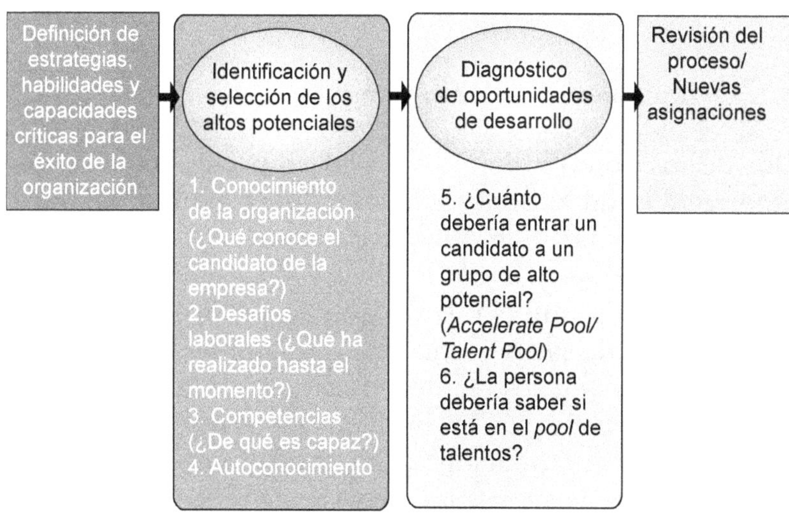

Figura 10
Proceso de revisión del talento

El proceso de revisión no es independiente del negocio, al contrario, es importante haber elaborado y entendido con anterioridad la estrategia de la organización y las capacidades que necesita. El siguiente paso es generar el *pool* de talentos e identificarlos. Luego, el comité de revisión deberá trabajar en el desarrollo más adecuado de las distintas personas incluidas en dicho *pool*, considerando qué ha realizado el candidato hasta ese momento, qué conoce o desconoce de la empresa y qué es capaz de hacer. Todo este proceso debe realizarse con cierta frecuencia, no solo para identificar candidatos talentosos, sino para actualizar los planes de desarrollo de las personas ya incorporadas en el *pool*.

Para identificar a las personas que serán incluidas en el *pool* es esencial definir la mejor manera de medir su potencial. Para conseguirlo, muchas organizaciones utilizan comités de directivos. Sea cual fuere la forma, lo esencial es que exista un proceso donde la revisión del talento (*talent review*) ocupe un lugar privilegiado en la agenda de los directivos de las empresas.

6.1. Organizaciones, talento y empleabilidad

Dos de los grandes desafíos de las empresas actuales son conseguir el talento más adecuado para generar ventajas competitivas y la gente que pueda llevar adelante su estrategia. También es desafiante crear las condiciones organizacionales para que esa gente quiera quedarse. El menor compromiso de las personas con las compañías no es un tema específico de los empleados actuales o futuros.

Hemos hablado de los problemas que trae aparejado la esquizofrenia organizacional y de las consecuencias de un largo período de *downsizing, outsourcing* y *delayering*[28] Todo

---

28 Estos conceptos hacen referencia a la reducción de personal, tercerización y desjerarquización o achatamiento de las estructuras.

esto tiene consecuencias en la gente, en especial en la buena gente, ya que ellos son conscientes de que conseguir un trabajo les resulta menos dificultoso que para otros. Las organizaciones son responsables de lo que está sucediendo. La falta de confianza y de compromiso es simplemente una consecuencia de sus propias acciones. Hoy, con un mercado más competitivo y con sed de talento, la venganza de las personas consistirá en ir a buscar mayores beneficios para compensar la falta de compromiso y de confianza en las organizaciones.

Existe otro tema que se incorporó en el mercado laboral para quedarse instalado: la empleabilidad. Años atrás el asunto era conseguir un empleo, hoy hemos saltado la barrera del empleo y hablamos de empleabilidad. ¿Qué es empleabilidad? Brown y Hesketh (2004)[29] la definen como las posibilidades relativas de obtener y mantener diferentes tipos de empleo.

Los fenómenos anteriores se producen en un contexto en el que las nuevas generaciones de profesionales y de talentos retomaron las riendas y se hicieron cargo de sus carreras. Ya no se puede hablar de carreras para toda la vida. Bienvenida la rotación. La generación Y[30] y la Z están haciendo estragos en los departamentos de gestión de personas que tienen todas sus prácticas acopladas a antiguos parámetros de carreras verticales. Las compañías no saben y no entienden por qué los mejores se van. Las generaciones jóvenes no buscan empleos de mucha permanencia, sino que desean un aprendizaje de largo alcance en el tiempo y un mejor equilibrio entre la vida personal y laboral. No deja de tener cierta lógica su pensamiento: ¿por qué dar la vida por el trabajo, cuando muchas veces el empleador muestra sus colmillos inhumanos? En este

---

29 *Op. cit.*

30 La generación Y, Gen Y o *Millennial Generation* son personas nacidas después del año 1980. Para Guthridge y otros (2008), esta nueva generación ya representa el 12% de la fuerza laboral norteamericana.

escenario es más conveniente hacerse cargo de la propia carrera y tomar el riesgo.

¿Cuál es el rol de las empresas ante este panorama? Primero, adaptar las prácticas de gestión de personas para evitar que los talentos huyan despavoridos. En organizaciones más chatas, más laterales, menos piramidales, con gente con ansias de aprender, el primer paso sería adaptar los sistemas de gestión de personas a procesos de carrera más cortos y con mayores desafíos.

Por otra parte, las empresas pueden crear un ámbito donde la gente considere que en esa organización es posible planear una carrera sustentable. Al adueñarse de las riendas de su carrera, el talento va a migrar hacia donde considere que podrá desarrollarse y aprender más y más rápido. El nuevo objetivo de las organizaciones que ya han comprendido los cambios demográficos es crear un ámbito de sustentabilidad y otorgar las oportunidades de ganar la experiencia, el aprendizaje y el desarrollo que buscan esas personas. Deben olvidarse las estructuras rígidas que espantan a los talentos, en vez de acercarlos. Bienvenidas las estructuras flexibles que permiten moverse lateralmente cuando dicho movimiento es reconocido y aceptado en la organización.

7. El rol del área de gestión de personas en el manejo del talento

Muchas veces se critica a las áreas de gestión de personas por querer ser socios estratégicos del negocio a pesar de no estar a la altura. Esta es una queja frecuente. También lo es que muchos colegas del área no están hoy preparados para dicho rol. Algunos, como Keith Hammonds (2005:40)[31], son más drásticos al decir:

---

31 Hammonds, K.H.: "Why we Hate HR", *Fast Company*, vol. 97, agosto 2005, pág. 40.

Luego de casi 20 años de retórica esperanzada sobre convertirse en "socios estratégicos del negocio" con un "lugar en la mesa" donde las decisiones del negocio son realizadas , la mayoría de los profesionales de gestión de personas no está allí. No tienen una silla, y la mesa está encerrada dentro del salón de conferencias cuya llave no poseen los profesionales de gestión de personas. La gente de gestión de personas no es ni estratégica ni líder.

Desde gestión de personas se establecen procesos de reclutamiento, de evaluación de desempeño, de capacitación y desarrollo, y de compensaciones. Muchas veces estas prácticas no están alineadas con la estrategia, sino que se fueron implementando a medida que la empresa iba profesionalizándose o, simplemente, por necesidad o crecimiento del negocio. Mucho menos debemos esperar que estas prácticas estén alineadas o tengan *fit* con una gestión del talento en la organización. De repente, cuando un talento en particular deja la compañía, el CEO comienza a preguntarse qué pasó, por qué se está perdiendo gente en la empresa. O se le ocurre preguntar qué se está haciendo para desarrollar o crear los futuros sucesores. En ese momento el mundo de gestión de personas se pregunta: "¿qué estamos haciendo?".

La gestión del talento está abriendo puertas antes insospechadas para el área de gestión de personas. Surge la oportunidad de jugar un rol preponderante en el proceso y de trabajar en pos de la estrategia del negocio. Así, el área no será criticada como lo hace Hammonds cuando dice que es ajena a estos procesos y al negocio en sí mismo.

En las organizaciones existen muchas actividades que fomentan la gestión del talento y que los profesionales de gestión de personas deberían consolidar. Thorne y Pellant (2007)[32] hacen un listado de las siguientes prácticas y ac-

---

32 Thorne, K. & Pellant, A.: *The Essential Guide to Managing Talent.* London: Kogan Page, 2007.

tividades que colaboran en el fortalecimiento de la tarea de gestión de personas para lograr una buena gestión del talento alineada con la estrategia organizacional:

- Reclutar de manera coordinada entre el negocio y el proveedor para identificar a las personas adecuadas y para atraer a los talentos necesarios.
- Trabajar sobre la inducción, el compromiso y la retención del personal.
- Trabajar de forma constante sobre *performance management.*
- Planificar la sucesión.
- Desarrollar los talentos y *training.*
- Establecer compensaciones y beneficios.
- Actuar como consultor interno.

La gestión de personas debería trabajar sobre los predictores de la demanda de talento para adelantarse a las futuras necesidades de la organización. El uso de *analytics* es hoy fundamental para el área. Por otra parte, tendría que liderar en la definición de qué necesita hacer la empresa para atraer talentos, así como en la elaboración de un EVP atractivo para el mercado.

Por fin, gestión de personas debe convertirse en el arquitecto de la estrategia de desarrollo de los futuros líderes de la organización; en definitiva, convertirse en socio de negocios de talentos. De esta forma, el área agregará valor en temas sensibles y se consolidará dando apoyo a la estrategia del negocio en un tema crítico para la organización: los talentos.

8. Caso de estudio

Cirque du Soleil: gestión de talentos en organizaciones innovadoras

El Cirque du Soleil (el Cirque) se crea en 1984 en Québec, Canadá a partir de un grupo de artistas callejeros llamados el Club des Talons Hauts (El Club de los Tacones Altos) que había sido previamente constituido en 1982. Sus fundadores fueron Guy Laliberté y Daniel Gaultier. Con ayuda del gobierno canadiense y con motivo de los 450 años del descubrimiento de Canadá, en 1984 el Cirque lanza un nuevo concepto en su propia industria: un circo con mucho de artístico, música y danza, vestuario y luces increíbles. Y sobre todo, un circo sin animales.

Es en 1987, cuando el Cirque cruza la frontera, que su fama comienza a expandirse. Ese año llevan al Festival de Los Ángeles el espectáculo *We Reinvent the Circus,* que es todo un éxito en esa ciudad y le permite continuar con su gira por Estados Unidos.

En la actualidad el Cirque tiene 4.000 empleados, 1.000 de ellos artistas. En él coexisten 40 nacionalidades distintas que hablan 25 idiomas. Setenta millones de espectadores han visto sus obras. Entre las actuaciones más destacadas se encuentran *Alegría, Varekai, Dralion* y *Quidam.* El Cirque tiene shows residentes, como *O* o *Love* con música de los Beatles, ambos en Las Vegas. También tiene teatros fijos, como el de Walt Disney World Resort en Orlando. Además es considerada una de las America's Greatest Brands[33].

Chan Kim y Mauborgne (2005)[34] en su *bestseller La estrategia de océano azul (Blue Ocean Strategy),* consideran al

---

33 America's Greatest Brands, Nueva York. www.americasgreatestbrands.com, 2008.

34 Chan Kim, W. y Mauborgne, R.: *Blue Ocean Strategy.* Harvard Business School Press, Boston, 2005.

Cirque du Soleil una organización que ha tenido una estrategia de "océano azul". Este tipo de estrategia tiene como objetivo crear nuevos espacios en el mercado y lograr que sea irrelevante la competencia tradicional. El éxito del Cirque no ocurrió por tomar clientes de una industria ya decadente (la de los circos, que además estaba dirigida al público infantil). Al contrario, creó nuevos espacios. Los océanos azules son industrias que hoy no existen, desconocidas. Para que surjan se requiere creatividad. Muchos océanos azules nacen en una misma industria al expandir sus límites. Este fue el foco del Cirque , si se lo compara con otros actores que prefieren una estrategia tradicional de competir por los mismos clientes en la industria donde se encuentran y con reglas de juego por todos conocidas. Esta estrategia es llamada por Chan Kim y Mauborgne "estrategia del océano rojo".

Ante una estrategia como la del Cirque, la gestión de talentos se convierte en clave para lograr que cada nuevo show que lanza pueda cumplir con las altas expectativas de sus fieles seguidores. Así es como el Cirque ha puesto fundamental énfasis en la atracción, desarrollo, motivación y retención de sus artistas.

El Cirque ha trabajado en su marca (*branding*) para atraer a sus artistas. Thorne y Pellant (2007)[35] comentan que el *branding* se convierte en el principal activo para conseguir talentos en un mercado cada vez más competitivo. Ese *branding* se basa en generar un lugar donde es importante la creatividad extrema y donde los artistas encuentren un lugar para poder desarrollar dicha creatividad.

Es en desarrollo/motivación del artista donde el Cirque pone mucho énfasis. Así es como el Cirque logra aislar a sus artistas de las presiones del mercado (los deja crear independientemente de las encuestas de mercado); en el Cirque exis-

---

35 *Op. cit.*

te un liderazgo claro de su fundador, Guy Laliberté, a quien todos respetan por haber sido también él artista. Existe coaching tanto para mejorar el trabajo como para interactuar mejor, y también se cuenta con la posibilidad de desarrollar el propio potencial, debido a la aceptación de la diversidad y a la formación interna impartida.

En cuanto a retención, el Cirque trabaja fundamentalmente en identificación y compromiso con la marca, y en la composición del grupo a través de un proceso de selección riguroso que deja de lado a quienes no posean *fit* cultural con la organización.[36] Hoy en día una docena de cazadores de talento trabajan en el Cirque, lo que les permite reclutar los mejores talentos[37].

El desafío del Cirque es permanente en cuanto a mantener las personas adecuadas para los distintos espectáculos y necesidades. El inusual talento que manejan, que no necesariamente es similar al de empresas más tradicionales, requiere del Cirque ser creativos a la hora de tomar decisiones de carrera de sus artistas. Así, a los artistas que estén culminando sus años productivos, se los ayuda a realizar una salida ordenada (una especie de *outplacement* institucionalizado). Si el artista considera que su futuro podría estar en el área de dirección (cualquiera sea la especialidad), el Cirque colabora con dicha persona poniendo a su disposición a sus propios directivos que le servirán al artista como consultores. El Cirque imparte cursos o entrena a artistas que quieran dedicarse a explorar carreras afines, como entrenador físico o maquillaje artístico, entre otras actividades[38].

El caso del Cirque du Soleil nos demuestra la alineación entre la gestión de talentos y la estrategia tan par-

---

36 DeLong, T. J. y Vijayaragha van, V.: "Cirque du Soleil", Harvard Business School, julio 2002.

37 Ghos, S. y Maldar, N. J,: "Cirque du Soleil. Creating Blue Ocean by Balancing Business". ICFAI Business School, 2006.

38 http://www.workforce.com/section/09/feature/23/92/37/index.html

ticular de negocio de esta organización. Las prácticas de gestión de personas han sido elegidas para poder hacer frente a un concepto de circo distinto al existente hasta el momento de la aparición del Cirque. Y la gestión del talento está específicamente armada para cumplimentar dicha estrategia.

9. El tema en la prensa

La Masía: el modelo de gestión de talento de la fábrica de cracks[39]

El ejemplo del club español, en una industria donde se gastan millones en *vedettes* futbolísticas, es contracultural; la apuesta del Barça es, desde hace más de treinta años, formar en casa a las estrellas del futuro.

10. El tema en el cine

Office Space (1999)

---

39 Hatum, A.: "La masía: el modelo de gestión de talento de la fábrica de cracks". Publicado en el diario *La Nación*, 29/06/2015. https://www.lanacion.com.ar/economia/la-masia-el-modelo-de-gestion-de-talento-de-la-fabrica-de-cracks-nid1805406/

11. Preguntas del capítulo

* ¿Cómo se define e identifica el talento en su organización?
* ¿Qué tipo de talento es requerido en su organización? (por ejemplo, combinación de habilidades, competencias y experiencias necesarias para realizar bien un trabajo).
* ¿Cómo identificamos y promocionamos los altos potenciales en la organización?
* ¿Qué hacer con la gente que hoy es talentosa, pero en el futuro puede verse limitada?
* ¿Cuáles son, en su organización, los factores críticos para atraer, desarrollar y retener a los mejores empleados?
* ¿Tenemos las prácticas de gestión de personas adecuadas para atraer, desarrollar y retener talento?
* Nuestro sistema de *performance management* ¿reconoce el potencial individual y recompensa dicha capacidad?

CAPÍTULO V

Evaluación del desempeño

1. Introducción

> *Si no lo puedes medir, no lo puedes gestionar.*
> PETER DRUCKER[1]

> *Es un error pensar que si no lo puedes medir,*
> *no lo puedes gestionar – un mito costoso.*
> W. EDWARD DEMING[2]

Aunque hay cierto desacuerdo sobre la autenticidad de las citas, ellas ponen en evidencia una polémica del *management* sumamente vigente. Por una parte, las empresas y sus directivos deben producir resultados expresados en metas cuantificables. ¿Cómo saber si un gerente o un empleado han cumplido adecuadamente su tarea si no se mide el fruto de su trabajo? Por otra parte, tal como sostiene W. Edward Deming en el epígrafe, no todo lo gestionable es medible; ¿cómo medir el efecto sobre las ventas de la sonrisa de los empleados de un restaurante?

---

1   La expresión suele ser atribuida a Peter Drucker, pero es repetida por muchos ejecutivos y gurúes del management. También, erróneamente, se supone que es de W. Edward Deming.

2   https://deming.org/

Como en casi todos los asuntos vinculados a la gestión de personas, las respuestas a los dilemas anteriores son grises y dinámicos. No hay soluciones perfectas ni permanentes, por lo cual los sistemas de evaluación de desempeño están en la mira de muchos expertos en gestión de personas.

Evaluar el desempeño de los empleados tiene una serie de propósitos. Cuando los sistemas de evaluación son adecuados y están alineados con la estrategia empresarial, tienen la capacidad de influir en el comportamiento, en el desarrollo y en el rendimiento de las personas. También permiten realizar el diagnóstico de las competencias actuales, con lo que pueden determinarse las brechas que existen con las necesarias para alinearse con la visión estratégica de la compañía.

El diagnóstico de las brechas de competencias es el argumento más fuerte a favor de las evaluaciones de desempeño, ya que resultan ser el input imprescindible para los programas de formación y capacitación. Cuando se manifiesta honestamente el propósito de priorizar el desarrollo de los empleados, disminuyen los temores y el escepticismo y aumenta su aceptación. Sin embargo, en ocasiones fallan; para que sean efectivas deben tenerse en cuenta las posibles causas . Veamos las más comunes:

- Los procesos de evaluación requieren de una preparación específica de los gerentes y sus colaboradores y, por lo tanto, consumen tiempo y dinero.
- Los estándares de desempeño y los objetivos no son lo bastante claros.
- Los períodos entre evaluaciones son demasiado largos o cortos.
- Los miembros de la empresa no han sido advertidos sobre los múltiples efectos de los sesgos inconscientes de su propia subjetividad y de su percepción.
- Los gerentes no están capacitados para dar feedback ni para tener reuniones de coaching provechosas.

- No existe seguimiento luego de la evaluación.
- Las evaluaciones hacen demasiado énfasis en lo individual y afectan al funcionamiento de los equipos.

La suma de estas razones hace que los empleados perciban como injustas las evaluaciones, lo que despierta temores y ansiedades.

Los sistemas de evaluación han ido evolucionando. Para disminuir la subjetividad se han ido incorporando las opiniones de más participantes. Las evaluaciones de "360 grados" buscan hacer que participen la mayor cantidad posible de *stakeholders*; es decir, personas vinculadas con la tarea del empleado evaluado. Puede incluirse a los superiores directos e indirectos, a los pares y/o colegas, a los colaboradores, al propio evaluado y a los clientes, tanto internos como externos. La evaluación de los colegas se puede extender al equipo para evitar roces internos y teniendo en cuenta que en la actualidad casi todas las tareas de la empresa se realizan de manera colaborativa.

A pesar de todo, compañías como General Electric, Amazon, Google y otras, comienzan a abandonar las tradicionales evaluaciones formales anuales. La transformación de la naturaleza de los negocios impulsadas por las nuevas tecnologías de comunicación y de producción, la entrada de una generación de nativos digitales, la velocidad de las variaciones del contexto, la necesidad de una colaboración abierta y confiada en los equipos de trabajo y la urgencia por captar y desarrollar talento van imponiendo la necesidad de dar feedback de manera más continua y sostenida.

Si las organizaciones quieren potenciar la *performance* de sus empleados deberán entrenar a sus líderes en habilidades "blandas". La escucha activa, el feedback, la realización de preguntas efectivas y conducir una conversación de coaching serán competencias imprescindibles para gestionar la empresa en los próximos años. La evaluación de desempeño se transformará en un proceso continuo, integrado a la cultura organizacional. El "cálculo cuantificable" del valor del trabajo humano, uno de los mitos más tenaces de la gestión de personas, parecería comenzar a tambalear.

A pesar de que es probable que en un futuro más o menos próximo las evaluaciones de desempeño tradicionales dejen lugar a procesos continuos de feedback y coaching[3], muchas de sus prácticas siguen siendo valiosos instrumentos para diagnosticar las competencias de los empleados y los *gaps* que deben ser cubiertos. Esta información es vital para trazar planes de formación y desarrollo alineados con la estrategia empresarial.

2. Gestión y evaluación de desempeño

Antes de entrar en los sistemas propiamente dichos, es necesario aclarar dos conceptos.

Primero, según explican Scott Snell y George Bohlander, la *gestión de desempeño* es un "proceso mediante el cual se crea un ambiente laboral en el que las personas pueden desempeñarse al máximo de sus capacidades"[4]. Es decir, que es un sistema completo e integrado de trabajo alineado con la estrategia empresarial.

Segundo, la *evaluación de desempeño* es una parte importante de lo anterior, y que resulta "de un proceso anual o bianual en el que un gerente[5] evalúa el desempeño de un

---

3   http://www.fastcompany.com/3052135/the-future-of-work/why-the-annual-performance-review-is-going-extinct

4   Snell, S.; Morris, S. y Bohlander, G.: *Managing Human Resourses*. Ed. Cengage Learning, edición 16, 2013. Edición consultada: *Administración de gestión de personas*; traducción de María del Carmen Rodríguez Pedroza, Cengage Learning Editores, México, 2013, pág. 344.

5   Como se verá más adelante, para evitar los sesgos y los prejuicios de una sola persona se han ido incorporando más evaluadores a este proceso.

empleado en relación con los requerimientos de su puesto y utiliza esa información para mostrar a la persona dónde se necesitan mejoras y por qué"[6]. Es, por lo tanto, una herramienta que se inserta en un proceso más amplio.

La *evaluación enfocada en el desempeño* se realiza en forma periódica –en general de manera anual– en la misma época, sin considerar el momento en que el empleado ingresó a la compañía. Con eso se busca hacer una suerte de foto del estado las capacidades de todos los empleados que luego se traduce en objetivos de crecimiento individuales y grupales simultáneos. Esta es una manera más efectiva de controlar que los planes estén alineados con la estrategia de alto nivel.

1.1. Propósitos de la evaluación de desempeño

La evaluación de desempeño es un *diagnóstico organizacional* que cumple una serie de propósitos de desarrollo y administrativos.

Propósitos de desarrollo

- Brindar feedback sobre el desempeño del empleado.
- Identificar las fortalezas y las oportunidades de mejora.
- Reconocer los logros individuales.
- Contribuir a la identificación de metas.
- Identificar las necesidades de capacitación individuales y organizacionales.
- Proporcionar un espacio de diálogo entre el jefe y sus colaboradores.
- Permitir a los empleados manifestar sus preocupaciones.

---

6 *Ibidem.*

Propósitos administrativos

- Documentar las decisiones que se tomen sobre el personal.
- Promover a los empleados.
- Identificar y corregir problemas en el desempeño.
- Decidir a quienes se despedirá y a quienes se retendrá.
- Determinar transferencias y asignaciones de tareas.
- Cumplir requerimientos legales.
- Ser el diagnóstico en el que se basen los planes de gestión de personas.
- Tomar decisiones sobre compensaciones.

Hemos visto en la introducción que existe una tendencia a que los sistemas de evaluación y feedback se realicen de forma continua. Para conseguirlo, será necesario cambiar el modelo verticalista de autoridad y formar a los líderes como coaches. Ello requiere de cambios culturales en las organizaciones, tanto de los gerentes como de los empleados.

Los trabajos realizados en equipo contribuyen cada vez más a los resultados de las organizaciones. Es muy difícil para un individuo que actúa solo desempeñarse de manera efectiva en una economía global e intensamente interconectada. Mantenerse actualizado es complicado cuando la velocidad de las variaciones del contexto aumenta de forma exponencial. Trabajar en equipo requiere cultivar la confianza y la colaboración entre sus miembros. Los sistemas de evaluación que premian los resultados individuales conspiran contra esas necesidades. Por este motivo, ya en 1984, W. Edward Deming decía que la evaluación de desempeño en números era una de las "siete enfermedades mortales" de las empresas occidentales[7].

---

7   https://deming.org/

2.2. Sistemas de evaluación: ¿quiénes deben evaluar el desempeño?

Originariamente se creía que el gerente o supervisor era la persona más adecuada para evaluar el desempeño de un empleado. Con el tiempo se comprobó que la subjetividad[8] y los prejuicios eran inevitables cuando la evaluación era realizada por una sola persona, por lo que –como vimos en la introducción– se fueron sumando evaluadores hasta llegar a las evaluaciones de 360 grados, sistema muy difundido.

Existen infinidad de variantes, pero, en todos los casos, el empleado es evaluado por sus pares, por sus superiores, por sus colaboradores y por él mismo. Algunas versiones introducen a otros *stakeholders*, como clientes y proveedores externos, e incluso a familiares y amigos. Los múltiples puntos de vista le dan mayor grado de objetividad y permiten tomar decisiones más efectivas de desarrollo y de carrera. Es un gran disparador de cambios de conducta y de toma de consciencia sobre puntos fuertes y a desarrollar.

Su principal inconveniente reside en lo laborioso que resulta realizarlo dada la gran cantidad de personas involucradas. Cuando se efectúa anualmente puede producir la saturación de los involucrados, por lo que es conveniente espaciar su uso. Asimismo, a menos que el superior esté capacitado, es conveniente que los evaluados cuenten con la colaboración de un coach, con preferencia externo, que los ayude a interpretar la herramienta y a definir acciones de mejora basadas en el feedback obtenido. Suele hacerse en forma conjunta uno o más tests psicométricos, de los cuales el más popular es el test Myers-Briggs o MBTI. La combinación de herramientas de análisis ayuda a trazar perfiles más aproximados a la realidad.

---

8   Marchiori, E.: "Pigmalión y la etiqueta del potencial", *La Nación*, 13/11/2011. http://www.lanacion.com.ar/1422867-pigmalion-y-la-etiqueta-del-potencial

Principales ventajas y desventajas de la evaluación 360 grados

Ventajas	Desventajas
• El sistema recaba la opinión de distintas personas. • Los múltiples puntos de vista moderan los sesgos y aumentan la objetividad. • El feedback de personas cercanas puede contribuir al desarrollo del empleado. • La calidad de la información es mejor y más completa.	• El sistema es complejo por la gran cantidad de respuestas. • Requiere de un número mínimo de evaluadores para mantener el anonimato. • Al ser anónima (salvo el superior), no hay responsabilidad sobre lo dicho. • Puede haber opiniones contradictorias. • Requiere de capacitación para ser efectivo. • Puede despertar sentimientos encontrados en el evaluado (sensación de injusticia o de persecución).

Cuadro 5

El tipo de evaluación también depende de la cultura y la estructura organizacionales, así como del propósito perseguido.

Sistema de curva forzada

Este sistema obliga a los evaluadores –en este caso los jefes– a ubicar a sus colaboradores en posiciones relativas entre sí. De esta forma se busca evitar que la mayoría obtenga evaluaciones positivas y afecte al sistema de retribución que persigue premiar el mérito individual[9].

Los empleados se reparten en una distribución normal (Campana de Gauss) en la que, por ejemplo, un 15% caerá en el percentil inferior, un 10% en el superior y en los demás el 75% restante. El sistema se recomienda para períodos de tiempo relativamente cortos (unos tres años) ya que luego puede perderse el foco en el crecimiento de la persona.

---

9   Para indagar más sobre la curva forzada leer: Grote, D.: *Ranking forzado para mejorar el rendimiento*. Deusto, Barcelona, 2007.

En algunos casos se constituyen comités de normalización que actúan en diferentes niveles para reglar la curva con los distintos niveles y sectores de la organización. Estos comités no están libres de juegos políticos que terminarán perjudicando a algunos empleados, ya que es natural que exista una tendencia de ciertos jefes a beneficiar a sus propios colaboradores. Así, los empleados que reportan a jefes con mayor poder relativo en la organización tienen más probabilidades de resultar beneficiados.

Evaluación por competencias: sistema de Lominger

El modelo *Leadership Architect* de competencias fue introducido originariamente en 1991 por Michael M. Lombardo y Robert W. Eichinger, por entonces investigadores del Center for Creative Leadership (CCL©[10]). La idea de una serie de competencias no interesó a CCL, y los creadores del método decidieron abrir su propia compañía a la que llamaron Lominger (una combinación de sus apellidos). El sistema de herramientas –que se pueden emplear en cualquier organización, más allá de su cultura y de su estilo– se popularizó rápidamente en todo el mundo. En 2006 Lominger fue absorbida por Korn/Ferry, empresa que sigue comercializándolo al momento de escribir este manual.

El sistema se basa en 67 competencias, 19 impulsores y frenos de carrera, y 7 áreas de foco global identificadas como críticas para el éxito. Las competencias se definen como una característica medible de una persona que está relacionada con el éxito en el trabajo. Puede ser una habilidad de comportamiento (como la comunicación), una habilidad técnica, un atributo (como la inteligencia) o una actitud (como el optimismo).

---

10 CCL es una ONG que estudia y capacita en temas de liderazgo. http://www.ccl.org/

Las investigaciones que sustentan el modelo de Lominger han sido probadas empíricamente durante varias décadas en múltiples organizaciones de todo el mundo y se actualizan de forma regular.

El modelo se emplea para crear sistemas de competencias, realizar perfiles de rol y de entrenamiento, reclutamiento, planes de sucesión, dar feedback, gestión de *performance* y para el diseño de planes de formación y desarrollo. Facilita la integración y la coordinación de la organización, ya que establece un lenguaje común entendido por todas las áreas.

Para cada rol se define una serie de competencias centrales que varían si se trata de un contribuidor individual, un gerente o un ejecutivo de alto nivel. Por ejemplo, en ciertos casos la experiencia muestra que la competencia "motivar a otros" (competencia #36) y la "habilidad estratégica" (#58) están vinculadas con buenas *performances* a todo nivel de liderazgo.

La función estratégica del área de gestión de personas es identificar, captar, retener y desarrollar talento para alinear la organización a la estrategia empresarial. Identificar las competencias críticas para el éxito y formar a los líderes para que las obtengan es una manera eficaz de llevar a la práctica dicho objetivo. Al mismo tiempo, se crea un lenguaje común entre los miembros de toda la empresa –más allá de áreas funcionales, regiones geográficas, niveles jerárquicos o unidades de negocio– que facilita la comunicación, la confianza y la integración, en especial en compañías globales que requieren cierta estandarización en varias culturas diferentes, ya sea según el país o según la industria.

El modelo de competencias se integra a las evaluaciones para que tanto evaluadores como evaluados usen un lenguaje común cuando califican a sus colegas, colaboradores y superiores.

Tests psicométricos

a. Myers-Briggs/MBTI

El test de Myers-Briggs[11] tiene su origen en las teorías psicológicas de Carl Jung, quien creía que había ciertos tipos de personalidad que, en mayor o menor medida, se repetían en el comportamiento de las personas. Katherine Cook Briggs e Isabel Briggs Myers (madre e hija), desarrollaron un instrumento de evaluación –que lleva sus apellidos– basado en una serie de preguntas para estimar las inclinaciones postuladas por Jung. Hay que resaltar que no se trata de emitir juicios sobre las preferencias sino de detectar en qué aspectos tienen mayor fortaleza las personas debido a esas preferencias innatas.

El esquema contempla cuatro pares de preferencias básicas que se combinan hasta formar 16 tipologías diferentes. Al elegir una preferencia de cada par se va conformando un código de cuatro letras que describe el tipo de personalidad. Dentro de cada tipología existen grados, para cuya evaluación se utilizan escalas numéricas. Eso quiere decir que aunque dos personas tengan la misma combinación de letras pueden ser diferentes en cuanto a la intensidad con que abrazan cada una de las preferencias. Los cuatro tipos son:

- Extroversión (E) e Introversión (I).
  - Describe formas alternativas de orientarse en el mundo y de intercambiar energía con este.
  - Una persona E prefiere enfocarse en el mundo exterior y recarga su energía mientras interactúa con otros.

---

11 Existe mucha bibliografía e información en Internet disponible sobre el MBTI. En nuestro caso usamos como referencia principal a Dunning, Donna: *Introducción al TYPE y a la comunicación*, editado por CPP, Inc., Mountain View, 2006 y a la página de la Fundación Myers-Briggs. http://www.myersbriggs.org/

- Una persona I prefiere reflexionar en silencio, en su propio mundo interior de pensamientos y sentimientos.
- Eso no quiere decir que una persona E no pueda reflexionar en silencio o que una I no pueda dar una conferencia o interactuar con amigos, solo que cuando cada una de ellas sale de su zona preferida estará consumiendo energía que recargará al regresar a su zona. Algo similar sucede con las otras preferencias.
  - Frase E: "Hablemos al respecto".
  - Frase I: "Tengo que pensarlo".
- Sensación (S) e Intuición (N).
  - Se refieren a las maneras de asimilar la información.
  - Alguien S prefiere enfocarse en los detalles, datos y aspectos prácticos.
  - Alguien N prefiere un enfoque más abstracto y observa patrones, puntos de contacto y posibilidades futuras.
  - Al recabar información, una persona S hará un proceso ordenado y secuencial enfocándose en "los árboles", mientras que una N recurrirá a la intuición y a ver el "bosque".
    - Frase S: "Por favor, solo datos".
    - Frase N: "¡Ahora lo veo!"
- Pensamiento (T) y Sentimiento (F)[12].
  - Describen las maneras de tomar decisiones[13].
  - Las personas T prefieren emplear la lógica y el análisis.

---

12 Las letras están tomadas del inglés por *think*, pensar y *feel*, sentir.

13 Una de las críticas que se le hace al test MBTI es que las palabras que emplea no responden al significado habitual que se les da en la vida diaria. Por eso, hasta familiarizarse es necesario hacer el esfuerzo de remitirse al significado que les atribuye la herramienta.

- Las personas F prefieren enfocarse en los sentimientos y los valores.
- Al tomar una decisión, una persona T preferirá recurrir a alguna norma moral o ley, mientras que una persona F se preguntará qué consecuencias tendrá su decisión sobre las personas a las que afectará.
  - Frase T: "¡Es lo lógico!" "¡Es lo que marca la ley!".
  - Frase F: "¿Estaré hiriendo a alguien?"
- Juicio (J) y Percepción (P)[14].
  - Describen las tácticas para interactuar con el mundo.
  - Una persona J tiende a ser organizada, decidida e inclinada por la estructura y el control.
  - Una persona P está más cómoda cuando está abierta a adaptarse a lo que pueda traer el día. Prefiere ser espontánea y flexible.
  - Al relacionarse con el contexto, alguien J preparará listas de tareas y programas con horarios y se molestará si debe modificarlos sobre la marcha. Por su parte, alguien P estará más cómodo con la ambigüedad y la incertidumbre, y preferirá la sorpresa a estar atada a un programa.
    - Frase J: "Hay que hacer algo".
    - Frase P: "Esperemos más a ver que sucede".

Los tipos del MBTI están vinculados a las distintas etapas del proceso de pensamiento y a las preferencias de las personas al participar en las diferentes etapas del proceso creativo. En el Capítulo II del manual puede encontrarse un estudio más detallado.

---

14 Vale la nota anterior sobre el significado de las palabras en el MBTI.

b. Test de Lencioni [(*)]

Patrick Lencioni es un autor de *management* enfocado en el estudio del funcionamiento de equipos. En su libro *The Five Dysfunctions of a Team*[15], enumera cinco disfuncionalidades que suelen ocurrir en los equipos y que pueden producir dificultades que van desde caídas de *performance* hasta su disolución. Sobre esta idea genera un modelo y una serie de preguntas con las que se puede orientar para observar con qué intensidad dichas dificultades están presentes en el equipo estudiado.

Un equipo cohesionado tiene miembros que se confían entre sí, se involucran en discusiones abiertas sobre sus ideas, y se comprometen con las decisiones y los planes de acción, de los que son mutuamente responsables y que se enfocan en obtener resultados colectivos. Tras establecer las claves del comportamiento de un equipo efectivo, define las cinco disfuncionalidades de la siguiente manera:

1. *Ausencia de confianza* entre los miembros del equipo. Se trata de la falta de voluntad de abrirse a los demás, de mostrarse vulnerables, cuando los miembros son reticentes a exponer sus debilidades frente a sus compañeros. Cuando alguien se muestra *invulnerable* no puede ser ayudado por el resto a superar sus falencias. La situación crea un ambiente en el que es difícil que impere la confianza. La invulnerabilidad es la puerta de ingreso a la siguiente disfuncionalidad:

2. *Temor al conflicto,* es una consecuencia de la anterior ya que si no hay confianza no pueden establecerse debates abiertos, apasionados, francos y productivos. La falta de conflictos sanos crea una atmósfera de *falsa armonía* que esconde cosas no dichas y re-

---

15 Lencioni, P.: *The Five Dysfunctions of a Team*, Derechos de P. Lencioni, Kindle Edition, 2013.

(*) El test se analizará con más detalle en el capítulo IX.

sentimiento. Como corolario, se produce la tercera disfuncionalidad:

3. *Falta de compromiso,* ya que nadie se compromete con algo sobre lo que no pudo opinar de manera libre y abierta, ya sean decisiones o planes del equipo. Sin compromiso claro por parte de todos los miembros del equipo hay ambigüedad, incluso luego de que se decidieran los cursos de acción; lo que da lugar a la cuarta disfuncionalidad:

4. *Ausencia de responsabilidad,* ya que nadie está comprometido de manera auténtica con los planes de acción. Si persiste la ambigüedad, incluso los miembros más proactivos dudan en reclamarles responsabilidad a los otros miembros sobre acciones o comportamientos que parecerían contraproducentes para el bien del equipo. La falta de responsabilidad mutua da lugar a la última y más grave disfuncionalidad:

5. *Falta de atención a los resultados,* que se da cuando los miembros ponen sus egos, sus propias agendas o las de sus áreas, por delante de las metas colectivas del equipo.

Como en cualquier cadena de eventos causales, el funcionamiento del equipo se deteriora con un solo eslabón que se debilite.

Para analizar el funcionamiento de los equipos específicos, Lencioni diseñó un test con una serie de preguntas que cada miembro debe responder. Los resultados se agrupan y se puede observar en qué puntos el equipo es más fuerte y en qué debe mejorar.

Herramientas heurísticas de evaluación

Como complemento de los tests, sistemas y modelos de análisis mencionados existe una serie de herramientas heurísticas[16] sencillas, pero que pueden resultar útiles como orientación cuando se analiza el perfil de un candidato para trazar su plan de formación y desarrollo.

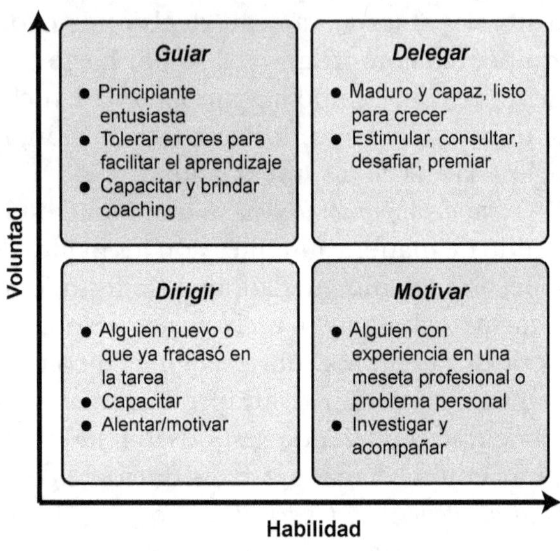

Figura 11

a. Matriz skill/will

La matriz skill/will (habilidad/voluntad)[17] se emplea para evaluar la capacidad (conocimientos y motivación) de una persona para realizar una tarea determinada, ya se trate de un nuevo puesto, un nuevo requerimiento del mismo pues-

---

16 Heurística es una técnica para encontrar o descubrir (significado de la palabra en griego) soluciones basándose en la práctica. Esencialmente pragmática, la heurística no busca la exactitud sino una buena aproximación a la resolución de los problemas. La "regla del pulgar", el "sentido común", la "estadística subjetiva" y otros métodos similares son las clásicas aproximaciones heurísticas para la resolución de un problema.

17 Basado parcialmente en el *White paper:* http://stellarleader.com/wp-content/uploads/2011/07/Expanded_Skill-Will-Matrix.pdf

to o un nuevo proyecto. Establece una correspondencia entre sus habilidades y su voluntad o nivel de motivación para cumplir el rol asignado o por asignar.

La meta es acompañar a la persona hasta el cuadrante superior derecho donde se le puede delegar la tarea. Para completarla, se deben responder algunas preguntas, por ejemplo: ¿tiene la persona las competencias requeridas para el puesto o existen *gaps* que deberían ser cubiertos con entrenamiento? ¿Se trata de capacitación o el rol requiere experiencia para realizarse de manera efectiva? ¿Hay algún factor inherente al puesto que pueda actuar como motivador o desmotivador para la persona (viajes, cosmovisión, etapa de carrera, etc.)? ¿Qué incentivos se le están ofreciendo? ¿Cuál es su nivel de confianza respecto de la tarea o rol?

Cada cuadrante indica una cierta táctica de abordaje:

1. Baja habilidad/baja voluntad: ***dirigir***
   * Podría tratarse de alguien nuevo en la tarea, en el rol o en el proyecto, o podría ser alguien que ya ha fracasado en algo similar.
   * Construir y mantener voluntad: ofrecer feedback específico con frecuencia. Desarrollar visión de futuro. Identificar y comprender cuáles son sus motivaciones. Alentarlo frente a logros parciales. Seguir de cerca.
2. Baja habilidad/alta voluntad: ***guiar***
   * Es un principiante entusiasta de la tarea, rol o proyecto en el que se encuentra. Emplear una combinación de capacitación técnica sobre la tarea y de coaching sobre los aspectos blandos hasta que consiga desarrollar la habilidad.
   * Crear un ambiente tolerante a los errores para que se produzca el aprendizaje.
   * Invierta tiempo pronto, respondiendo a las dudas y dando consejo de ser solicitado.

- Controlar relajadamente sin presionar y observar los progresos.

3. Alta habilidad/baja voluntad: ***motivar***

- Puede ser una persona capacitada y con experiencia que atraviesa una meseta profesional y necesita nuevos desafíos, o puede haber algún factor externo o personal que la esté afectando.
- Investigar mediante diálogo las causas de la baja motivación. ¿Es la tarea? ¿Es algún problema con el superior o con el equipo? ¿Atraviesa algún problema personal?
- Mantener el monitoreo y dar feedback regularmente.

4. Alta habilidad/alta voluntad: ***delegar***

- Se trata de un empleado experimentado y motivado, con madurez para seguir creciendo.
- Fije los objetivos pero deje en sus manos las formas de conseguirlos.
- Siga ofreciendo feedback. Recuerde alentar y felicitar los logros.
- Permita y estimule sus opiniones. Empléelo como consejero.
- Enfréntelo a riesgos limitados y controle solo lo imprescindible.

b. *Énfasis de las competencias a lo largo de la carrera*

A lo largo de la carrera profesional va cambiando el énfasis del tipo de competencias necesarias para cumplir los objetivos. Las habilidades que al comienzo de la carrera son "duras" van dejando lugar a otras más "blandas".

Como se ve en el gráfico de la página siguiente, al inicio de la carrera (desde el ingreso hasta los 30/34 años, aproximadamente) predominan las habilidades técnicas.

RELEVANCIA DE LAS COMPETENCIAS EN EL TIEMPO

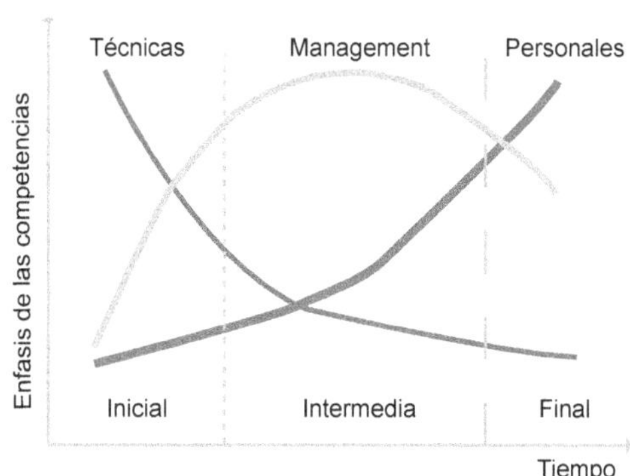

Figura 11

Es probable que los ingenieros estén dedicados a medir tiempos de producción, a realizar gráficos de camino crítico o a controlar el desperdicio de materiales; los contadores estarán abocados a tareas de apoyo de auditoría; los abogados a ir realizar trámites en los tribunales, y los administradores y economistas a hacer proyecciones de variables críticas. A medida que adquieran responsabilidad deberán fortalecer las competencias de gestión o *management*, en particular para la autogestión de presupuestos, el cumplimento de plazos y, en general, para realizar la planificación de las tareas asignadas. A estas se les agregarán las de gestión de personas cuando tengan equipos a cargo.

Al alcanzar la parte intermedia de la carrera (35 hasta 45 años, aproximadamente), las competencias de *management* –en especial la gestión de personas– adquieren mayor relevancia, al tiempo que las técnicas se delegan en los colaboradores. Ejecutar y controlar presupuestos, asignar y controlar el cumplimiento de las metas de sus colaboradores, resolver problemas y gestionar el tiempo propio y el de otros. Comienzan a adquirir preponderancia algunas habilidades personales o humanas, como las de comunicación, la de manejo de equipos y la tolerancia al riesgo y a la ambigüedad.

A medida que se llega al final de la carrera, un amplio grupo de habilidades incluidas en las "personales" de liderazgo son imprescindibles. Dentro de estas podemos diferenciar varias subcategorías:

- Las *humanas,* como el autoconocimiento, la gestión del estrés y de la incertidumbre, y la solución creativa de problemas.
- Las *interpersonales,* como la comunicación efectiva e inspiradora, el manejo del poder y de la influencia, la política y la gestión de conflictos.
- Las de *conducción de equipos y de grupos,* como delegar y empoderar, la formación de equipos de trabajo de alto rendimiento, y el liderazgo del cambio estratégico y cultural.
- Las *estratégicas,* como la visión futura, la tolerancia al riesgo y el pensamiento abstracto.
- Las habilidades *específicas de comunicación,* como la capacidad para hacer presentaciones y conferencias ante grandes grupos de personas, la de dirección de reuniones y confección de informes y artículos escritos.

Aunque pueden aprenderse, las habilidades personales son difíciles de adquirir mediante capacitación formal; en general requieren de tiempo y experiencia. También son necesarias ciertas condiciones innatas y culturales, como la empatía, el respeto y el "buen trato". Los griegos consideraban que una persona con capacidad para alcanzar altos grados de liderazgo debía tener "carisma"; es decir, un regalo que los dioses otorgan a algunos pocos de sus elegidos. Alguien con carisma posee una suerte de magnetismo, algo misterioso y maravilloso que produce un efecto hipnótico en el resto de los mortales.

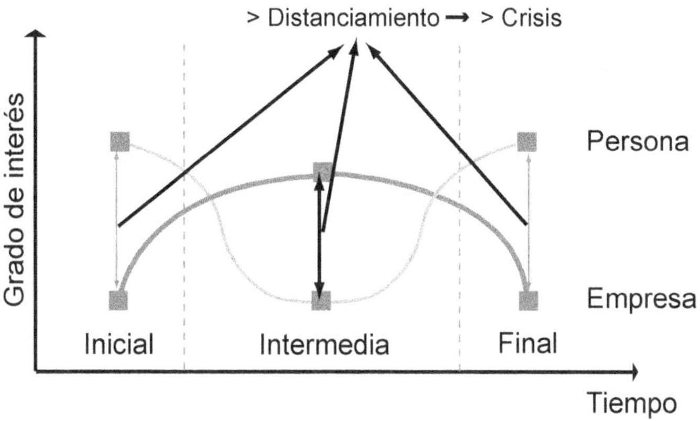

Figura 12

c. *Grado de afinidad empresa-empleado*

El vínculo entre el empleado y la empresa sufre acercamientos y alejamientos mientras dura la relación de trabajo. Existe una influencia mutua, ya que la persona es solo una y no pueden separarse lo personal y lo profesional.

Tanto al comienzo como al final de la carrera predomina el interés de la persona por la empresa, mientras que en el punto medio se da todo lo contrario. A mayor distanciamiento, mayor probabilidad de crisis.

Al principio de la carrera el empleado desea ser incluido en la organización. Existe un sentimiento de agradecimiento por la confianza recibida por haber sido contratado y un deseo de retribuirla. Es un momento de grandes expectativas para las dos partes. Todo está en potencia: la empresa espera poco del empleado en el presente y él mucho de la empresa. Lo que más le interesa al joven es el aprendizaje y la seguridad que la empresa le ofrece. Para la empresa, un joven profesional es una persona que se formará en el "semillero", alguien que internalizará su cultura desde una edad temprana, lo que contribuirá a generar lazos firmes, un sentimiento de pertenencia único y una mayor lealtad.

Al ganar experiencia, emergen las primeras dudas del empleado: "¿por qué no se ocupan de mí como antes?"; "¿por qué siento que mi compromiso es mayor que el de ellos?; ¿por qué siento que doy más de lo que recibo?", y otra serie de cuestionamientos. Si el vínculo no se corta en ese momento, con el correr del tiempo se alcanza el primer punto de encuentro y los intereses se nivelan.

Luego comienza un período en el que crece el interés de la empresa por sobre el de su empleado.

Al llegar a mediados de la carrera se produce un nuevo distanciamiento: ahora es la empresa la que necesita del empleado. El balance de poder se invierte. Las nuevas dudas son del estilo: "¿es esto lo qué quiero?"; ¿puedo equilibrar mi vida privada y laboral?"; "¿estoy a tiempo para dar un giro en mi carrera?". A veces, cuando la empresa se muestra demasiado interesada, el profesional muestra desdén y hasta rechazo. El período entre los 35 y 45 años suele ser duro ya que a los desafíos profesionales se le suman los familiares . (Figura 13.)

Hacia el final de la carrera (50 años y más) se ingresa a una nueva etapa de ciclo vital. Emocionalmente el empleado necesita más contención por parte de la organización pero es esta la que ahora pierde interés, lo que produce un nuevo alejamiento y una nueva crisis que puede terminar en la salida del empleado.

3. Matrices de evaluación de desempeño

Como ya mencionamos, además de ser los instrumentos usados para establecer las remuneraciones, las evaluaciones de desempeño o *performance* sirven para identificar el talento disponible en la organización. Una manera gráfica de ubicar a los empleados es mediante una matriz de nueve celdas (*9 grid box*)[18]. En ella se coloca el desempeño *actual*

---

18 Snell, Morris y Bohlander: *op. cit.*, pág. 186.

MAPA DE DESEMPEÑO P/A (posicionamiento)

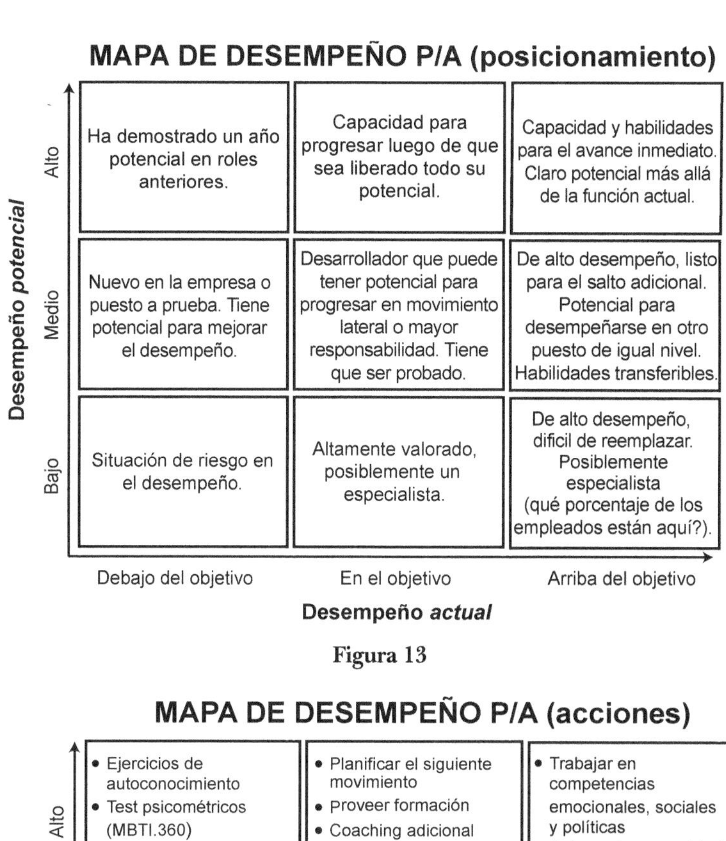

Figura 13

MAPA DE DESEMPEÑO P/A (acciones)

Figura 14

(pasado y presente) en el eje horizontal y el *potencial*, que podría realizar (futuro), en el eje vertical. (Figura 14.)

El desempeño *actual* resulta del diagnóstico 360 y del grado de cumplimiento de objetivos del empleado. El desempeño *potencial* utiliza algunos de los datos y de las opiniones del 360 pero, además, tiene fuertes componentes subjetivos porque está influido por los sesgos de las personas encargadas de estimarlo. Para moderar la subjetividad se aplican los criterios anteriormente explicados.

La matriz de desempeño potencial/actual constituye un mapa para analizar el perfil del empleado según el nivel alcanzado y el que podría alcanzar. En el mapa se distribuye el personal para visualizar rápidamente la existencia de *clusters* o concentraciones en determinados sectores.

El mismo criterio de clasificación puede usarse para ubicar las acciones a tomar según dónde se encuentre el empleado evaluado.

Con la evaluación del desempeño y la trayectoria del empleado se diseña un inventario de habilidades para observar el desarrollo del empleado de acuerdo con su experiencia, su educación, su interés vocacional y sus aptitudes. Si además se conoce el potencial de los empleados, se construye un mapa de reemplazos que servirá para cubrir los puestos vacantes toda vez que se produzcan movimientos en la estructura.

Como veremos en el Capítulo VI, el desarrollo no debe confundirse con la mera capacitación, ya que esta solo se ocupa de las competencias necesarias para el corto plazo o como un paso hacia las de largo. El desarrollo se alinea con la estrategia de la empresa, de allí que se oriente al mediano y el largo plazo. En un contexto dinámico, mantener el balance entre el corto y el largo plazo, para que se subsista la alineación entre la estrategia y las habilidades de los empleados, es uno de los desafíos más delicados para el departamento de gestión de personas.

4. Caso de estudio

Ejemplo de evaluación 360 grados

5. El tema en la prensa

Todo lo que piensan los jefes y no se atreven a decirles a sus empleados[19]

Todo lo que piensan los empleados y no se atreven a decirles a los jefes[20]

---

19 Marchiori, E. A. y Hatum, A.: "Líderes frustrados: todo lo que piensan los jefes (y no se atreven a decir)", publicado en el diario *La Nación*, 2/11/2016.

20 Marchiori, E. A. y Hatum, A.: "Experimento: la oficina en el mundo. Mail sin filtro: todo lo que los empleados no se animan a decirle a su jefe", publicado en el diario *La Nación*, el 26/9/2016.

Feedback efectivo: donde brillan los *millennials* languidece la evaluación anual

6. El tema en el cine

The Office, versión norteamericana (2005)

The Office, versión británica (2001)

7. Preguntas del capítulo

- Explique qué es una evaluación de desempeño cuantificable. ¿Puede medirse de manera objetiva el desempeño de un empleado? Justifique.
- ¿Para qué sirve una evaluación de desempeño?
- ¿Qué son las brechas de desempeño? ¿En qué casos fallan? ¿Qué impacto tienen en los empleados?
- ¿En qué consiste un test 360? ¿Tiene alguna experiencia personal? ¿Qué recuerda? Señale los puntos positivos y los negativos.
- ¿Qué procesos reemplazarán –probablemente– a las evaluaciones de desempeño dentro de un tiempo?
- ¿En qué se diferencian la gestión de desempeño y evaluación de desempeño?
- Enumere los propósitos de la evaluación de desempeño. Explique al menos tres de ellos según su propia experiencia.
- ¿Quiénes deberían efectuar la evaluación de desempeño? Justifique.
- ¿Cuáles son los principales inconvenientes y ventajas de la evaluación 360? Explíquelos.
- ¿Qué otros tipos de evaluación existen? ¿De qué depende la aplicación de cada uno?
- ¿En qué consiste la evaluación por curva forzada? ¿Qué ventajas y qué inconvenientes tiene?
- Explique en qué consiste el sistema Lominiger. ¿En qué casos es recomendable?
- ¿Qué es un test psicométrico? ¿En qué casos se usan?
- Describa el test MBTI. ¿Debe usarse para evaluar a empleados al ingresar a una compañía? ¿Por qué?
- Describa en forma breve los cuatro pares de preferencias del MBTI.
- ¿Qué busca establecer el test de Lencioni? ¿Cuándo se usa?
- Enumere y explique las seis disfuncionalidades de Lencioni.
- ¿Qué es la matriz *skill/will*? ¿Qué medidas tomaría con un empleado de mucha habilidad y baja voluntad? ¿Y con uno de baja habilidad y alta voluntad?
- ¿Qué elementos son relevantes en la etapa inicial, en la media y en la final de la carrera? Explique por qué. ¿En cuál de estos se considera mejor capacitado en la actualidad?
- ¿Cómo varía el grado de afinidad entre la empresa y el empleado a lo largo del tiempo? ¿En qué momentos se producen las mayores crisis?
- ¿Qué medidas tomaría con un empleado de alto desempeño potencial y bajo desempeño actual? ¿Y con uno con alto actual y bajo potencial?

CAPÍTULO VI

Desarrollo de carrera de las personas en la empresa

1. Introducción

Si tuviera seis horas para talar un árbol, pasaría las primeras cuatro afilando el hacha.

ABRAHAM LINCOLN[1]

La reflexión de Abraham Lincoln citada en el epígrafe es válida tanto para las organizaciones como para los individuos: antes de comenzar una tarea hay que asegurarse el haber desarrollado lo suficiente las habilidades requeridas para realizarla exitosamente. Formar y desarrollar a las personas de la empresa es uno de los roles más importantes del líder.

Ayudar a los empleados a darles dirección a sus carreras es una responsabilidad que suele ser postergada. La necesidad de responder a un contexto acuciante, las burocracias organizacionales, los recursos económicos implicados y la "falta de tiempo" hacen que, muchas veces, encargarse de la formación y del desarrollo de los colaboradores pase a un segundo o tercer plano dentro de las prioridades de los líderes.

Además de ser imprescindible para conseguir los objetivos estratégicos de la organización, priorizar la formación y

---

1   http://www.forbes.com/sites/ilyapozin/2014/01/02/15-quotes-to-inspire-you-to-greatness-in-2014/

el desarrollo de los empleados es un poderoso motivador; a las personas les importa cuando la empresa muestra un interés *genuino* en su futuro. La primera consecuencia de ello es un aumento de la lealtad y del compromiso, lo que impacta en forma directa sobre los niveles de rotación, el ambiente laboral y la productividad. Además, cuanto más capaz y talentosa sea una persona, mayor será su interés por crecer profesional y personalmente para aumentar su aporte de valor.

2. Las funciones más importantes del líder según CCL

Darle una dirección adecuada a la carrera de los miembros comprometidos con la organización que esté alineada con la estrategia empresaria es fundamental para el éxito de la compañía. Para el Center for Creative Leadership (CCL©)[2] –una ONG dedicada al desarrollo de líderes en todo el mundo–, dirección, alineamiento y compromiso son las tres funciones más importantes de los líderes, ya que hacen posible que un grupo de individuos trabajen juntos, voluntaria y eficazmente, para conseguir resultados colectivos.

La *dirección* es el acuerdo sobre qué está buscando la organización y se encuentra implícita en la estrategia empresarial. El *alineamiento* es la coordinación y la integración efectiva de diferentes aspectos del trabajo para que calcen adecuadamente con la dirección compartida. Por último, el *compromiso* implica que las personas sienten al éxito de la organización como propio y que conseguirlo es prioritario para ellas.

Puede comprobarse la existencia de dirección cuando hay una visión de futuro deseado, conocido y compartido por todos, y está expresada en objetivos y metas. Cuando falta dirección no existe acuerdo sobre las prioridades y las personas se sienten "tironeadas" hacia todas direcciones.

---

2 www.ccl.org

Cuando existe alineamiento, todos tienen claros sus roles y responsabilidades, y tanto el trabajo individual como el conjunto está sincronizado con los objetivos comunes. La presencia de compromiso impulsa a las personas a hacer un esfuerzo extra en favor del grupo, hay confianza mutua, y se comparten la responsabilidad y la pasión por el trabajo. La ausencia de compromiso se manifiesta por cierto cinismo generalizado y por el predominio de las agendas particulares.

Un estudio realizado en 142 países por la firma encuestadora Gallup[3] muestra que solo un 13% de los empleados decían estar comprometidos con su trabajo, mientras que un 63% se manifestaban "no comprometidos" y un 24% estaban "activamente no comprometidos", lo que indicaba un descontento con el trabajo que se contagiaba al resto de sus colegas. Las personas pasan una parte importante de la vida en su lugar de trabajo, por lo tanto, esos índices indicaban gran insatisfacción existencial de la mayor parte de la población de los países relevados.

La formación y el desarrollo de las personas no necesariamente debería ser una tarea costosa. Tampoco requiere de una preparación que esté fuera del alcance de la mayoría de las empresas. La clave está en la actitud que asuman los directivos y en la honestidad con que se encare el tema. Es un trabajo minucioso que demanda diálogo personal para comprender las expectativas y los deseos de cada uno de los empleados. Aunque sus efectos se observan de manera casi inmediata en la mejora del clima organizacional, su mayor impacto ocurre a largo plazo. La inversión en talento es una manera eficaz de contribuir a la sustentabilidad empresaria pero, además, es una oportunidad para que los líderes contribuyan a mejorar la calidad de vida de las personas de la compañía.

---

3   http://www.gallup.com/poll/165269/worldwide-employees-engaged-work.aspx

Evidencias de DAC[4]

	Está ocurriendo	No está ocurriendo
Dirección	• Hay una visión, un futuro deseado, o una serie de metas que todos adhieren. • Los miembros de la organización conocen claramente lo que tratan de conseguir y lo consideran valioso. • Las personas están de acuerdo sobre qué es el éxito conjunto.	• No hay acuerdo sobre las prioridades. • Las personas sienten que las impulsan en diferentes direcciones. • Hay cierta inercia: las personas parecen correr en círculos.
Alineamiento	• Todos tienen claros sus propios roles y responsabilidades. • El trabajo de cada individuo/grupo calza bien con el de otros individuos/grupos. • Hay sensación de organización, coordinación y sincronización.	• Las cosas están desalineadas: no se cumplen los plazos, se deben repetir los trabajos, hay una duplicación de esfuerzos. • Las personas se sienten aisladas del resto. • Los grupos compiten entre sí.
Compromiso	• Las personas hacen un esfuerzo extra para que el grupo tenga éxito. • Hay sentimientos de confianza y de responsabilidad compartida por el trabajo. • Las personas expresan su pasión y su motivación por el trabajo.	• Solo se completan las tareas sencillas. • Todos están preocupados por su propia agenda. • Se percibe cinismo y nadie da el ejemplo.

Cuadro 6

---

4   Adaptado de McCauley, Cinthya y McCall, Morgan: *Using Experience to Develop Leadership Talent*. 2014, pág. 9.

El trabajo sobre las carreras del personal es una de las responsabilidades más importantes del área de gestión de personas, ya que es vital tanto para conseguir alineamiento como para fortalecer el compromiso de los empleados. Es un momento en el que puede retomarse la evaluación en la que se usaron las matrices de evaluación (ver Capítulo V, "Matrices de evaluación de desempeño").

El plan de carrera también debe tener en cuenta el equilibrio de una serie de tensiones que aparecen entre los intereses del empleado y de la empresa, para alinear a los miembros de la organización con la visión empresaria. Entre otras se destacan las siguientes:

- Objetivos individuales – objetivos organizacionales.
- Mirada táctica – mirada estratégica.
- Corto plazo – largo plazo.
- Capacitación – desarrollo.
- Tarea actual – tarea futura.
- Contexto interno – contexto externo.
- *Training* formal – experiencia práctica.
- Desempeño actual – desempeño potencial.
- Carrera inicial – carrera media – carrera final.

La existencia de múltiples tensiones nos indica que estamos dentro de un sistema dinámico y complejo que debe ser evaluado y ajustado continuamente. La adaptación a las condiciones en un entorno global ambiguo, en donde se observa una aceleración constante de los cambios sociales, tecnológicos y políticos, constituye uno de los desafíos más grandes que deben afrontar los responsables de gestión de personas cuando hay que planificar la formación y el desarrollo de los empleados.

3. Los empleados "alto potencial"

"Me quedé afuera –le contaba Pedro a su compañero de equipo–, al final eligieron a otro para integrar el grupo de empleados 'alto potencial'. No sé por qué hace años que me vengo deslomando y no sirvió de nada... Estoy seguro de que me cortaron las posibilidades de crecimiento en esta empresa. Estaba ilusionado, ¿cómo hago para explicarle a Paula? Justo ahora que pensábamos mudarnos..." El caso de Pedro es real. Es la situación en la que queda cualquier persona que queda fuera del plan de carrera acelerado asignado a solo a unos pocos elegidos: los empleados marcados con la etiqueta "alto potencial".

En un mundo con recursos ilimitados, todos los miembros de la empresa deberían tener el mismo entrenamiento y las mismas oportunidades de crecimiento; en la realidad, esto no es posible. Tanto el presupuesto disponible para capacitar como el talento son limitados. Una manera que han encontrado las organizaciones para resolver esta tensión es identificar a los empleados de "alto potencial".

Un empleado que reuniera ciertas características debería tener un desarrollo más rápido y una mejora en lo económico. De esa manera, se maximizaría la rentabilidad de la significativa inversión que requiere formar a un futuro líder. El criterio está justificado, ya que –en el caso de los trabajadores– también se cumpliría la "regla 80/20" o Principio de Pareto. De acuerdo con esta, un 20% de los empleados generaría el 80% del valor producido por la organización. Los beneficios caen de maduro si se los consigue identificar cuanto antes... correctamente.

Los empleados de alto potencial (EAP) también resultarían ser los mejores agentes de cambio, y serían capaces de "alzar la vara" y así forzar el rendimiento del resto.

Se calcula que incluir a un EAP en un equipo podría elevar entre un 5 y un 10% el rendimiento del grupo, y mucho más si se tratara de actividades simples o repetitivas.

Un EAP tiene que reunir las siguientes cualidades:

- *Habilidad para hacer su trabajo*, cuyo mejor predictor son las pruebas prácticas en la realización de la tarea. Si se tratara de un desarrollo a largo plazo –como el de un futuro líder–, los mejores indicadores de potencial son la capacidad de aprendizaje, el pensamiento estratégico, la imaginación, la flexibilidad, el espíritu emprendedor y la madurez intelectual.
- *Motivación* para el trabajo y para alcanzar la visión, aun a costa de un gran esfuerzo. Cualquier talento se fortalece cuando existe motivación, cualidad que se asocia con la perseverancia y con la ambición.
- *Habilidades sociales*, tales como la capacidad de comunicación, la de trabajar en equipo y la de relacionarse con superiores, pares, colaboradores y otras personas cercanas a la empresa. Dentro de esta categoría, también pueden incluirse el autoconocimiento y la capacidad de gestionarse a sí mismo. Son todas habilidades "blandas" que pueden agruparse dentro de lo que se conoce como "inteligencia emocional".

La evaluación de estas cualidades tiene marcados e inevitables componentes subjetivos. Seleccionar a un EAP es una tarea de gran responsabilidad, y no solo por la fuerte apuesta económica que implica para la empresa. Cuando se elige a alguien, al mismo tiempo se está relegando a otra persona, con el peligro de truncar de manera injustificada una carrera exitosa. La vida de alguien puede quedar marcada para siempre. Aquel que no entra en la categoría de "alto potencial" puede ser juzgado como de "bajo potencial", con el consiguiente golpe a su autoestima y a sus posibilidades de desarrollo.

La etiqueta "alto potencial" también implica el peligro de que quienes seleccionaron al candidato operen para que su elección sea exitosa. Es un caso particular de profecía autocumplida conocida como "Efecto Pigmalión" (en honor al rey mitológico que consiguió que cobrara vida la mujer de la escultura de la que se había enamorado). Efectivamente, los seleccionadores suelen ser las mismas personas que deben asignarle tareas (las de mayor visibilidad) al elegido y evaluar su rendimiento (afectado por sesgos de confirmación para probar que "estaban en lo cierto").

Por cuestiones económicas, las organizaciones seguirán diferenciando a las personas que –*a priori*– parecen más capaces para desarrollarse. La consecuencia de esta elección puede ser la desdicha de otras. Quienes intervienen en la determinación de los "altos potenciales" deben estar muy conscientes de la enorme carga que pesa sobre sus hombros.

3.1. Resolviendo las tensiones

Entre los dilemas o tensiones planteadas hay algunas que son críticas para trazar programas efectivos en el punto 2.

La primera necesidad es *conciliar los objetivos individuales de los empleados con la estrategia de la compañía*. Presenciamos el ingreso de una nueva generación sumamente comprometida con temas como el medio ambiente y la diversidad. La importancia de alinear la visión y la misión y los valores corporativos con los personales, en un ambiente de transparencia y coherencia, alcanza hoy una nueva dimensión. A eso hay que sumarle condiciones de trabajo inconcebibles hasta hace algunos años; flexibilidad, beneficios en el lugar de trabajo, equidad de géneros, trabajo a distancia, gestión por objetivos y otros son fundamentales a la hora de generar una *propuesta de valor* atractiva para el empleado.

Una vez establecida esta coincidencia se deben encarar dos preguntas clave[5]:

1. ¿Cuál será la mejor manera de desarrollar personas que produzcan el mayor impacto personal y organizacional?
2. ¿Es mejor invertir en las áreas deficientes o continuar mejorando las fuertes?

En un reportaje realizado al tenista Roger Federer[6] se puede encontrar una eventual respuesta. Frente a una pregunta similar respondía que muchas personas creen que deben trabajar en sus debilidades más que en sus fortalezas, sin embargo: "… no sé como funciona en los negocios, pero en tenis, trabajar en tus debilidades puede hacerte un jugador más completo, pero no vas a seguir siendo peligroso… Por eso prefiero trabajar en mis fortalezas, lo que realmente me ha ayudado a lo largo de mi carrera."[7]

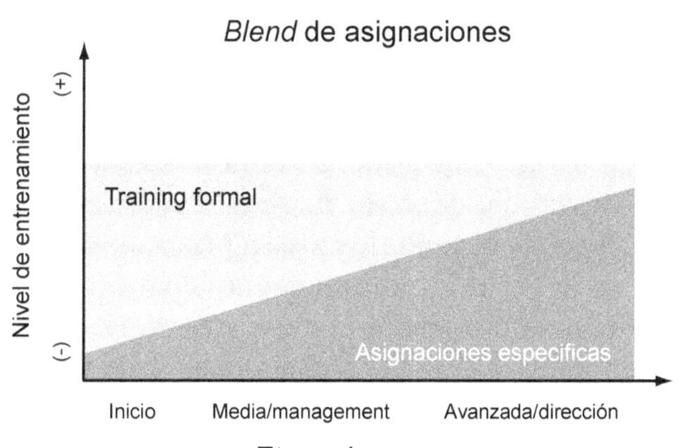

Figura 15

---

5   McCauley, Cinthya y McCall, Morgan; 2014:132.
6   https://www.youtube.com/watch?v=LWsQH4TpCN8 12 enero de 2016, 11:30.
7   *Ibidem.*

Si aplicamos el consejo de Federer, deberíamos seguir potenciando el talento propio de las personas de la organización para que sea aún más efectivo. Por supuesto, eso lo puede decir el mejor tenista de la historia que tiene un revés capaz de definir los partidos más cerrados, en una empresa no se le pueden dejar flancos abiertos a la competencia. Asimismo, una organización tiene la ventaja de ser un equipo y, por ende, cuenta con empleados con capacidades complementarias. Aumentar las competencias de cada uno de ellos podría ser una estrategia inteligente.

Otra de las tensiones clave es conseguir el *blend* (mezcla) adecuado entre *training* formal y experiencia práctica. Esta tensión está vinculada a otra: la que ocurre entre la carrera inicial, la media y la final. Dice Hatum que "A medida que se avanza en la carrera profesional el *hands-on approach* es crítico para poder entender el negocio y mejorar la *performance*. El *training* formal es importante, pero la experiencia en el negocio es clave para el desarrollo de los directivos"[8].

El grado de complejidad que la tecnología en comunicaciones (tanto las digitales como las físicas) les imprimieron a las organizaciones hace que, a medida que se avanza en la carrera, el desarrollo deba ser más enfocado en la persona y en su plan específico. Cuando existen programas formales de mentores, es de gran importancia el diálogo que mantenga el EAP –difícilmente se incluya en un programa de este tipo a un empleado que no lo sea– con su mentor de la compañía, ya que este debe trabajar en un todo alineado con la persona *mentoreada* y con la gente de gestión de personas.

Ahora bien, es enorme el impacto que reciben las personas que están en el mercado laboral por los cambios emergentes en los negocios y en las organizaciones, y la visión

---

8   Hatum, A.: *Carreras extraordinarias para gente común.* Vergara-Penguin Random House, Buenos Aires, 2019, pág. 133.

que estas posean del mismo dependerá de su densidad y/o líquidez. Hatum (2019)[9] considera "densidad" la cantidad de información que tiene alguien. Una persona con mucha formación es muy densa en conocimiento, como un aljibe: tiene profundidad. La "liquidez", en cambio, es la capacidad de mover algo de un lado a otro, la capacidad de transportarse. La persona que es muy líquida pero poco densa puede estar en problemas: es un *commodity* más en el mercado laboral. Y puede pasar lo contrario: ser alguien muy denso pero poco líquido. Si alguien es un hiperespecialista (por ejemplo, un geofísico) con 20 años de experiencia en perforación, es denso pero poco líquido. La densidad es una ventaja, aunque en la medida en que el profesional pueda desacoplar el conocimiento y hacerlo líquido.

Así, el nativo digital que sabe hacer *big data analysis* es denso en conocimiento, pero, también, es líquido, ya que puede aplicar su trabajo a diferentes industrias. Cuando alguien tiene la capacidad de combinar densidad y liquidez, decimos que puede hacer *plug in*, o sea, enchufar su conocimiento en cualquier industria o red.

4. Impacto del desarrollo en la alineación en cada área del Modelo del eneágono

Hemos mencionado en otras ocasiones que para que la empresa consiga los objetivos establecidos por la dirección todas sus áreas deben estar consistentemente alineadas hacia estos. La falta de coherencia entre sectores produce roces y pérdidas de energía proporcionales a la intensidad de los desvíos. El caso del desarrollo de los empleados no es la excepción. Una manera de controlar el estado de la alineación es repasar cada una de las áreas del Modelo del eneágono.

---

9   Hatum, 2019.

Impacto del desarrollo en la alineación en el eneágono

Estrategia ✓	**Sistemas y procesos**	**Estructura**
El desarrollo de los empleados alineado a la estrategia es imprescindible para el éxito de la empresa, tanto más en los niveles directivos. Fundamental para anticiparse al contexto del mercado.	La capacitación de los empleados en el uso de las herramientas operativas facilita la comunicación y la coordinación, otorgando eficiencia a la organización.	El conocimiento de la estructura impacta directamente en la formación y el empleo de las redes, formales e informales, fundamental para la dirección. Permite adecuarse a la dinámica organizacional.
Capacidades distintivas ✓	**Estilo de liderazgo** ✓	**Personas** ✓ ✓
Clave para mantener las ventajas competitivas asociadas a la estrategia. Importante alinearse a la visión para anticipar la formación en las necesarias en el futuro.	El desarrollo debe estar enfocado en el modelo de líder que requiere la empresa en el presente y el que requerirá en el futuro. El papel de los mentores es fundamental para modelarlos para los desafíos por venir.	Es el factor más importante desde el punto de vista de los RRHH. Una buena formación puede atraer y mantener el talento, o inducir su expulsión.
Misión interna ✓	**Valores compartidos** ✓	**Misión externa** ✓
Es el factor en el que se sustenta la PVE (propuesta de valor para el empleado) y, por lo tanto, fundamental para captar y formar al talento adecuado. No mantener su coherencia puede dar origen a crisis terminales.	Son el fundamento de la cultura. Preservarlos asegura la continuidad institucional más allá de las personas. Se adquieren más con experiencia y ejemplos que con capacitación formal. Los mentores son cruciales.	Los empleados son los encargados de proyectar la misión hacia el mercado. Creer profundamente en la misión corporativa de la compañía es imprescindible para proyectar una imagen coherente al exterior.

Cuadro 7

5. El pipeline de liderazgo[10]

El Modelo del pipeline de liderazgo analiza seis[11] pasajes clave en la carrera de un líder que no se aprenden en cursos de capacitación, sino que requieren de maduración y experiencia. El pipeline del liderazgo no es en línea recta, sino que cada pasaje es como un vértice (que representa el

---

10 Este apartado se basa en Charan, Ram; Drotter, Steve y Noel, Jim: *The Leadership Pipeline*, Editorial John Wiley & Sons, San Francisco, 2011.

11 Los pasajes no necesariamente son seis, ya que algunas organizaciones pueden tener más y otras menos. Lo que quiere destacarse es que, cualquiera sea la empresa, cada pasaje genera nuevos requerimientos para el líder.

tránsito a una nueva posición de mayor responsabilidad) que debe superarse. El objetivo del modelo es identificar las combinaciones y contenidos de los tres *juegos de elementos* constitutivos del rol del líder en cada etapa, y que son:

- Habilidades necesarias.
- Administración del tiempo.
- Valores del trabajo.

En otras palabras, cada pasaje requiere que el líder se forme una nueva cosmovisión acorde con el puesto. Las combinaciones específicas del puesto permiten evitar taponamientos en todo el pipeline.

Pasaje 1. De gestionarse a sí mismo a gestionar a otros

Los empleados jóvenes y nuevos en la compañía, suelen pasar los primeros años de su carrera corporativa como contribuidores individuales. Más allá del área en que trabajen, para cumplir sus tareas tienen que usar –en mayor medida– habilidades técnicas. Su contribución está fijada por objetivos específicos. Desde el punto de vista de la administración del tiempo, deben aprender a planificar (para que sus tareas se cumplan en los plazos requeridos), y deben ser puntuales, confiables y presentar trabajos de calidad. Desde el punto de vista de los valores, deben incorporar y respetar los que están implícitos en la cultura organizacional. Además, deben mostrar que cuentan con la capacidad de trabajar y de colaborar con otros.

Cuando alguien se destaca por su trabajo técnico, su nivel de cumplimiento y su compromiso con los valores organizacionales, lo usual es que se le otorguen responsabilidades adicionales. En el primer pasaje implica la promoción a gerente de primera línea.

Paradójicamente, las personas que más se destacan como contribuidores individuales son reticentes al cambio.

Al haber conseguido habilidad para hacer un trabajo técnico se encuentran en su zona de confort; después de todo, gracias a eso lograron el éxito en primera instancia. Según Ram Charan, Steve Drotter y Jim Noel: "… las personas hacen la transición entre contribuidor individual y gerente sin hacer el cambio de comportamiento o la transición basada en valores. En efecto, se convierten en gerentes sin aceptar los requerimientos"[12].

Aunque el pasaje parece "natural" y sencillo, es el momento en que muchos candidatos con potencial despistan. El gran cambio de *valores* es el pasaje de "hacer" a "hacer hacer"; es decir, de hacer el trabajo personalmente a facilitar que otros lo hagan. Hay una pérdida de relevancia de la *habilidad* técnica para cumplir este rol, se requiere planear el *tiempo de otros* y ser capaz de brindarles coaching para que realicen su tarea. Lo más difícil en este nivel es valorar el trabajo de gestión de personas y no solo tolerarlo o considerarlo algo así como un mal necesario.

La mayor resistencia al cambio se produce a nivel inconsciente debido a la presencia de modelos mentales y sesgos arraigados en las creencias personales. De allí que *cambiar la cosmovisión* sea el desafío más profundo que implica cada transición.

Pasaje 2. De gestionar a otros a gestionar a gerentes

La diferencia con la etapa anterior es que en esta todo es gestión. Se pierde cualquier resabio del trabajo que se realizaba como contribuidor individual, cosa no siempre fácil. La ansiedad de concluir rápidamente la tarea de un colaborador que tiene un ritmo de aprendizaje diferente al propio, sin permitir el proceso de decantación, es una tentación a la que muchos sucumben durante esta transición.

---

12 *Ibidem,* pág.17.

Las *habilidades* que se suman en esta etapa incluyen la de seleccionar a las personas que estén en condiciones de hacer el Pasaje 1, asignarles trabajos de gestión de personas y de liderazgo, mientras se miden sus progresos y reciben coaching. En este punto también tienen que comenzar a pensar en forma más holística y estratégica para entender el impacto que tiene su tarea en la organización.

A veces las personas comienzan a gestionar gerentes sin pasar por la etapa anterior, por lo que siguen valorando más el trabajo individual que el de *management*. Si tampoco fueron capaces de cambiar sus *valores* ni su manejo del tiempo, es casi seguro que se producirán taponamientos en todo el pipeline.

Los gerentes de este nivel deben estar en condiciones de detectar la resistencia a valorar el trabajo gerencial, reacción habitual de los gerentes de primer nivel. Para conseguirlo, el coaching es una herramienta imprescindible durante esta etapa. Como el coaching requiere *tiempo*, es necesario que reconozca el *valor* que tiene para el líder, ya que gran parte de su tiempo deberá invertirse en esa tarea.

Pasaje 3. De gestionar gerentes a gerente funcional

Aunque la primera impresión indica que poco cambia, este pasaje suele ser más duro de lo que parece. Uno de los nuevos desafíos es un mayor alejamiento de las bases: "La comunicación con el contribuidor individual requiere ahora penetrar al menos dos niveles de management, lo que impone el desarrollo de nuevas habilidades de comunicación"[13]. Además, aparece la necesidad de gestionar áreas que están fuera de sus propias habilidades.

Al mismo tiempo, un gerente funcional debe reportar a gerentes generales multifuncionales, lo que implica

---

13 *Ibidem*, pág. 20.

que deben ser capaces de comunicarse en lenguajes extraños hasta ese momento. Las dos *habilidades* más relevantes son el trabajo en equipo con otros gerentes funcionales y la competencia por los recursos basada en las necesidades de su área. En todos los casos no debe perderse de vista la conveniencia del negocio. El trabajo de equipo y las negociaciones con pares consumen gran parte del *tiempo* en esta etapa.

Esto último supone un mayor grado de habilidades estratégicas y de visión de largo plazo. El gerente funcional debe buscar formas innovadoras de mantener y de generar capacidades distintivas en su unidad, ya sea mediante la creación de productos, de servicios o de procesos. Esas capacidades son esenciales para mantener las ventajas competitivas del negocio y asegurar su sustentabilidad.

Esquema del pipeline del liderazgo

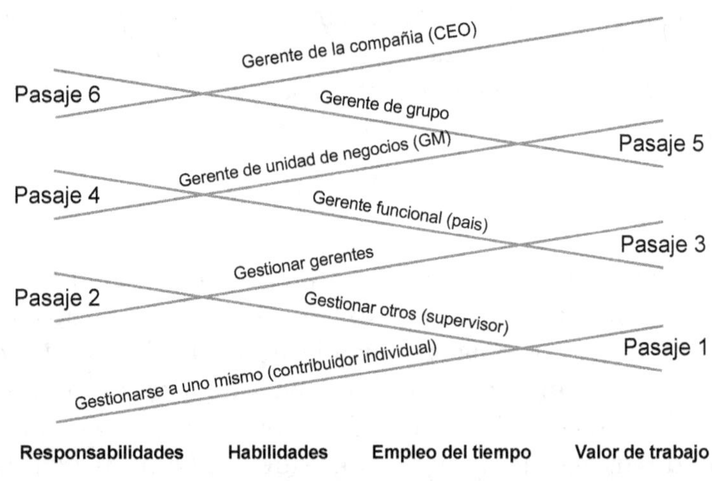

Figura 16

En el esquema del pipeline del liderazgo se muestran los seis pasajes. Se observa también que a medida que se asciende en jerarquía se van reduciendo las fuentes de personal que proveen a la etapa siguiente.

Podríamos sintetizar las habilidades necesarias en el concepto de "madurez gerencial", que significa que debe pensar y actuar como un *líder funcional* más que como un *miembro de la función*. Debe ser capaz de valorar el pensamiento más amplio, sin dejar de conciliar las tensiones que se plantean en el corto y el largo plazo.

Pasaje 4. De gerente funcional a gerente de unidad de negocio

Según Ram Charan, Steve Drotter y Jim Noel que este pasaje es el más satisfactorio y el más desafiante en la carrera gerencial. También es crítico para la organización, ya que los gerentes de negocio tienen bastante autonomía. Exige un cambio profundo a nivel de habilidades, empleo del tiempo y valores de trabajo. Para los autores mencionados:

> *No es simple cuestión de que las personas se vuelvan más estratégicas y cross-función en su forma de pensar (aunque es importante continuar desarrollando las habilidades arraigadas en el nivel anterior). Ahora están a cargo de integrar funciones, mientras antes simplemente debían entender y trabajar con otras funciones. Pero el gran cambio es de mirar a los planes y propuestas desde el punto de vista de la función (¿podemos hacerlo técnicamente, profesionalmente o físicamente?) a la perspectiva de las ganancias (¿vamos a hacer dinero si hacemos esto?) y una visión de largo plazo (¿son sustentables las ganancias?). Los nuevos gerentes de unidad de negocio deben cambiar su forma de pensar para ser exitosos*[14].

La posición también requiere habilidades para trabajar con un grupo más amplio y diverso de personas, para lo que deben emplearse formas de comunicación adaptadas a los interlocutores. La empatía comienza a jugar un papel fundamental para el éxito. En esta etapa parte del *tiempo* debe estar dedicado más a pensar que a hacer.

Deben *valorar* de otra forma las funciones del *staff* (soporte) como gestión de personas, finanzas y legales, que

---

14 *Ibidem*, pág. 23.

cumplirán un papel de apoyo relevante en su rendimiento y en evitar que se obstruya el pipeline. Deben volverse más abiertos y confiados a los consejos y al feedback de otros, en particular al de todos los gerentes funcionales que les reportan. Su equipo es su activo más valioso.

Pasaje 5. De gerente de unidad de negocio a gerente de grupo

A primera vista no parece una transición difícil ya que sería reproducir en el grupo lo que se hace en una unidad. Sin embargo, requiere de un cambio profundo de *valores*:

> *Un gerente de unidad de negocio valora el éxito de su propio negocio. Un gerente de grupo valora el éxito de los negocios de otros. Esta es una distinción crítica porque algunas personas solo encuentran satisfacción cuando son las que reciben la parte del león del reconocimiento.*[15]

Un gerente de grupo que no valora auténticamente los éxitos de sus colaboradores no es capaz de apoyar, motivar e inspirar a otros líderes, por lo que tiene su fracaso asegurado.

El pasaje requiere también el cambio de cuatro juegos de *habilidades*.

Primero, deben volverse expertos en evaluar la estrategia para *asignar los recursos* a invertir. Esto implica adquirir la habilidad de hacer las *preguntas correctas* en el momento adecuado a la persona indicada. También deberá ser capaz de analizar los datos que obtenga.

El segundo grupo involucra la *selección* y el *desarrollo* de los gerentes de unidad de negocio. Deben ser capaces de identificar para qué responsabilidades están maduros y de darles el coaching apropiado para cubrir las falencias que observen.

El tercer juego se relaciona con el armado del *portafolio estratégico*. Las preguntas a responder son del estilo: "¿tengo

---

15 *Ibidem*, pág. 24.

la mejor colección de negocios?" "¿Qué negocios se deberían sumar, cambiar o suprimir para asegurar la sustentabilidad del conjunto?"

Por último, el cuarto juego se vincula con el *autoconocimiento*. Se debe preguntar si tienen las competencias adecuadas para su función. Esto involucra aplicar el pensamiento crítico en sí mismos y escuchar las opiniones de personas de su confianza, aunque no les gusten.

El liderazgo se vuelve más holístico en este nivel. Los directivos que se afianzan se sienten cómodos frente a la ambigüedad y son diestros para gestionar la incertidumbre.

Pasaje 6. De gerente de grupo a gerente de compañía (CEO)

Por una parte, una obstrucción en el nivel superior del pipeline afecta a todos los demás. Por otra parte, un CEO que llega a esta etapa después de haberse salteado uno o más de los pasajes puede tener un impacto negativo en el rendimiento de los gerentes que le reportan. Es decir, si bien es necesario despejar los niveles superiores para permitir el avance de las bases, se debe ser cuidadoso con los planes de carrera para evitar ascensos apresurados.

Una vez más, los cambios clave de este pasaje se enfocan en los *valores* más que en las habilidades. El líder tiene que reinventarse para la nueva función. Sus habilidades para conciliar el corto y el largo plazo se vuelven más importantes que nunca. Debe aprender a gestionar en situaciones de ambigüedad, propias de los múltiples *trade-offs*[16] necesarios para mantener equilibrada la organización.

Hay una sutil variación de su responsabilidad que cambia de pensamiento *estratégico* a pensamiento *visionario*. Su rol se encuentra en el nivel más elevado y abstracto de la

---

16 Anglicismo sin traducción clara que podría entenderse como "soluciones de compromiso".

estrategia. Debe dejar de ver los detalles individuales y enfocarse en la empresa como un todo: "¿Qué tan bien concebimos, desarrollamos, producimos y comercializamos todos los productos para todos los consumidores?"[17].

> *Deben acostumbrarse al hecho de que su performance como CEO se va a basar en tres o cuatro decisiones de alto nivel por año; debe fijar estas tres o cuatro prioridades críticas para su misión y enfocarse en ellas*[18].

Debe armar un equipo de reportes directos de personas brillantes y orientadas a resultados, sabiendo que alguna de ellas ambiciona ocupar su posición algún día.

Por último, el CEO es el único líder visible para toda la organización, su función inspiradora requiere especiales habilidades de comunicación y carisma para impactar a todos los *stakeholders*, tanto internos, como externos. Su rol incluye componentes políticos y de alta exposición. La imagen que proyecta es la imagen de la empresa que dirige. En tiempos en los que Internet posibilita una transparencia inédita en la historia de la humanidad, la integridad es un *valor* indispensable.

Liderar una compañía es un proceso prolongado que requiere de la maduración y de la experiencia que se obtienen solo después de atravesar cada uno de los pasajes del pipeline. Los atajos y las demoras provocan frustración y obstrucciones que ocasionan daños muy difíciles de reparar a los individuos y a la organización.

6. Caso de estudio

Ericsson: alineación de la estrategia y las personas

Hasta hace algunos años Ericsson producía sus propios teléfonos celulares y por eso era una empresa ampliamente

---

17 *Ibidem*, pág. 26.
18 *Ibidem*, pág. 26.

reconocida, pero en 2010 cambiaron radicalmente su estrategia con la intención de convertirse en líderes de servicios de telefonía, software y hardware. El cambio estratégico trajo múltiples desafíos con respecto al talento, ya que los nuevos mercados y productos requerían desarrollar capacidades diferentes.

En un reportaje realizado por Simon London, director de comunicaciones digitales de McKinsey & Co[19], a Bina Chaurasia, *Chief of Human Resources Officer (CEHR)*[20] de Ericsson, ella explicaba cómo consiguieron alinear la nueva estrategia con las habilidades, la tecnología y los procesos a escala global.

Ante la pregunta sobre cuáles eran las principales fortalezas y debilidades de la compañía al iniciar el proceso, Chaurasia decía que la cultura organizacional era el principal activo con el que contaban. Una cultura de colaboración, propensa a la innovación, con personas que trabajan en todo el mundo. También señalaba que los empleados tenían en claro que la estrategia iba detrás de un "bien superior" como es la creación de tecnología al servicio de las comunidades de todo el mundo.

El mayor problema era la gran descentralización que tenían por entonces. Para superarlo encararon el desafío en tres frentes. Primero, necesitaban una estrategia única de personal que estuviera completamente alineada con la estrategia del negocio. Segundo, precisaban una plataforma de TI integrada para la gestión de personas. Tercero, debían globalizar los procesos de gestión de personas, con criterios simples, *user friendly* (amistosos para el usuario) y

---

19 Basado en London S.: "How Ericsson aligned its people with its transformation strategy: An interview with chief HR officer Bina Chaurasia". *McKinsey Quaterly*, enero 2016. http://www.mckinsey.com/insights/organization/How_Ericsson_aligned_its_people_with_its_transformation_strategy?cid=other-eml-alt-mkq-mck-oth-1601

20 Director ejecutivo de recursos humanos.

enfocados en el negocio: "por ejemplo, creamos programas de enseñanza global a los que nuestros empleados podían acceder virtualmente por el portal de la Academia Ericsson desde cualquier lugar del mundo"[21], continuaba explicando Chaurasia.

Sobre la visión y el trabajo en equipo señalaba:

También tuvimos una visión más amplia y un equipo de gestión de personas con los conocimientos y las habilidades para asociarse con nuestros líderes para implementar los cambios estratégicos en el negocio. Entonces debimos clarificar roles, promover desde adentro, traer talento externo fuerte y proveer a todos con suficiente entrenamiento que incluía visión del negocio, análisis financiero y análisis de datos[22].

Otro de los desafíos había sido la identificación de brechas; sobre el tema la *CHRO* decía:

Desde la perspectiva del negocio, fue importante para nosotros identificar las brechas de habilidades que deberíamos llenar para tener éxito en las áreas de crecimiento enfocadas. Una gran parte de eso es construir un modelo de competencias que se pueda usar como marco. Entonces, literalmente miramos cada función particular en la compañía y todos sus roles, mapeamos las etapas de cada tarea y colocamos las competencias necesarias para cada una. Eso llevó un par de años… En ese momento muchos en la compañía pensaron que iba a ser imposible. Hoy, cada posición en la compañía está mapeada[23].

Al preguntarle sobre las herramientas sociales que habían usado, Chaurasia recordaba:

Invertimos mucho en herramientas de colaboración en nuestros programas de aprendizaje internos. Las formas en que las personas desean aprender están creciendo, particularmente en los millennials. Creamos Ericsson Play, un modelo de aprendizaje en video, en el que cualquier empleado

---

21 *Ibidem.*
22 *Ibidem.*
23 *Ibidem.*

puede subir sus propios videos [...] También lanzamos el Ericsson Academy Virtual Campus, que hace accesible el entrenamiento on-line para todos nuestros empleados [...] Externamente, usamos las redes sociales para construir nuestra marca de empleador [...] Comenzamos a ganar en el ranking de los great places to work[24].

Una de las cosas que Chaurasia habría hecho diferente es la comunicación. Según explicaba, la transformación había sido larga y llena de imprevistos, las expectativas eran diferentes y creía que debieron preparar a la organización para que estuviera al nivel de los desafíos.

Y concluía la señora Bina Chaurasia:

Construir herramientas y procesos para toda la organización, y un departamento de gestión de personas comprometido a nivel estratégico fue un gran cambio. Pero si no lo hubiéramos hecho, no habríamos podido transformar las capacidades de Ericsson y contribuir plenamente al lado humano de nuestra estrategia de negocios[25].

7. El tema en la prensa

Un programa de mentoreo eficaz en solo cuatro pasos[26]

---

24 *Ibidem.*
25 *Ibidem.*
26 Por Marchiori, E., publicado en el diario *La Nación*, Buenos Aires, 14/5/2017.

La escalera corporativa: seis claves para llegar a CEO[27]

Ocho claves para sobrevivir al debut como jefe [28]

8. El tema en el cine

La sociedad de los poetas muertos (1989)

---

27 Por Marchiori, E., publicado en el diario *La Nación*, Buenos Aires, 15/8/2018.
28 Por Marchiori, E., publicado en el diario *La Nación*, Buenos Aires, 20/3/2019.

9. Preguntas del capítulo

- ¿Cuáles son las principales razones –externas e internas a la organización– por las que la formación y el desarrollo de los empleados es uno de los roles más importantes de los líderes? Sustentar.
- Según el Center for Creative Leadership, ¿cuáles son las tres funciones esenciales del liderazgo? Explicar el impacto de cada una en la empresa y en sus personas.
- Según su experiencia, ¿cuáles son las responsabilidades más relevantes del área de gestión de personas? ¿Por qué?
- ¿Cuáles son los usos de la matriz de desempeño? ¿Qué variables se representan en sus ejes de coordenadas?
- ¿Qué ocurre cuando el empleado muestra un alto potencial y un bajo rendimiento actual? ¿Qué acciones tomaría en ese caso?
- ¿Qué indica que un empleado consiga resultados por encima de sus objetivos pero sea considerado de bajo potencial? ¿Qué medidas se deberían tomar en ese caso? Esbozar un ejemplo basado en su propia experiencia.
- Cite algunas de las tensiones que se deben balancear entre los intereses individuales y los de la organización. ¿Debió enfrentar alguno? ¿Qué ocurrió?
- Según su opinión, ¿es mejor reforzar las fortalezas o trabajar sobre las debilidades? Justifique.
- ¿Qué es el blend de entrenamiento? ¿Qué elementos intervienen en el análisis?
- Empleando el modelo del eneágono, analice el impacto del desarrollo de personas en la estrategia organizacional, en el estilo de liderazgo, en las capacidades distintivas y en las personas.
- ¿Cuáles son los tres elementos que se deben balancear a medida que se avanza en el pipeline de liderazgo?
- Enumere las seis etapas de crecimiento laboral y explique cómo varían los elementos de la pregunta anterior en cada una de estas.

CAPÍTULO VII

Motivación y compensación

1. La motivación

No tengo otra cosa que ofrecer más que sangre,
esfuerzo, lágrimas y sudor.
Sir Winston Churchill[1]

1.1. Origen y antecedentes

Liderar es conseguir que las personas hagan lo que es necesario para la organización, de la mejor manera posible. Se puede liderar mediante la fuerza o la coacción, pero el liderazgo evolucionó y ciertos métodos se tornaron inaceptables. Liderar sin ejercer violencia física o psicológica es un auténtico arte que requiere, ante todo, entender qué motiva a los seres humanos. Por eso no es casual que puedan encontrarse respuestas a la pregunta "¿por qué las personas hacen las cosas que hacen?" en las obras de pensadores

---

1   Sir Winston Churchill (1874-1965) fue primer ministro del Reino Unido por primera vez entre 1940 y 1945, durante los años más intensos de la Segunda Guerra Mundial. La frase pertenece a su discurso de asunción frente a la Cámara de los Comunes del Parlamento Británico el 13 de mayo de 1940. http://www.winstonchurchill.org/resources/speeches/233-1940-the- finest-hour/92-blood-toil-tears-and-sweat

tan diferentes como Aristóteles, Adam Smith, Carlos Marx, Sigmund Freud y muchos otros. A sus enseñanzas hoy se suman los medios técnicos para investigar la biología del cerebro y confirmar la asombrosa perspicacia y la capacidad de observación que todos ellos tuvieron.

La palabra "motivación" tiene la misma raíz que "mover"[2]. La motivación es lo que pone en movimiento a las personas. Es un motor interno que dispone el ánimo a realizar ciertas acciones. Veamos muy brevemente algunos de los conceptos básicos expuestos por los autores mencionados.

Aristóteles sostenía que todo se realizaba por siete causas: naturaleza, costumbre, azar, coacción, cálculo, cólera o pasión[3]. Para el griego, estas razones no se vinculaban ni con la edad, ni con la riqueza, sino con el temperamento. Todas se ajustaban con las emociones o con la razón, y se combinaban en intentos continuos de evitar el dolor y de alcanzar la felicidad.

Adam Smith[4] –en cierta forma también pionero de la economía del comportamiento– encuentra la "simpatía" como el gran motor de la sociedad. El concepto de simpatía que expone no es exactamente el que se emplea de manera habitual hoy en día. El término en inglés tiene un sentido diferente, ya que contiene también las ideas de *comprensión y compasión*[5]. Cuando se *simpatiza* con la situación del otro se está en condiciones de representar y extrapolar experien-

---

2   http://dle.rae.es/?id=PwDYZFz

3   Ver *Retórica*, Libro 1, Capítulo X.

4   Smith, Adam: *Teoría de los sentimientos morales.* Alianza Editorial, Madrid, 2004 [Edición original Londres y Edimburgo, 1759; la edición en castellano se basa en la sexta edición en inglés, revisada y completada por Adam Smith en 1790]. La primera edición fue escrita 17 años antes que *La riqueza de las naciones*, su obra más famosa.

5   Si lo analizamos estrictamente, el término "compasión" expresa exactamente esa idea, ya que parece referirse a una pasión compartida. Sin embargo, su uso habitual está referido a situaciones dolorosas, mientras que la simpatía –en el sentido de "empatía"– puede dirigirse a toda clase de sentimiento.

cia propia, de sentir lo que el otro siente. Es similar a lo que hoy se menciona como "empatía". El otro motor para el escocés es el "amor propio", que es diferente del egoísmo, ya que en este último caso no se tienen en cuenta los intereses de los demás. Los límites de la tensión empatía (los otros) - amor propio (yo) los pone "el hombre del pecho", que es la metáfora empleada por Smith para denominar la conciencia moral individual.

Para Karl Marx la naturaleza del hombre se compone de "necesidades e impulsos", que pueden ser instintos, tendencias y otros "poderes esenciales". La explicación de la naturaleza humana es la explicación de las necesidades humanas, junto con la seguridad de que las personas van a actuar para satisfacerlas.

Por su parte, Sigmund Freud, habla de "pulsiones", que son impulsos motivacionales que residen en el inconsciente. Estas poderosas fuerzas internas mueven a las personas a la acción. Las dos más poderosas son Eros, la pulsión sexual, de vida y de saber, y Tánatos, la pulsión de muerte, que actúa como contrapeso de la anterior.

Las necesidades humanas son grandes motivadoras de la acción. Dentro de las organizaciones empresarias, han sido autores como Frederick Taylor, Henri Fayol, Elton Mayo, Abraham Maslow, Douglas McGregor y otros, quienes se ocuparon de analizarlas. Sus estudios fueron desarrollados en detalle en el Capítulo II.

1.2. Juan Antonio Pérez López: motivaciones extrínseca, intrínseca y trascendente

En el caso de las empresas es necesario reconocer los componentes primarios de la motivación. Una relación laboral es un contrato –explícito o implícito– entre dos personas. Mediante este acuerdan que una de ellas realizará una tarea por la que a cambio recibirá una retribución por parte de la segunda. Dicha retribución puede tener diferentes modalidades.

Cuando la retribución es material, en dinero u otros objetos, o moral, como un reconocimiento o premio, se dice que la motivación es *extrínseca*, ya que el elemento con el que se retribuye el trabajo es exterior al empleado. En este caso el pago se destinará primero para satisfacer las necesidades de la base de la pirámide de Maslow[6], como el alimento, el vestido, la seguridad y la vivienda.

Dice Pérez López[7] que en el caso de la motivación *intrínseca* la tarea se realiza "a causa de la satisfacción que espera obtener por el hecho de ser agente o realizador de esa acción"[8]. Puede ser por el mero placer de realizar el trabajo o puede estar asociada a este, como el aprendizaje o la experiencia, pero siempre responde a una necesidad que proviene del interior de la persona que realiza la tarea.

En tercero y último lugar aparece la motivación *trascendente*. En este caso las necesidades que la acción busca satisfacer van más allá de la tarea misma y están dirigidas a "personas distintas de aquella que realiza la acción"[9]. Esta clase de motivación trasciende al sistema empleado-empleador. En este caso priman el espíritu de servicio, la generosidad y la solidaridad o cualquier otra forma de altruismo[10]. Como había anticipado Adam Smith, indica que las personas no son por completo indiferentes a las necesidades y a los sentimientos de los demás. Esta clase de motivación tiene

---

6   Para ampliar ver Capítulo II: "Teorías de la organización".

7   Pérez López, Juan Antonio: *Liderazgo*. Ediciones Folio, Barcelona, 1997.

8   *Ibidem*, pág.18.

9   *Ibidem*.

10   Para muchos –como por ejemplo Ayn Rand–, el altruismo no deja de ser una variante de egoísmo ya que quienes actúan de manera altruista lo hacen porque sienten más placer al hacer cosas para otros que al hacerlas para sí. Se puede consultar: Rand, Ayn: *The Virtue of Selfishness*, Penguin Books, Nueva York, 1961.

un alto componente subjetivo, ya que el valor percibido puede diferir del valor real. De allí que "los sentimientos por sí mismos suelen no ser suficientes para garantizar, en la mayoría de los casos, el nivel adecuado de motivación trascendente"[11]. El empleo de esta motivación plantea cuestiones éticas que no deben ser ignoradas. La integridad y honestidad de quien la ejerce son imprescindibles para que no se transforme en una burda forma de manipulación.

La motivación trascendente es la que genera el mayor compromiso en las personas, y hasta puede impulsarlas a realizar actos de heroísmo. En tiempos de guerra para los líderes es indispensable recurrir a la motivación trascendente. La defensa de un ideal de nación para las futuras generaciones es un caso de trascendencia extrema, ya que –como la ecología– invoca el bienestar de gente que ni siquiera ha nacido. La frase de sir Winston Churchill citada en el epígrafe es uno de los más célebres ejemplos históricos de un líder carismático que recurre a la motivación trascendente para arengar a su pueblo en un momento de crisis extrema.

La suma de las tres da la *motivación total*, mientras que la suma de la intrínseca y la trascendente da la *motivación interior*. A medida que avancemos en el análisis de las motivaciones veremos que prácticamente todas las identificadas entra en alguna de estas tres categorías.

1.3. Las palancas organizacionales de la motivación

Nitin Nohria, Boris Groysberg y Linda-Eling Lee se propusieron encontrar de qué maneras se podían satisfacer los impulsos o motores que motivan a los empleados[12]. Identi-

---

11 *Ibidem*, pág. 19.
12 Nohria, N.; Groysberg, B. y Lee, L.: "Employee Motivation. A Powerful New Model"; *Harvard Business Review*, julio-agosto 2008.

ficaron a cuatro impulsos[13]: el de adquirir, el de unirse con otros, el de comprender y el de defender. Cada "motor" podrá impulsarse mejor con distintas "palancas" organizacionales. Estas palancas son:

El sistema de recompensa

Según los autores, el sistema de recompensas de la organización sirve para indicar: "qué tan efectivamente se discrimina entre buenos y malos resultados, cómo se ligan las recompensas a la *performance*, y ofrece oportunidades de avanzar a las mejores personas"[14]. Cuando un sistema está dominado por el estatus, por el amiguismo y por la política, la moral de los buenos individuos se resiente. Está bien fijar objetivos desafiantes, pero las recompensas tienen que estar acorde con estos.

La cultura

La manera más efectiva de fortalecer los lazos y estimular la camaradería entre los miembros de la empresa es instaurar una cultura fuerte. Cuando la cultura que se internaliza contiene valores, como la colaboración, el trabajo en equipo, la apertura y la amistad, sus prácticas se naturalizan y pasan a ser "lo normal". Las compañías que integran la lista de "Las 100 mejores compañías para trabajar"[15] hacen especial foco en la creación y mantenimiento de una cultura que estimule la pertenencia y la confianza.

---

13 Los autores emplean el término en inglés "drive" que (entre varias acepciones) podría ser traducido al español como impulso o como motor. Los usaremos de manera indistinta.

14 *Ibidem*, pág. 3.

15 Ver: *Great Place to Work* © http://www.greatplacetowork.com.ar/ También http://fortune.com/best-companies/

El diseño del puesto

La manera de satisfacer el impulso a comprender es mediante el diseño de los puestos "con significado, interesantes y desafiantes"[16]. Invertir en capacitación y educación para preparar a los empleados a nuevos desafíos no solo mejora los lazos y los resultados, sino que también desafía a los empleados a pensar de manera más amplia sobre las contribuciones que pueden hacer para agregar valor a la organización.

> *El Cirque du Soleil está comprometido en crear puestos desafiantes y significativos. A pesar de ensayos agotadores, atrae y retiene a los artistas acomodando su creatividad y empujándolos a perfeccionar su destreza [...] Adicionalmente, tienen continua exposición educacional con los artistas top de su campo*[17].

La gestión de resultados y el proceso de asignación de recursos

La transparencia y la justicia en la gestión de resultados y en la asignación de recursos permiten que las personas bajen su actitud defensiva y vuelquen ese esfuerzo a actividades productivas. Comprender las causas detrás de las decisiones también le resta incertidumbre a la relación. Cuando los empleados se sienten amenazados o creen que se está cometiendo una injusticia con ellos, sus defensas suben de manera automática y se resienten los lazos que los ligan a la empresa. Deben establecerse criterios claros y compartirlos con todo el personal. La sospecha puede ser origen de cinismo, un cáncer organizacional muy difícil de extirpar una vez que se instala en el organismo. Como en el caso de las personas, es necesario prevenir su formación, algo que solo se consigue con integridad en todos los niveles. Por

---

16 Nohria, Groysberg y Lee, *op. cit.*, pág. 5.
17 *Ibidem.*

ejemplo, en Google son los propios empleados los encargados de fiscalizar que se cumpla su eslogan *"Don't be evil"* (No hagas el mal), y cuando se percibe algún desvío las redes internas se ponen al rojo vivo.

Según los estudios de Nohria, Groysberg y Lee, el secreto para llevar a la compañía a posiciones de liderazgo en términos de motivación de los empleados es mejorar la eficiencia en la satisfacción simultánea de los cuatro motores. Si se toma una empresa que –con relación a otras– se encuentra en el percentil 50, solo una mejora en el diseño del puesto (la impulsora que más influye) la elevaría hasta el percentil 56. Una mejora de los cuatro motores la elevaría hasta el percentil 88.

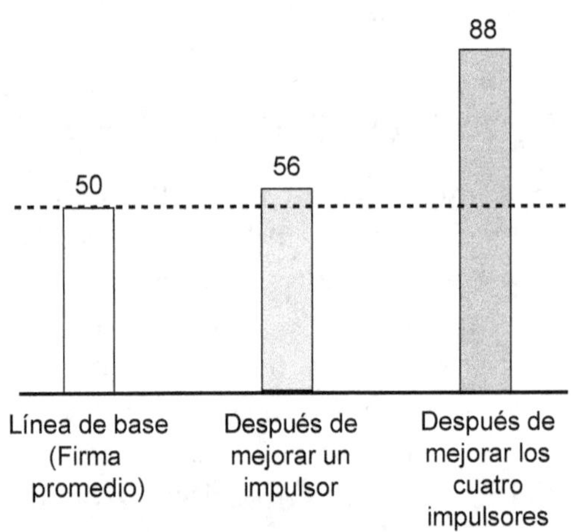

Figura 17
Posición relativa a otras firmas

El rol del jefe

Los estudios mencionados en el punto anterior (Nohria, Groysberg y Lee) mostraron que no son solo los cuatro motores los que influyen en la motivación; en la misma medida influye la percepción sobre el superior directo. Es una manera de darse cuenta de que los gerentes y supervisores tienen cierto grado de control sobre las políticas implementadas por la compañía. Aunque reconocen que si bien no son ellos quienes fijan las políticas organizacionales, consideran que tienen cierto grado de discrecionalidad en su aplicación:

Los gerentes pueden, por ejemplo, atar las recompensas y el rendimiento en áreas como el elogio, el reconocimiento, y la elección de asignaciones. También pueden colocar la bolsa del bonus de manera de distinguir a los colaboradores de más alto y de más bajo rendimiento[18].

Por otra parte, pueden estimular el trabajo en equipo y la camaradería, o crear un ambiente tóxico dentro de una organización motivadora. Los empleados esperan que sus gerentes hagan todo lo posible para potenciar los motores dentro de su órbita de alcance. Hay que recordar que las personas no trabajan para una empresa sino para su jefe. La "empresa" es un concepto bastante abstracto, el empleado convive con su superior, con sus pares y con sus colaboradores.

El modelo muestra que la motivación de los empleados está influenciada por un sistema complejo de factores organizacionales. Lo que no identifica son los factores individuales relacionados con la personalidad y con la cultura de los empleados. Encontrar personas con "*fit* organizacional" es clave para que el esfuerzo en cuanto a motivación no caiga en saco roto, de allí que compañías, como por ejemplo Google, consideren que la selección es la tarea más importante de un líder.

---

18 *Ibidem*, pág. 6.

2. Sistemas de compensación

> *Si seleccionas a las personas adecuadas y les das*
> *la oportunidad de abrir sus alas y pones la compensación*
> *como un carruaje detrás de ellas, casi no tendrás que*
> *gestionarlas.*

JACK WELCH[19]

2.1. Introducción

La compensación es todo lo que reciben los empleados, ya sea tangible (sueldos, bonos, acciones, etcétera) como intangible (reconocimiento, experiencia, aprendizaje, etcétera) en recompensa por el trabajo que realizan para la organización. Es una de las señales más fuertes para comunicar en qué medida valoran el trabajo los líderes de la empresa. La definición del sistema de compensación no es una decisión cualquiera porque impacta en la definición de cómo se quieren conseguir los objetivos[20]. Aunque muchas veces se subestima su papel, es uno de los pilares para el logro de la estrategia y debería estar perfectamente alineada con esta.

Una compañía puede anunciar una lista de valores conmovedores, pero un sistema de compensación inadecuado es una manera estruendosa de dar por tierra con ellos. Si las personas de la organización sienten que no se las remunera con equidad y justicia, nacerá el cinismo, germen de la destrucción de la moral y de la cultura de cualquier organización. Alinear la remuneración con los valores es una muestra de integridad imprescindible; es la señal inequívoca de que los empleados pueden confiar en sus líderes.

---

19 Empresario norteamericano autor de varios libros de *management* y CEO de General Electric entre 1981 y 2001. Durante su gestión el valor de la compañía aumentó 40 veces.

20 Hatum, A.: *Alineando la organización*. Ediciones Granica, Buenos Aires, 2009, pág. 145.

Aunque hay muchas personas que disfrutan del trabajo y que seguirían trabajando aunque se ganaran la lotería, la compensación es vital para mantener una relación laboral saludable. Los costos de compensación representan más del 50% de los costos de la organización. Por eso, la recompensa también está muy condicionada por la situación económica y financiera de la compañía.

2.2. Objetivos de la compensación

Además de ser un signo de coherencia interna, la compensación (en particular cuando se trata de profesionales y directivos) tiene cuatro objetivos principales: atraer, retener, alinear y premiar/incentivar.

Atraer al talento necesario es la primera función de la compensación, en particular en mercados y momentos en los que la competencia por ese recurso escaso arrecia. Un paquete de compensaciones basado solo en la atracción económica puede ser efectivo en el corto plazo, pero puede atraer a personas de vaga lealtad que estén dispuestas a "venderse al mejor postor". Para conseguir personas leales a la compañía debe apelarse a elementos más profundos de motivación. Una persona se compromete auténticamente cuando la organización se apoya en valores que le den sentido a su trabajo.

Una vez captado el talento es necesario retenerlo, en particular en empresas cuya naturaleza lo requieren como activo estratégico. Tales son los casos de las compañías de servicios profesionales, las de marketing y otras que necesitan una alta dosis de creatividad y de liderazgo situacional. En estos casos suelen requerirse inversiones en capacitación que suelen ser parte de las herramientas de atracción.

El mayor desafío de la compensación para conseguir la alineación es la inercia para adaptar los procesos. Durante el período de ajuste se producen roces que pueden generar "ruidos molestos" en la organización. Achicar el período de implementación es esencial para que el cambio no sea percibido como una incoherencia y cause desmotivación entre los empleados. Una demora en la implementación produce el efecto contrario al esperado.

La compensación como premio o incentivo busca proyectar lo hecho por la persona para motivarla hacia el futuro.

Un sistema de compensación que balancee los cuatro puntos es difícil de conseguir, ya que requiere gran creatividad, pragmatismo y capacidad de adaptación, tanto a las condiciones internas como a las externas.

2.3. Elementos componentes de la compensación

Las remuneraciones individuales constan de una serie de componentes fijos y variables. Pueden ser realizadas en forma diaria, semanal o mensual según el puesto y la categoría del empleado. La compensación[21] es el instrumento indispensable de motivación; cuando no es adecuada se ensombrecen todos los demás esfuerzos para conseguir empleados motivados y comprometidos con la organización. Los componentes más habituales de la compensación son los que se describen en el cuadro 8, en la página siguiente.

Pago básico

Es un valor mínimo irreductible. En las categorías más bajas suele estar fijado por convenios sindicales o por leyes. Puede incluir algunos adicionales. Para el caso del personal de mayor jerarquía, el valor viene fijado por el mercado.

---

21 *Ibidem,* pág. 415.

Elemento	Modalidad	Medio de pago	Variable/fijo
Bonus	• Distribución de ganancias • Suma discrecional	• Acciones • Dinero	VARIABLES
Incentivos	• Calculado en base al trabajo grupal • Calculado individualmente	• Comisiones por venta • Productividad	• Irregular • Cantidad variable • Generalmente discrecional
Horas extras			
Premios	• Ocasionales • Contractuales (turnos)		
Beneficios	• Beneficios alternativos • Pagos en especie • Esquemas de beneficios	• Otros tipos • Vivienda/comidas/auto • Obra social • Otros • Pensiones/retiro • Pagos por enfermedad	FIJOS • Regulares • Rara vez variable • Generalmente en el contrato
Plus	• Reconocimiento • Por formación/experiencia • Responsabilidad		
Pago básico			• Básico

Cuadro 8

Plus salarial

Se suma al básico en los casos en que se quiere reconocer cierto aspecto de la capacidad del empleado o de las condiciones laborales. Es común en los casos de mayor grado de capacitación o de responsabilidad en comparación con otros empleados del mismo nivel.

Beneficios

Los hay de muchas modalidades. Son extras que tienen un valor económico, pero que no se entregan en dinero. Pueden ofrecerse dentro de la compañía, como comidas, guarderías o descuentos para el personal; fuera de la compañía, como auto, vivienda, seguro médico o colegio de los hijos, y para el futuro, como los planes de pensión o seguro de retiro.

Premios

Son pagos ocasionales o fijos que suelen estar asociados a tareas que pueden ocasionar algún trastorno al empleado, como turnos nocturnos o en días feriados. Cuando se conoce la tarea en el momento del contrato, el premio suele incluirse en la paga básica. En los casos de un reemplazo o de alguna otra situación particular son pagos variables.

Horas extra

Se acostumbra a pagar un extra sobre el valor horario cuando el trabajador supera las horas normales semanales. Es algo que se da en los niveles más bajos de la organización. Es raro que se remunere de esta manera a empleados de cierta jerarquía.

Incentivos variables

Son elementos del pago asociados a los resultados del trabajo producido por un individuo o grupo, y suelen ser parte de algún arreglo previo. Pueden estar relacionados con las ventas, como las comisiones, o con la producción de algún producto o servicio, pero en todos los casos el *output* que se emplea para establecerlo es cuantificable.

Bonus

Es una forma de pago variable que hace el empleador a manera de gratificación. Es diferente del incentivo porque en este caso el empleado no tiene derecho a recibirlo por contrato y tampoco se asocia directamente con el resultado de una tarea específica. Es una suma discrecional que suele estar relacionada con los resultados globales de la compañía. Se acostumbra a pagar una vez por año, cerca de su finalización.

2.4. Establecimiento de la remuneración

Para fijar el valor de la paga se deben responder dos preguntas básicas:

1. ¿Cuánto deberíamos pagarle a cada persona en la organización?
2. ¿Cómo debería estar compuesto el paquete de retribución?

Dar respuesta a estas cuestiones es la función estratégica más importante de los responsables de gestión de personas, ya que:

*   Son un determinante importante de la rentabilidad de la compañía –en comparación con la competencia– y de su sustentabilidad.
*   Determinan el estándar de vida de los empleados: cómo viven sus familias, cuándo se podrán retirar y cuántas horas por semana deberán trabajar (*life balance*).
*   Determinan el grado de motivación y de compromiso, con la consiguiente disposición a hacer esfuerzos extra. Una mala decisión impulsa el ausentismo, produce desmotivación, disminuye la productividad, afecta la imagen empresaria y deteriora el clima organizacional.
*   La respuesta a las preguntas también es crucial para fortalecer la capacidad de la empresa para atraer, reclutar y retener el talento adecuado para competir en el mercado.

Para armar un plan de remuneración se deben cubrir una serie de temas que incluyen, al menos, los siguientes:

- Objetivos que busca conseguir la compañía con el diseño del plan de pago. Deben estar alineados con la estrategia y con los demás elementos de la organización.
- Qué iniciativas se emplearán, cuándo se aplicarán y quiénes serán los responsables de implementarlas.
- Los valores o principios éticos que guiarán el armado del paquete.
- Conocer lo que hacen los competidores del mercado laboral.
- Posicionamiento deseado frente al mercado laboral (PVE: propuesta de valor del empleado).
- Limitaciones económicas, legales, sociales, culturales, etcétera.
- Definir en qué medida se dará participación a los empleados en la creación de las políticas de remuneración.

2.4.1. Fijación del valor

En el caso de los salarios más bajos, los valores básicos que debe pagar la empresa son fijados por la ley o por acuerdos sindicales. En los puestos de mayor nivel el pago mínimo viene dado por el mercado, ya que por debajo de cierto nivel sería imposible conseguir atraer o retener empleados con el grado de experiencia y de capacidad necesarios. Además de las cuestiones legales, Torrington, Hall, Taylor y Atkinson[22], identificaron cuatro mecanismos para determinar la remuneración básica.

---

22 Torrington D.; Hall. L.; Taylor, S. y Atkinson, C.: *Human Resource Management.* Editorial Pearson Education Limited, Edinburg Gate, UK, 1987. Edición consultada: 9ª, 2014, pág. 414.

Comparación con el mercado laboral (externo)

El mercado laboral es el primer punto a tener en cuenta ya que el foco de la organización es resultar más atractiva que otras empresas para captar el mejor talento disponible, considerando las necesidades y las restricciones empresariales.

Existe lo que se conoce como "paga de salida", que es la mínima que se ofrece en el mercado. En ese caso, un empleado conseguiría trabajo en cualquier parte con ese nivel de compensación y, por lo tanto, le sería indiferente trabajar en esa empresa o en otra.

Cuando se analiza la cantidad mínima a pagar no deben olvidarse los costos ocultos que implica la rotación de empleados. Una persona que se va se lleva con ella un bagaje de experiencia y de conocimientos difícil de evaluar como, por ejemplo, la cultura organizacional. Una alta tasa de rotación también perjudica la imagen de la empresa tanto hacia dentro, con su propio personal, como de cara al mercado laboral en el que se encuentra inserta.

Algunas empresas prefieren "seguir al mercado" y pagar menos, aunque luego buscan compensarlo con otros beneficios como la flexibilidad, la seguridad laboral o los incentivos de largo plazo.

Cuando el empleado ocupa una posición estratégica y es necesario retenerlo se debe pagar por encima de lo que se hace en el mercado. En casos límite puede recurrirse al concepto de "blindaje", que es un pago tan superior al del mercado, que hace casi imposible que ese empleado consiga igualarlo en otra empresa.

Mecanismos laborales internos

También existe un mercado laboral dentro de la organización que es necesario incluir en la gestión. Hay dos mecanismos principales: uno considera que cada empleado es un empresario de sí mismo; el otro, tiene en cuenta los oficios y las profesiones que conviven en el seno de la organización. Veamos.

Empleados como empresarios (compitiendo por las posiciones)

Se da por las características de los puestos y el diferencial que cada empleado les brinda. También por el crecimiento de carrera que persiguen los empleados. Los puestos más bajos (pasantes, obreros, empleados administrativos y supervisores) en general son cubiertos con personas reclutadas en el mercado externo pero, a medida que se crece en la pirámide organizacional, puede recurrirse a empleados propios que constituyen un mercado interno de talento.

Torrington y sus colegas ponen el ejemplo de un campeonato de tenis como el de Wimbledon. En esta clase de torneos el ganador se lleva el premio más alto, algo menor se otorga al otro finalista, más bajo para los perdedores en semifinales, y así siguiendo hasta la primera ronda[23].

Mercado interno de oficios

Las barreras de entrada son relativamente altas y se vinculan a calificaciones técnicas formales. Una vez establecido el precio de mercado, la experiencia, la antigüedad y la jerarquía organizacional pasan a cumplir un rol relevante. En general, son arreglos establecidos por costumbre y consenso. Tienen bastante similitud con el modelo laboral de los talleres de artesanos, donde los aprendices iban creciendo a medida que incorporaban los secretos del arte.

____

23 *Ibidem*, pág. 439.

2.4.2. Evaluación del puesto: Sistema Hay

La evaluación del puesto "involucra el establecimiento de un sistema usado para medir el tamaño y la significación de todos los trabajos de la organización"[24]. Se otorga un puntaje a cada puesto, lo que establece una jerarquía y cierto grado de responsabilidad. Luego se asocia a cada cargo una retribución acorde. La justicia y la objetividad son los principios centrales que deben guiar este sistema. Uno de los más difundidos es el Sistema Hay[25] que es una escala que contempla las características de los puestos de acuerdo con cada sector.

Como todo sistema estándar tiene algunos problemas, por ejemplo, no tiene en cuenta el rendimiento y las competencias de los individuos; es más heurístico que científico, ya que depende del juicio de personas con experiencia; no elimina la acción de los sindicatos y, por último, solo incluye la parte estructurada del pago y deja de lado premios e incentivos.

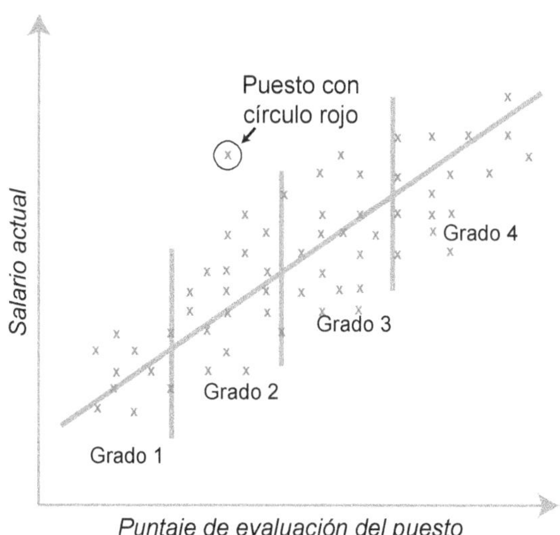

Figura 18

24 *Ibidem.*
25 http://www.haygroup.com/us/services/index.aspx?id=8125

El valor de los sistemas informáticos de salarios como Hay, es que permiten comparar el salario actual con el puntaje que resulta de evaluar cada puesto. Es probable que algunos puestos estén mal remunerados, ya sea por encima o por debajo. El mayor problema es el sobrepago ya que no es viable reducir un sueldo. En ese caso se traza el "círculo rojo" y, si bien los empleados actuales seguirán cobrando lo mismo, se ajustará el salario a los que entren.

2.4.3. Negociaciones colectivas

Las negociaciones colectivas se dan entre los sindicatos y otras corporaciones representantes de la fuerza de trabajo. Pueden ser a nivel nacional, regional o de empresa. Cuando se dan en un contexto de alta inflación adquieren mayor virulencia, en particular cuando se encuentran dominadas por la política. Las negociaciones salariales suelen ser traumáticas y prolongadas cuando la moneda se devalúa, que es otro de los costos ocultos ocasionados por la inflación.

2.5. Compensación total

En general, cuando se habla de remuneración, el foco se pone en los aspectos tangibles o transaccionales de naturaleza financiera. Sin embargo, es importante recordar que las personas también valoran diversos intangibles que obtienen al ir trabajar. Estos incluyen la posibilidad de crecer tanto en la carrera como en los aspectos personales, la vida social en comunidad, la posibilidad de realizar tareas con sentido trascendente, el reconocimiento de pares y superiores por un trabajo bien realizado. Puede sintetizarse como la oportunidad de realizarse como seres humanos que permite el trabajo. Asimismo, cada vez más se valora la flexibilidad de horarios y de tareas que permiten ajustar el balance entre la vida privada y la vida laboral.

Estas tendencias han conducido a considerar las políticas laborales con una mirada holística que incluyen tanto lo tangible como lo intangible, y que, en conjunto, hacen que un "trabajo y los puestos sean más satisfactorios en el sentido amplio de la palabra"[26].

De todo esto surge la idea de *Compensación total,* íntimamente asociada con la Propuesta de valor para el empleado (PVE), que es la contrapartida de la propuesta de valor que las empresas hacen a sus clientes pero con el foco puesto en los miembros de la compañía. La idea de encarar la atracción de empleados como si fuese la de clientes ha crecido a partir de las diferentes crisis de talento. Las empresas ya no compiten solamente por captar clientes, sino que esa competencia se extendió también al mercado laboral, y las dinámicas de ambos son muy parecidas.

Los factores que intervienen en la compensación total pueden clasificarse en cuatro grandes grupos: los individuales (que son de carácter económico), los transaccionales (representan un costo para la empresa, pero el empleado no los recibe en dinero), los relacionales (para la empresa representan una inversión ya que, al menos en parte, volverán como aumento de productividad) y los comunitarios (son intangibles).

En términos de motivación, los individuales apelan a la extrínseca; los transaccionales también, aunque algunos, como la flexibilidad, se inclinan hacia la intrínseca; en los relacionales –vinculados a la capacitación– predominan la intrínseca y, por último, los comunitarios que en su mayoría son trascendentes.

El siguiente cuadro lo resume[27]:

---

26 Torrington, Hall, Taylor y Atkinson, *op. cit.*, pág. 425.
27 *Ibidem,* pág. 446.

Extrínsecos

<table>
<tr><td>

Pago de base
Pagos contingentes
Bonos
Incentivos
Acciones
Distribución de ganancias

Individuales

</td><td>

Transaccionales

Pensiones
Vacaciones
Salud
Flexibilidad
Otros beneficios

</td></tr>
<tr><td>

Aprendizaje y desarrollo
Entrenamiento
Desarrollo de carrera

Relacionales

</td><td>

Comunitarios

Liderazgo
Valores de la organización
Visibilidad
Reconocimiento
Logro
Diseño de puesto
Balance de vida

</td></tr>
</table>

Intrínsecos — **Trascendentes**

Compensar equitativamente a los empleados teniendo en cuenta las restricciones del negocio es uno de los desafíos más serios del liderazgo de la empresa en general y del área de gestión de personas en particular. El mercado laboral es tan dinámico como el mercado de los productos y de los servicios de la compañía, aunque sus dificultades suelen ser subestimadas.

Conseguir y mantener el alineamiento entre los objetivos de las personas y los de todas las áreas de la organización no es una tarea sencilla. El gran desafío es conservar la integridad y la coherencia entre todas las áreas, y respetar los valores institucionales, única manera de alcanzar la ansiada sustentabilidad.

2.6. Impacto de la compensación en las áreas del eneágono

La compensación impacta en todas las áreas de la empresa; usando el modelo del eneágono se puede analizar qué ocurre en cada una de estas[28]:

IMPACTO DE LA COMPENSACIÓN EN LA ALINEACIÓN DEL ENEÁGONO

Estrategia ✔✔	*Sistemas y procesos*	*Estructura* ✔
Si no hay alineamiento se producirán inconsistencias serias. Los sistemas focalizados en el corto plazo (incentivos, *sharing*) tienen impacto distinto al de las acciones que son de largo plazo.	Se vinculan con algunas de las partes del sistema de remuneración como incentivos a la producción y comisiones de venta. Menos impacto con las partes fijas.	Están más vinculados de lo que parece a primera vista. Los sistemas de compensación deben adaptarse a distintas estructuras a veces dentro de la misma organización. Una matricial requiere flexibilidad.
Capacidades distintivas ✔	*Estilo de liderazgo* ✔	*Personas* ✔✔
El desarrollo de las capacidades distintivas puede ser parte del sistema de compensación. Captar y retener a las personas que las tienen (especialmente en servicios profesionales) puede ser vital para la empresa.	El sistema de compensación representa el estilo de liderazgo para la organización. Un estilo paternalista se sustancia en pagos discrecionales. Un estilo colaborativo es más abierto.	La compensación es vital para la persona, tanto desde lo extrínseco como desde lo intrínseco. Su diseño afectará directamente a la atracción, la retención y el compromiso de las personas de la empresa.
Misión interna ✔	*Valores compartidos* ✔	*Misión externa* ✔
La remuneración es "el" factor en el que se sustenta la PVE (propuesta de valor para el empleado). Su alineación es una muestra de integridad y coherencia.	¿Qué valores se trasmiten a la organización a través de las compensaciones? ¿Hay justicia? ¿Hay transparencia? ¿Hay integridad? ¿Qué cultura se quiere construir?	De cara a la comunidad, los salarios tienen impacto directo en el círculo cercano a los empleados. También sobre la imagen que proyecta hacia la sociedad. Es importante como elemento de atracción.

Cuadro 9

Como hemos dicho hasta ahora, es necesario que las prácticas de gestión de personas estén alineadas con la estrategia y con las otras áreas de la organización. La compensación es una de las más importantes. La retribución es la

---

28 Las marcas indican el grado de impacto.

señal de mayor impacto que la empresa les da a sus empleados. Cualquier desvío puede ser percibido como una falta de integridad o equidad, lo que despertaría escepticismo y cinismo en el personal. Evitar esta reacción es una responsabilidad inalienable de los líderes más altos de la empresa.

2.7. Cómo cultivar la zanahoria motivacional

¿Se puede seguir en carrera sin un toque de la varita mágica?

Hay muchos lugares comunes y eufemismos para definir el liderazgo. El líder es alguien que tiene visión, que es capaz de motivar a sus colaboradores, que posee capacidad empática, que es creativo, que puede tomar riesgos sin ser temerario, que es hábil para gestionar el equipo, que tiene carisma, y sigue una larga lista de cualidades. ¿Es posible que todas se den en la misma persona al mismo tiempo? Sí, lo es, pero es muy poco común. Parecería que las organizaciones requieren que sus empleados sean seres mitológicos más parecidos a dioses de una saga nórdica que a personas de carne y hueso.

Si se trata de algo tan difícil de conseguir, ¿por qué las compañías insisten en crear este modelo casi inalcanzable? ¿Por qué se generan expectativas que producen frustración y resentimiento en muchos de sus miembros? Hay varias razones: la principal es que existe la creencia de que al poner la vara bien alta los empleados darán el máximo para saltarla. En paralelo –y con sutileza– se establece el precepto: "Si llegas a ser un gran líder, podrás ocupar los puestos más altos de la pirámide organizacional". En pocas palabras, ser líder es *cool*; es una señal de estatus; y es la gran zanahoria para todos, pero que solo un puñado podrá saborear.

Si apelamos al pragmatismo, podríamos definir al líder como alguien que consigue que los demás hagan lo que necesita para la organización, y para él o ella. Para lograrlo, debe ser capaz de influir en la gente. Es cierto que las cualidades enumeradas al comienzo de la nota son útiles para esto, pero –en general– son fruto de la experiencia, algo que solo se consigue con el tiempo. En contados casos se puede acelerar el proceso dando más oportunidades y exposición a unos pocos elegidos. Son seres tocados con la varita mágica –bastante subjetiva– a quienes se les coloca la etiqueta de "alto potencial". Pero entonces, ¿qué puede hacer el resto de los mortales para no quedar afuera de la carrera antes de correrla?

Hay seis elementos para seguir en juego, y que cualquiera tiene la capacidad de desarrollar. Veamos.

1. Pasión
    *   Sin pasión todo se hace cuesta arriba; se tiene la sensación de remar en dulce de leche. La pasión no es algo que se pueda explicar: solo las personas que alguna vez la han sentido comprenden su significado. Hay que descubrir la pasión y aferrarse a ella. Si no se tiene pasión por la tarea que se realiza, es mejor buscarse otra cosa que hacer.

2. Preparación
    *   Para alcanzar el desarrollo que un líder necesita, hay que prepararse desde lo profesional y desde lo anímico. Se debe estar listo para asumir mayores responsabilidades con naturalidad. Una buena preparación da seguridad y capacidad crítica, elementos imprescindibles para guiar a otros.

3. Perspicacia
    *   Hay que estar atento. No debe dejarse que las oportunidades pasen por delante sin verlas. Para eso hay que mantener la "cabeza abierta". Hay que dudar, ante todo, de uno mismo. Los mayores saltos suelen estar impulsados por lo que va en contra de lo establecido.

4. Posición
   - La posición no es ni un puesto ni un cargo; es estar en el lugar adecuado en el momento justo. Complemento de lo anterior, significa ponerse en situación para que "pasen cosas". Puede ser asistir a eventos corporativos, a cursos; hacer el asado para el equipo o jugar un partido de fútbol. No importa cómo: el secreto es generar oportunidades para que ocurra aquello a lo que se aspira.
5. Propósito
   - La carrera profesional no es un *sprint*, es una maratón. Para correrla hay que tener un propósito personal y un anhelo que justifique el esfuerzo. Debe haber *algo* que –desde el interior– ayude a mantener el entusiasmo cuando las piernas se agotan y la mente flaquea.
6. Paciencia
   - "Roma no se construyó en un día", dice la máxima. La carrera profesional tampoco. La paciencia es el triunfo de la ambición sobre el tiempo y la ansiedad.

Hay un último elemento tan determinante como incontrolable: la suerte. Así se llama a los componentes aleatorios que dan forma al 50% del destino. Su papel es doble: facilitar el crecimiento (cuando nos sonríe) y estimular la *resiliencia* (la capacidad de volver al ruedo si las cosas no salieron como se esperaba), ya que nos recuerda que no todo está en nuestras manos.

En síntesis, aunque la varita nos haya eludido, la gran zanahoria está ahí y todos tenemos la oportunidad de cultivarla.

3. Caso de estudio

El COVID y su impacto sobre la motivación

"Estoy bajo mucha presión, no tengo ese tiempo libre del que todos hablan, ese tiempo para buscar en mi interior, para hacer lo que nunca hice o intentar algo nuevo. ¿De qué diablos me están hablando?", decía Andrea, gerenta de comercialización de una empresa multinacional de retail. "Estoy desde hace meses confinada en un departamento de 70 metros –continuaba–, llevando adelante una casa, dos hijos en edad escolar, tratando de mantener un trabajo, limpiando, cocinando, mintiéndome a mí misma creyendo que estudio, durmiendo menos, comiendo mal y de mal humor. Me siento culpable de estar de mal humor cuando ayudo a mis hijos en las tareas on-line para las cuales no estábamos preparados, juntando bronca hacia un jefe que no entiende que trabajar desde el hogar hoy es peor que ir a la oficina y odiando esa palabrita de moda: 'resiliencia'".

Andrea está al borde del burnout. El concepto de "síndrome de burnout" fue introducido en la década de 1970 por el doctor Herbert J. Freudenberger, un psicoanalista neoyorquino. Lo definió como un estado de agotamiento mental y físico causado por la vida profesional. Freudenberger observó que sus colegas médicos –una vez entusiastas y animados– se iban convirtiendo en personas cínicas y depresivas. Como resultado, empeoró la manera de tratar a sus pacientes. Cuando comenzó a buscar ejemplos en otros ámbitos, encontró comportamientos similares en las demás profesiones.

Agustín, Gerente de Negocios de Hertz Uruguay, contaba que su primera reacción fue de una gran ansiedad. En las dos primeras semanas, aprovechó la cuarentena flexible (en Uruguay se adoptó esa modalidad) como unas vacaciones, pensando que solo iba a durar ese período. Luego de eso tomó conciencia de la gravedad de la situación, de que se iba a extender mucho más tiempo y de que las ventas eran casi nulas. Entonces llegó el estrés, la sensación de no saber por dónde arrancar, de qué se debería hacer a futuro y de cómo ocupar el inesperado tiempo libre.

Agustín Sosa –licenciado en Psicología– explicaba que, durante el momento actual, nadie se puede escapar del contexto de angustia e incertidumbre que provoca agotamiento, asfixia, agobio y dificultades de sueño, entre otros problemas. Lo atribuía a tres aspectos vinculados a la crisis desatada por el coronavirus: el de la salud, el económico y el aislamiento. En cuanto a la salud, las preocupaciones se dan a nivel individual, por el temor al contagio personal y el de los seres queridos; y a nivel global, por el incesante bombardeo de malas noticias envueltas en estadísticas de contagiados y muertos. El económico deriva de la pérdida del trabajo o del temor a perderlo. El aislamiento impacta de varias maneras. Sosa diferenciaba el *home office* en tiempos normales del de épocas de crisis. Por ejemplo, hoy las pausas del trabajo formal son llenadas por el trabajo hogareño: cocinar, ayudar a los hijos o limpiar el baño, dentro de las tareas que demanda el hogar. También influyen la falta de espacio y la desaparición de la frontera entre la vida personal y la laboral. Por último, se reducen las posibilidades de esparcimiento, como las salidas con amigos, las idas al cine o al teatro, el deporte o comer afuera.

Cuando el trabajo choca con el hogar, las cosas se pueden volver especialmente estresantes, y la cuarentena actúa como catalizador. El *home office* muestra su cara perversa: reuniones –muchas veces inútiles– que se multiplican, controles a distancia del tiempo en que los empleados están on-line frente a la pantalla, vecinos ruidosos que impiden la concentración, chicos que entran y salen a los gritos, la pareja que se encuentra en una situación similar, horarios interminables, jefes estresados que vuelcan su estrés sobre sus empleados, falta de contacto social, sensación de nunca acabar... Incluso ya hay grandes empresas que evalúan la posibilidad de mantener el trabajo a distancia a largo plazo.

Una encuesta realizada por Blind[29] mostró que el síndrome de burnout –asociado a uso intensivo y prolongado del *home office*–, ha tenido un fuerte impacto en la motivación de los empleados, en particular, en las empresas de tecnología. Entre las 22 empresas de la industria consultadas, en promedio, el 80 por ciento de los que respondieron dijo estar desmotivado. La cifra aumenta al 83 por ciento cuando se limita a las respuestas de las FAANG[30]. Dentro de estas, Facebook se lleva el premio con un 87 por ciento de empleados desmotivados. En el otro extremo está Apple, con "solo" un 73 por ciento. Llama la atención el caso de Linkedin, con un 95 por ciento de empleados que dijeron sentirse faltos de motivación.

¿Qué deberían hacer los líderes para paliar los impactos negativos del *home office*, evitar el burnout y conseguir que sus empleados vuelvan a los niveles de motivación que tenían antes de la pandemia o superiores? Proponer acciones concretas.

4. El tema en la prensa

Empleados motivados: el peligro de generar falsas expectativas[31]

---

29 https://www.teamblind.com/
30 Una manera en que se reconoce a las principales firmas tecnológicas: Facebook, Apple, Amazon, Netflix y Google.
31 Marchiori, Eugenio.: publicado en el diario *La Nación*, 22/11/ 2017.

La guerra por el talento: los paquetes de beneficios corporativos se multiplican[32]

5. El tema en el cine

Norma Rae (1979)

6. Preguntas del capítulo

- ¿Qué se entiende por liderar?
- ¿Cuál es el origen de la palabra "motivación"? ¿Qué reflexión le sugiere?
- De las opiniones sobre motivación de Aristóteles, Freud, Adam Smith y Marx, ¿cuál se parece más a su propia opinión? ¿Por qué?
- Pérez López sostiene que hay tres clases de motivaciones: la extrínseca, la intrínseca y la trascendente, ¿en qué consiste cada una? Busque algún ejemplo de su propia experiencia y desarróllelo.

---

32 Marchiori, Eugenio y Hatum Andrés; publicado en el diario *La Nación*, 18/10/2017.

- ¿Qué es la "motivación total"? ¿Y la "interior"? ¿Cuál le parece que es más efectiva? ¿Por qué?
- ¿Qué son los "cuatro motores" de la motivación de Paul R. Lawrence y Nitin Nohria? Explíquelos.
- ¿Qué son las palancas de la motivación? ¿Cómo se vinculan con los motores? ¿Qué acciones deben tomarse para ponerlas en práctica?
- ¿Cuál es el rol más importante del líder para Google? ¿Qué opinión le sugiere? Sustentar.
- Enumere tres maneras en que el sistema de compensación se asocia con los valores de la organización. ¿Alguna vez sintió que su remuneración no estaba alineada con los valores de la empresa? ¿Qué hizo al respecto? ¿Cómo se resolvió la situación?
- ¿Cuáles son los cuatro objetivos de la compensación? Explicarlos.
- Enumerar y explicar los componentes de la compensación.
- ¿Cuáles son las dos preguntas básicas para establecer el valor de pago?
- Si tuviera que definir la remuneración de un equipo de ventas, ¿qué elementos usaría y en qué proporción? ¿Y de un equipo de operarios de una línea de producción? ¿Y de un equipo de alta dirección?
- Describa en qué consiste el sistema Hay.
- ¿Qué es la "compensación total" y cómo se vincula a la propuesta de valor del empleado (PVE)? Aclarar ambos conceptos.
- Indique las dos áreas del modelo del eneágono en las que considera que tiene mayor impacto la compensación. Justifíquelo.

CAPÍTULO VIII

Marco conceptual del coaching

1. Introducción

> *Mi padre me dijo que si te conviertes en un tenista*
> *profesional solo asegúrate de entrar en los cien primeros,*
> *porque deberás hacer un poco de dinero.*
> *Debe darte para vivir para que puedas pagar tu coaching*
> *y, tú sabes, tus viajes.*
>
> ROGER FEDERER[1]

El coaching es *cool*. Está en todas partes y tener un coach es uno de los métodos preferidos por los deportistas y por los managers para desarrollarse y mejorar su *performance*. Los mayores desafíos del coaching están en su éxito. La fuerte demanda ha hecho que aparezca una enorme cantidad de *coaches* por lo que se torna difícil diferenciar la paja del trigo. Asimismo, suele recurrirse a un coach sin saber exactamente qué esperar y se generan expectativas que no siempre resultan satisfechas. El éxito del proceso de coaching –porque se trata de un proceso– está ligado a la metodología aplicada a la cultura del contexto social y organizacional,

---

1   http://www.brainyquote.com/quotes/keywords/coaching.html#XThUUe
    Wxul G6l6mh.99

al perfil del coach, a la actitud del *coachee* (persona objeto del coaching) y a la relación que se establezca entre los dos. Pero antes de entrar en el tema central repasemos brevemente el origen de la práctica.

El sustantivo "coach" aparece a mediados del 1500 y deriva del francés "coche", que era "un tipo de carruaje"[2]. Más adelante se comenzó a emplear como verbo con el significado de "ser transportado en un carruaje". La palabra aparece en la Universidad de Oxford hacia 1850 aplicada familiarmente a los tutores por "preparar a alguien para un examen", uso que se aproxima al que se le da hoy.

Lo cierto es que la función de un coach[3] es transportar –real o metafóricamente– a alguien desde el punto en el que está hacia otro al que quiere ir. Este significado es perfectamente aplicable al concepto actual, que considera "coach" a una persona que ayuda al coachee a lo largo del proceso de ir desde una situación en la que se encuentra incómodo o bloqueado, hasta otra a la que aspira llegar. Solo en muy pocas ocasiones el coach prescribe soluciones, su rol es generar un diálogo socrático por medio del cual el coachee encuentra las respuestas por sí mismo.

Sin el mismo nivel de profundidad, el desarrollo del coaching estuvo ligado a otras disciplinas que crecieron notablemente durante fines del siglo XIX y en el siglo XX, como la psicología, la sociología, la psiquiatría, el *counseling* y la biología del cerebro. Hacia 1980 el coaching se especializó. Aparecieron modalidades como el "deportivo", el "ejecutivo", el "autocoaching", el "de vida" y otros. El modelo GROW desarrollado por sir John Whitmore en su libro *Coa-*

---

2 http://www.etymonline.com/index.php?term=coach

3 En este trabajo se usa el término coach para describir a alguien que está involucrado en una relación de coaching formal o informal con individuos que aspiran a mejorar su liderazgo y al hacerlo mejorar la capacidad de liderazgo en el contexto organizacional, y el término "coacheado" (o coachee) para la persona que está recibiendo coaching.

ching for PerformaNce[4], le dio una forma práctica y accesible para aplicar en el lugar de trabajo.

Para Whitmore:

> *… el coaching es una forma suave de despertar la conciencia sobre los desequilibrios existentes y de ayudar a que la persona encuentre un camino hacia adelante que resulte provechoso para su trabajo y su función en la sociedad*[5].

La práctica se ha extendido entre los ejecutivos que recurren a coaches externos. Una relación de coaching debe facilitar la elaboración de un diagnóstico de la situación por la que atraviesa el coachee, desarrollar una visión de futuro y fijar acciones y metas concretas, en un período de tiempo acotado.

Las compañías que encaran el coaching de manera institucional buscan desarrollar una cultura para la transformación del estilo de liderazgo. Persiguen dejar atrás las formas verticalistas de gestión para adoptar modos más horizontales, apoyados en la comunicación, en el diálogo y en el autoconocimiento. El objetivo final es que la práctica se arraigue entre los miembros de la organización y se convierta en un estilo de gestión más que en una simple herramienta.

La organización que consigue desarrollar la cultura del coaching exitosamente entre sus empleados adquiere una capacidad distintiva difícil de superar. El mayor legado del coaching es formar líderes que "aprendan a aprender" por sí solos. Líderes que sean conscientes de que "no saben lo que no saben", actitud imprescindible para responder adecuadamente a los desafíos de un entorno cambiante y

---

4   Whitmore, J.: *Coaching for Performance*, Nicholas Brealey, Londres, 2002. Edición consultada: *Coaching*, traducción de Federico Villegas, Editorial Paidós Ibérica, Barcelona, 2003.

5   *Ibidem*, pág. 16.

ambiguo. Sócrates lo había anunciado hace más de 2400 años. Sus enseñanzas siguen manteniendo la misma frescura de entonces.

Hay varias tendencias dentro del coaching, algunas más pragmáticas que otras. Su estilo e ideología están ligados a la cultura de origen de los iniciadores. Dada la abundancia de oferta es importante familiarizarse con la raíz y con las motivaciones de la escuela que se elija para estudiar. Este trabajo está basado en nuestra propia experiencia, en lo enseñado por el mencionado Whitmore y en las investigaciones del Center for Creative Leadership (CCL©)[6]. CCL es una de las cinco escuelas de liderazgo más importantes de Estados Unidos. Se trata de una ONG fundada con fines filantrópicos por H. Smith Richardson –miembro de la familia creadora del Vick VapoRub– en 1970, y tiene la misión de "mejorar el liderazgo para la sociedad y el mundo y con su filosofía de desarrollo"[7].

2. Los pilares del coaching

El modelo de coaching se apoya en cinco pilares principales: el lenguaje asertivo, la escucha activa, el feedback, las preguntas efectivas y el modelo GROW. Los cuatro primeros son habilidades que, si bien pueden adquirirse mediante la práctica y el aprendizaje, dependen en gran medida de la experiencia, la capacidad, la cultura y el perfil de coach. El cuarto pilar es un modelo o técnica compuesto por cuatro pasos: *Goals* (metas), *Reality* (realidad), *Objetives* (objetivos) y *Way-forward* (camino futuro). Sirve para administrar tanto una entrevista puntual como a todo el proceso de coaching.

---

6   www.ccl.org

7   Smith Richardson, H.: *The CCL Handbook of Coaching. A Guide for the Leader Coach.* Sharon Ting & Peter Scisco, Jossey-Bass, San Francisco, 2006.

Las habilidades deben emplearse en cada momento y se encuentran íntimamente vinculadas porque forman parte de un juego único. Aunque los pasos del modelo GROW tienen una cierta secuencia, son normales las iteraciones y los replanteos.

A continuación estudiaremos en detalle cada uno de los pilares.

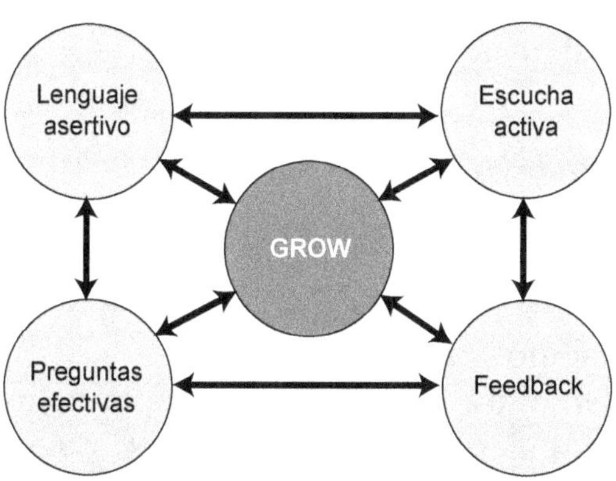

Figura 19

2.1. Lenguaje asertivo

La asertividad es la búsqueda de un punto de equilibrio entre la pasividad y la agresividad. Una persona en actitud pasiva estaría mostrando mayor interés por los demás que por ella misma. El comportamiento agresivo se enfoca fuertemente en el yo sin considerar a los demás. La asertividad intenta preocuparse por los intereses de los demás sin descuidar los propios. Como cualquier conducta, se ve reflejada en el lenguaje, tanto oral como corporal. La escucha, las preguntas efectivas y el feedback suministran conceptos y técnicas para desarrollar un modo asertivo de comunicación.

Estereotípicamente, las personas agresivas y dominantes suelen ser *bullyies*: tienen un ego desmedido, son narcisistas, les gusta ostentar, aplauden la obsecuencia hacia ellas, carecen de consideración y no sienten empatía.

Las personas pasivas se muestran silenciosas e introvertidas. Prefieren replegarse antes de debatir, y no expresar sus pensamientos, aunque los crean beneficiosos para el resto, por temor a la respuesta que podrían recibir.

Las personas asertivas pueden mantener una conversación expresando sus ideas y también apreciando las necesidades de los demás.

Características de los estilos de lenguaje

- Pasivo.
  - Uso reiterado de expresiones como: "perdón", "lo lamento", "me temo".
  - Demuestra inseguridad al emplear términos condicionales como: "posiblemente", "podría ser", "si fuera posible", "tal vez", "no estoy seguro".
  - Se denigra frente a los demás diciendo cosas como: "no soy bueno para esto", "seguramente sabes más de esto que yo", "nunca hice esto antes", "espero no equivocarme esta vez".
  - Espera siempre permiso para hacer las cosas y usa preguntas como: "¿Puedo hacer esto?", "¿te importa si avanzo?", "¿estás bien con esto?".
  - Minimiza sus propios intereses y muestra resignación: "realmente no lo necesito", "voy a estar bien de cualquier manera", "lo que digas".
  - Emplea pocas veces la primera persona del singular: "yo", "mío".
- Agresivo.
  - En su discurso abundan las acusaciones.
  - En sus frases se reitera la primera persona del singular. Solo se trata de él o de ella.

- Su lenguaje suena amenazante. Puede haber muchas expresiones en condicional, vinculando una acción o inacción con las represalias correspondientes: "si haces esto, entonces…".
- Las opiniones se enuncian como hechos sin abrir el debate.
- Las frases están cargadas de emocionalidad con palabras que fomentan el conflicto más que controlarlo.
- Emplean sarcasmo, ironías y burlas que preparan el terreno para más ataques.
- Usan palabras imperativas como "debe", "debería", "va a". Sus sugerencias suenan como órdenes.

- Asertivo.
  - Las frases están bien compuestas y suenan lógicas.
  - Parece haber una estructura de pensamiento sólida y meditada.
  - Las afirmaciones son claras y concisas. El receptor no tiene problema para comprender qué se espera de él o ella.
  - La persona muestra interés por las opiniones de los otros y está dispuesta a realizar compromisos para conseguir una solución superadora.
  - El "yo" aparece pero no produce malestar ni incomodidad entre los interlocutores.

Tres claves para ser asertivo

1. *Ser directo*: ir directo al grano con confianza y con la mayor claridad posible.
2. *Ser breve*: no confundir a la otra persona con detalles triviales o ambiguos.
3. *Ser objetivo*: sustentar las opiniones con hechos demostrables sobre el punto en cuestión.

2.2. Escucha activa

Si bien las técnicas necesarias para practicar escucha activa pueden aprenderse, la condición indispensable es la auténtica *voluntad* de escuchar a la otra persona. Sin una *actitud honesta* y sin un estado mental de *plena atención* ninguna de las prácticas estudiadas dará resultado. El empleo de las técnicas de escucha activa sin esta disposición anímica puede ser percibido como un intento de manipulación capaz de arruinar una relación para siempre.

Los modelos tradicionales de comunicación se componen de cinco elementos fundamentales: un emisor, un receptor, un mensaje, un canal y un contexto que puede introducir "ruidos" . En este esquema, el receptor juega el papel mayormente pasivo de recibir el mensaje emitido. La escucha *activa* rompe el paradigma y le otorga al receptor un rol protagonista para lograr el éxito.

Según Michael H. Hoppe, de CCL, la escucha activa es "el deseo y la habilidad de una persona para oír y entender". Requiere de un estado que significa "prestar completa y cuidadosa atención a la otra persona, evitando los juicios prematuros, reflejando comprensión, clarificando la información, resumiendo y compartiendo"[8]. En otras palabras, escuchar activamente requiere de un *compromiso* previo con la otra persona.

Escucha y liderazgo

Diversos estudios de CCL muestran una fuerte correlación positiva entre la escucha y el liderazgo. El impacto de no escuchar hace que la escucha aparezca entre las *necesidades*

---

8   Basado en Hoppe, M. H.: *Active Listening. Improve your Ability to Listen and Lead*; Editado por Center for Creative Leadership, Greensboro, Carolina del Norte, 2006, pág. 6.

de desarrollo más importantes señaladas por los líderes de todo el mundo[9]:

• Tratar con los sentimientos de las personas.
• Aceptar bien la crítica.
• Esforzarse por comprender lo que las otras personas piensan antes de hacer juicios sobre ellas.
• Estimular a que los reportes directos compartan información y experiencia.
• Usar feedback para cambiar o mantener una determinada conducta.
• Estar abierto a las opiniones de los demás.
• Ponerse en el lugar de los otros e imaginar sus puntos de vista.

Aunque la mayoría de los líderes conoce la importancia de la escucha y tiene la voluntad de ejercitarla efectivamente, suelen desconocer qué debe evitarse y qué debe hacerse para ponerla en práctica. La escucha activa se emplea tanto en el campo profesional con reportes, pares, superiores, clientes, proveedores y demás *stakeholders*, como en el ámbito personal con familia y amistades. La persona que incorpora esta competencia puede conseguir, entre otras cosas:

• Oír adecuadamente.
• Comprender al otro.
• Sentir empatía.
• Conseguir información.
• Demostrar respeto.
• Fortalecer la autoestima.
• Conectarse con los otros.
• Ejercitar el juicio crítico.
• Modificar sus puntos de vista.
• Construir relaciones.

---

9   *Ibidem*, pág. 9.

Set de habilidades de la escucha activa

La escucha activa facilita el proceso de intercambio de información –objetiva, como datos, y subjetiva, como sentimientos y emociones– entre las personas. Cuando un líder la emplea en una conversación puede conseguir más información relevante. Bien practicada contribuye a encontrar puntos de acuerdo, a conectarse con los otros y a abrirse a nuevas posibilidades.

Hoppe identifica seis sets de habilidades[10]:

1. Prestar atención.
    - El primer paso es crear un tono tranquilo que genere un entorno de confianza para que la otra persona pueda pensar y expresarse. Se debe prestar atención a:
        - La cosmovisión o marco de pensamiento.
            - Estar presente en el momento.
            - Tener *paciencia* y mostrarla. Olvidarse de otras preocupaciones y dar tiempo al otro.
            - Recordar que el objetivo es conectarse y comprender, no interrogar o cuestionar.
            - Acostumbrarse y estar confortable con el silencio. Entender que es parte del diálogo. El silencio crea el espacio necesario para que la persona se exprese.
            - Como deberás resumir y parafrasear lo que la persona dice antes de finalizar el diálogo, este es el momento para prepararse.
        - El lenguaje corporal propio.
            - Mantener el contacto visual.
            - Mostrar interés con pequeños movimientos de la cabeza o de las manos.
            - Reclinarse hacia la otra persona. Acercarse.

---

10 *Ibidem*, pág. 12.

> ➤ Afirmar con gestos y palabras breves.
> ➤ Sonreír cuando sea apropiado.
> ➤ Mostrar comprensión y estimular a que la otra persona siga hablando.
> ➤ Mostrar las manos y no juguetear con objetos como lápices, papeles u otros.
> ➤ Evitar las barreras psicológicas como los cruces de brazos o de piernas. Quitar objetos del medio, como computadoras o teléfonos.

- El lenguaje corporal del otro
> ➤ Observar la gestualidad del otro: ojos, expresión facial, manos, movimientos nerviosos, distracciones, etcétera.
> ➤ Tratar de interpretar los gestos para identificar los sentimientos.
> ➤ Prestar atención al tono, la intensidad y la continuidad de la voz: ¿se muestra nerviosa? ¿Cambió en algo luego de lo último que dijo? ¿Cómo es su postura?
> ➤ Buscar cambios en el tono de voz, en la actitud y en el tipo de lenguaje.

2. Suspender el juicio.
- La escucha activa requiere, sobre todo, una mente abierta. Como líder y como oyente hay que estar permeable a las nuevas ideas y a los nuevos puntos de vista. No se debe entrar en polémicas, ni hacer críticas. Repítete a ti mismo: "Estoy acá para comprender cómo ve el mundo esta persona. No es el momento de juzgar ni de dar mi visión"[11].
- Permitir que la otra persona se desahogue, que suelte presión. No saltes inmediatamente a dar consejos o soluciones. Aprender a usar el silencio

---

11 *Ibidem* , pág. 14.

en estos casos. "Morderse la lengua." La tarea es escuchar y comprender. Para conseguirlo:

- Usar la empatía.
  - ➤ Empatía es *sentir* como el otro.
  - ➤ Se muestra empatía cuando la conducta expresa la voluntad de comprender la situación del otro.
  - ➤ Frases breves como: "Debe ser difícil pasar por esa situación", o "Comprendo lo que debes estar sintiendo", ayudan al otro a sentirse apoyado y lo estimulan a seguir hablando.
- Indicar la mente abierta.
  - ➤ Mostrar intención *genuina* de entender a la otra persona con frases como: "Vengo de otro ámbito, pero me gustaría comprender el punto desde tu perspectiva".
- Reconocer las diferencias.
  - ➤ Las culturas, experiencias, profesiones, situación, etcétera, crean cosmovisiones únicas. Reconocerlas y compartir ese reconocimiento con la otra persona.
  - - Ser paciente.
  - ➤ La escucha activa lleva *tiempo*. No aceleres la conversación y permite sus pausas. Estar cómodo con el silencio es una muestra de confianza.

3. Reflejar.
- Hacer como un espejo: reflejar la información sin acordar o discrepar. Usar paráfrasis –una recapitulación breve de los puntos centrales de lo dicho– para que quede claro que se ha comprendido. No asumas que sabes, espera a entender realmente luego de que la otra persona se haya expresado completamente. Reflejar hechos y también sentimientos.
  - Parafrasear información.
    - ➤ Repetir los hechos o detalles significativos.

> ➤ Frases como: "Por lo que he escuchado…" o "Déjame que te repita a ver si voy comprendiendo…", ayudan a confirmar que se está entendiendo.

– Parafrasear emociones.

> ➤ Reflejar las emociones que parece estar sintiendo la otra persona permite llegar al meollo del asunto.
>
> ➤ Los sentimientos se expresan con palabras, con el tono de la voz, con la expresión del rostro, con gestos (impaciencia, molestia) y con combinaciones de todo esto.
>
> ➤ Usar frases como: "Pareces tener dudas sobre…"; "Me da la impresión de que no estás muy contento…"; o "Suenas algo frustrado o molesto con…"[12].

4. Clarificar.

   • Se emplean preguntas de tres tipos genéricos para reafirmar[13]:

   – Preguntas abiertas.

   – Preguntas clarificadoras (cerradas).

   – Preguntas hipotéticas.

5. Resumir.

   • Es un extracto breve de lo hablado que hace foco en los temas principales. Se usa para dar cierre a un tema por el que se está girando sin cerrarse. También sirve para establecer las responsabilidades de las partes y la forma en que se continuará el diálogo.

   • Es conveniente que queden bien en claro unos pocos temas centrales expresados en pocas palabras o conceptos.

---

12 *Ibidem*, pág. 16.

13 Ver la descripción detallada de cada una en el próximo apartado.

6. Compartir.
  • Como dijimos antes, la persona que practica escucha activa no permanece pasiva o inmutable sino que *está siendo afectada* por lo que la otra persona expresa. Una parte central del ejercicio es compartir de qué manera lo escuchado influyó en sus pensamientos, en sus sentimientos y en sus puntos de vista.

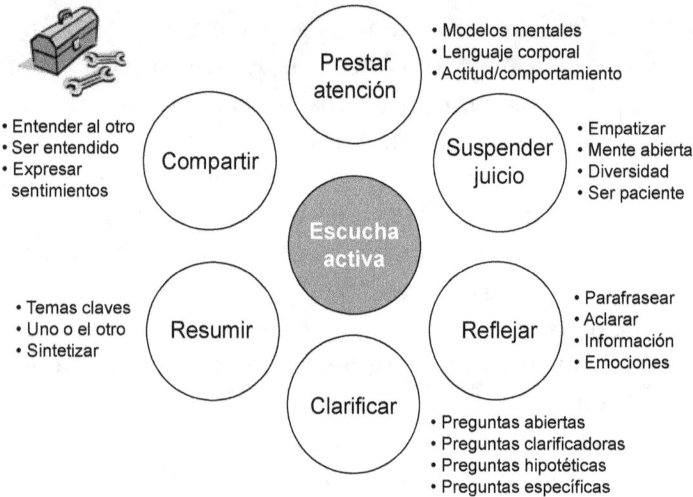

Figura 20
Set de actividades para la escucha activa

Barreras a la escucha activa

Hemos visto los componentes de la escucha activa. Dijimos que la *voluntad auténtica* y el *interés honesto* por escuchar al otro son los más importantes. Así como ciertas prácticas facilitan el proceso, existen barreras que lo dificultan y a las que hay que estar atento. Las más importantes son:

  • La imagen de liderazgo.
    – La escucha activa exige adoptar un modelo de liderazgo distinto del tradicional. Las expectati-

vas de contar con un estilo de líder verticalista, conductivo, orientado a la acción, que debe tener respuestas para todo y que lleva la "voz cantante" son una barrera social y cultural difícil de derrumbar.

- Cuando un líder practica escucha activa interviene solo cuando ha comprendido con claridad la postura de los demás, sin asumir y sin interrumpir. La práctica indica que escucha el 80% del tiempo y habla el 20% restante.
- También está dispuesto a cambiar y a reconocerlo frente a sus colaboradores.

• "El que calla otorga."

- El silencio no debe ser confundido con estar de acuerdo, o con que se aceptan su postura o sus puntos de vista. El silencio es el espacio que la otra persona necesita para expresarse, y a ambas para reflexionar y decantar lo escuchado. El silencio es una manifestación del recurso "tiempo" necesario para la buena escucha activa.

• Las presiones externas: tiempo y lugar.

- El tiempo es un factor crítico de la escucha activa. Hemos visto que se trata del recurso indispensable para que se genere el diálogo, y por eso no es posible practicar la escucha en medio de las presiones del trabajo diario. Además del tiempo como recurso, es necesario el *timing* justo, que implica encontrar suficiente tiempo en el momento preciso y en el lugar adecuado.

• Falta de *know-how*.

- En muchos casos los líderes se preocupan por dar mensajes más que por recibirlos, y restan relevancia a la habilidad de escuchar.

• Perfil individual.

- La experiencia, la profesión, la personalidad y otros

factores individuales pueden entorpecer o facilitar la capacidad de escucha.

- Las emociones.
  - Cuando los asuntos involucrados tienen componentes sentimentales pueden dar lugar a impaciencia y a otras respuestas emocionales que dificultan la buena escucha.
  - Las emociones están presentes en el trabajo. Los líderes deben tenerlo siempre en cuenta para gestionar las propias y las de los demás.
- Las diferencias culturales.
  - Las diferentes culturas tienen maneras distintas de interpretar gestos y palabras similares. Para superar estas disparidades es necesario tener experiencia o entrenamiento específico. Los "ruidos" en la comunicación producidos por el elemento cultural pueden ser conscientes o inconscientes y su impacto ser mal interpretado.
  - Lo cultural influye en la forma en que las personas valoran las cosas. Por ejemplo, para los orientales el silencio es el tiempo necesario para la reflexión, al conversar se deja un espacio antes de responder como muestra de respeto y de atención; para un anglosajón el tiempo es dinero y, si bien se debe escuchar sin interrumpir, la respuesta debe ser rápida para aprovecharlo más "eficientemente"; por último, los latinos son ruidosos y suelen superponerse al hablar, aunque no necesariamente es una falta de respeto: podría estar mostrando interés y hasta apasionamiento.

La escucha activa puede hacer una gran diferencia en la interacción con los otros, es una competencia imprescindible para un líder-coach.

Según Hoppe:

La escucha activa no es un componente opcional del liderazgo; no es una exquisitez para hacer sentir bien a los otros. Es, de hecho, un componente crítico de las tareas que enfrentan los líderes de hoy[14].

2.3. Feedback

Comentarios preliminares

Desde lo sistémico, el feedback (o retroalimentación) es el mecanismo por el cual mantienen el equilibrio los sistemas dinámicos. Existe cuando dos partes de un sistema se *afectan* mutuamente y tienden a formar un *loop* (o rulo) de información o de efectos acción-reacción circulares. A diferencia de un sistema lineal de acción-reacción, cuando existe feedback, los resultados son difíciles de predecir justamente por el carácter cíclico y dinámico de la interacción. Cada ciclo puede producir cambios en las partes interactuantes que se ajustan según la información o la influencia recibida, tras lo cual se transforman en emisores de un nuevo feedback.

El feedback está presente en la naturaleza y en los sistemas creados por los humanos, entre estos la comunicación. Su carácter circular y dinámico ya fue observado por los primeros filósofos; de hecho, es el fundamento de la dialéctica platónica. Platón (423-348 a.C.[15]) creó un nuevo método llamado "dialéctica" que consiste en reproducir un diálogo *racional* entre dos personajes. Sócrates (maestro de Platón y protagonista de sus diálogos) establecía una relación dialéctica con otros actores y, por medio de preguntas y repreguntas (elaboradas sobre la base de las respuestas que obtenía), iba alcanzando mayores "grados de conocimiento" para acercarse progresivamente a la "verdad".

---

14 *Ibidem*, pág. 32.
15 Existen discrepancias entre los autores acerca de la exactitud de estas fechas.

Más adelante, el filósofo alemán Georg Hegel (1770-1831) identificaría tres estados o momentos del proceso dialéctico conocidos como la "tríada dialéctica"[16]. Esos momentos son la *tesis* (propuesta inicial que podría ser enunciada como afirmación o como pregunta), la *antítesis* (que niega o se opone a la anterior por medio de la razón) y la *síntesis* (que es la negación de la negación, pero es una solución superadora de la inicial, no una mera negación de la antítesis). La síntesis se transforma en una nueva tesis que da inicio a un nuevo ciclo del proceso dialéctico.

Tesis, antítesis y síntesis están presentes en toda comunicación racional entre personas. El coaching no es otra cosa que esto: un proceso dialéctico por el que se busca ayudar al coachee a superar el estado en el que se encuentra. El feedback es una parte fundamental del diálogo, la manera de practicarlo es determinante para el éxito del proceso de coaching.

Niveles de feedback en el coaching

John Whitmore identifica cinco[17] niveles de feedback que se usan frecuentemente. A cada uno de ellos le asigna cierto grado de utilidad, empieza por el menos útil y finaliza por el que produce un auténtico resultado. Los primeros cuatro pueden ejercer algún efecto en el corto plazo, pero en la mayoría de los casos afectan la autoestima y resultan contraproducentes.

   a. *Crítica personalizada:* "¡Usted es un inútil!", exclamación del gerente, tal vez frente a otras personas. No tiene ningún efecto positivo. Destruye la auto-

---

16 Esta denominación y la de los momentos de la tríada se atribuyen al filósofo alemán Johann Fichte (1762-1814).

17 O*p. cit.*, pág. 145.

estima, la confianza y la relación. El resultado es que el futuro desempeño será peor. Tiene además un efecto de "profecía autocumplida" ya que cualquier acción del empleado servirá para demostrar su inutilidad.

b. *Comentario evaluativo*: "Este informe no sirve para nada", aunque está dirigido al informe y no a la persona también impacta negativamente en el autor ya que es fruto de su trabajo. No contiene información que indique qué es lo malo del informe como para poder ser corregido, sino que es una mera opinión del emisor.

c. *Alguna información sin autonomía*: "El contenido de tu informe era claro y conciso, pero su desarrollo y presentación no eran los apropiados para los lectores a los que debía estar destinado". Aunque se refiere al trabajo y no a la persona, contiene adjetivos que no dan información sobre la realización del trabajo en sí. El que lo recibe se puede preguntar: "¿qué haría claro el informe?" "¿Cómo debería ser un informe para ser considerado apropiado?", y otras cuestiones similares. La carencia de detalles es lo que resta autonomía al receptor para modificar su conducta.

d. *Autonomía sin información*: "¿Qué piensa del informe?" Delega toda la responsabilidad de juzgar el informe a su autor. La pregunta podría ser efectiva como disparadora de un diálogo pero, si la respuesta es neutral del estilo: "Es correcto" o valorativa como: "Es estupendo" o "Es pésimo" y se deja en esa instancia, el feedback no habrá generado aprendizaje alguno.

e. *Descripción detallada y sin juicios de valor*: "¿Cuál es el propósito fundamental de tu informe? ¿En qué medida te parece que este borrador lo cumple? ¿Consideras que le faltaría algo más? ¿Qué? ¿Quiénes serán los destinatarios?". Cada una de estas preguntas induce a iniciar un diálogo descriptivo del informe gracias al que se podrán identificar las características concretas que debería contener para cumplir su objetivo.

La situación "e." es la única que responde estrictamente al modelo de coaching. Se apoya en preguntas que disparan un diálogo socrático entre el coach (un gerente, en los ejemplos) y el coachee (su colaborador), que se ve obligado a reflexionar sobre su trabajo y a comprometerse con las respuestas. De esta manera el proceso de aprendizaje es más rápido y más profundo.

La clave está en el uso del un lenguaje descriptivo y en evitar los juicios de valor que colocan a la defensiva al receptor del feedback.

Feedback SCI

Para superar las dificultades que señalamos en el apartado anterior, CCL[18] desarrolló una técnica para dar feedback efectivo en la trasmisión del mensaje. El objetivo principal es permitir que el receptor avance comprendiendo exactamente lo que ha hecho y el impacto que eso ha tenido sobre la persona que ofrece el feedback.

Los mensajes: "Eres un buen líder" o "Te comunicas bien", pueden servir para estimular la autoestima pero no brindan información para entender en qué comportamientos o actitudes se basan esos juicios. Por ejemplo, ¿qué acciones concretas lo llevaron a pensar que era un

---

18 Weitzel, S. R. (contribuidor especial): *Feedback That Works: How to Build and Deliver Your Message.* Editado por Center for Creative Leadership, Greensboro, Carolina del Norte, 2000.

buen líder? ¿Qué dijo y qué hizo para comunicar bien? Las respuestas a estas preguntas servirían para que la persona profundice su comportamiento y mejore aún más su rendimiento.

La técnica desarrollada por CCL, basada en dar feedback a varias decenas de miles de personas, la mayoría líderes de todo el mundo, tiene la efectividad de lo simple. La llaman "feedback SCI" por los tres pasos que la componen: **S**ituación – **C**omportamiento – **I**mpacto.

- Centrarse en la situación.
  - El primer paso es centrarse perfectamente en la *situación específica* sobre la que se va a ofrecer feedback.
  - Decir: "Hace algunos días en la oficina cuando estábamos con los demás", no sirve para orientar a la persona sobre el momento preciso. Una forma adecuada sería: "El martes pasado, cuando salíamos de la reunión de directorio con Martín y Jorge…". Al ponerlo de esta forma se evitan la ambigüedad y las exageraciones, y se acuerda sin la situación con la persona que recibirá el feedback.
  - Ser específico es importante. Cuantos más detalles se den para recordar la situación, más claro quedará el mensaje.
  - Centrar la situación es solo el primer paso. Luego se pasa a:
- Describir el comportamiento.
  - Es un paso muchas veces omitido porque suele ser difícil identificar el comportamiento. Decir: "Estabas distraído durante la reunión", no es una descripción adecuada ya que contiene el adjetivo "distraído". Lo más probable es que la persona se coloque a la defensiva y responda: "No, yo no es-

taba distraído". Los **adjetivos son juicios** sobre las personas, no descripciones de comportamiento.

- Si en cambio se dice: "Durante mi presentación bajaste cinco veces la vista para mirar el celular y contestar los mensajes que te enviaban. En dos oportunidades te levantaste y fuiste hasta la ventana", no se está juzgando a la persona sino describiendo lo que ella hizo sin necesidad de definirlo como una "distracción".

- Al describir el comportamiento apelamos a algo objetivo ya que todos pudieron verlo. El adjetivo "distraído", por el contrario, contiene la interpretación subjetiva del emisor del mensaje. La subjetividad tiene el inconveniente de estar basada en la opinión y, por lo tanto, es cuestionable.

- La técnica SCI busca evitar que se generen polémicas sobre lo que se va a dar feedback. La descripción del comportamiento empleando *verbos* (describen acciones) en lugar de *adjetivos* (describen juicios), es una manera práctica de evitarlas.

- Como para dar feedback se debe captar no solo *lo que* las personas hacen sino *cómo* lo hacen, se debe prestar atención a tres factores: el *lenguaje corporal*, el *tono de voz* y la manera de hablar, y las *palabras empleadas*[19].

- Luego de que el comportamiento ha quedado establecido de común acuerdo, se pasa al tercer y último paso:

• Transferencia del impacto.

- El impacto se refiere *siempre* al que tuvo sobre la persona que da feedback. Es la reacción que produjo el comportamiento descripto en el paso anterior. Se está compartiendo un punto de vista, una experien-

---

19 *Ibidem*, pág. 16.

cia subjetiva, y se está pidiendo a la otra persona que la vea desde la perspectiva del que da feedback.
- Es el primer paso en la construcción de confianza, ya que manifiesta una actitud abierta por parte del dador de feedback.

La estructura general del feedback sería entonces: "Cuando estábamos (situación), hiciste (comportamiento) y me sentí (impacto)".

Veamos un ejemplo de feedback a un compañero: "Clara, esta mañana durante la clase de gestión de personas (situación), me interrumpiste (comportamiento) dos veces cuando estaba explicando mi punto de vista, y me sentí molesta y enojada (impacto)".

Puntos de transferencia del feedback

* Acercarse a la persona empleando frases como: "¿Te importa si comparto algunas observaciones contigo?"; "¿Tienes un momento, me gustaría comentarte algo?". Este acercamiento abierto, pidiendo permiso, ayuda a aliviar la ansiedad y crea un entorno para un diálogo positivo.
* Para crear un ambiente de franqueza, es conveniente pedir permiso antes de dar feedback. Explicar la intención, ya que la palabra feedback puede tener una connotación negativa.
* Asegurarse de que sean el *momento* y el *lugar* adecuados. Puede que la persona tenga alguna urgencia o que le resulte incómodo conversar en ese lugar.
* Se puede reconocer que se siente ansiedad por tener que dar feedback. Esa muestra de vulnerabilidad sirve para demostrar confianza en la otra persona y para minimizar cualquier actitud defensiva por parte de quien va a recibirlo.

Figura 21

Diez errores comunes al dar feedback[20]

1) *Juzga a las personas y no las acciones.* Es el error más común y el más negativo porque coloca a la defensiva a la persona que se siente juzgada. Genera réplicas, y la energía se consume sin siquiera llegar a explicar el impacto que tuvo el comportamiento.

2) *Es demasiado vago.* Se observa cuando se emplean frases hechas del estilo: "Es un buen líder", "Has dado una gran presentación" o "Tienes mucho sentido común". Puede reforzar el ego pero no el comportamiento positivo en estos casos. Lo mismo ocurriría con comportamientos que deberían ser modificados.

3) *Habla por otros.* Se refiere a errores más dañinos para una relación. Si decimos: "Esteban me comentó que te falta…" o "Varios me contaron que eres muy meticuloso con el control…", en el mejor de los casos

---

20 *Ibidem,* pág. 9.

el receptor irá a ver a los mencionados para entender qué los llevó a hablar sobre él a sus espaldas. En el peor de los casos se va a enojar, tal vez de manera violenta, ante el hecho de que le ofrezcas opinión con versiones de otros. Es probable que la persona se bloquee y no siga escuchando.

4) *Cuando es sobre algo a cambiar, queda metido dentro de dos de cosas a reforzar.* Es probable que el receptor solo recuerde lo "negativo" y descarte lo "positivo" por considerarlo un intento de manipulación o de demagogia. La palabra que juega un papel central en este error es la conjunción adversativa "pero". Por ejemplo: "Tu presentación tenía información valiosa y las imágenes eran muy claras, *pero…*".

5) *Emplea generalizaciones.* El uso de palabras como "siempre", "nunca", "todos" o "nadie" muestra enojo o malestar y pone a la defensiva a la persona que recibe feedback. Además, esos términos son fáciles de refutar con solo un contraejemplo. Afirmación: "¡Siempre llegas tarde!"; Respuesta: "No es cierto, el 4 de agosto del año pasado llegué tres minutos antes".

6) *Psicoanaliza los motivos que hay detrás del comportamiento.* Cuando se dice que tal persona "está nerviosa porque se acaba de separar", o que "bajó su rendimiento porque está quemada" o que "está en uno de sus días", se asume conocer las motivaciones profundas del comportamiento de la persona. Lo más probable es que luego de escuchar el feedback termine resentida y molesta con el emisor.

7) *Se eterniza.* Hay personas que, en su entusiasmo, no saben cuándo detenerse. El feedback debe ser concreto y sobre el punto. No debe contener relatos de experiencias propias ni soluciones. La persona que recibe el feedback probablemente necesite tiempo para decantar la información que acaba de

recibir. Dar el feedback y –a menos que la receptora explícitamente lo pida– retirarse.

8) *Contiene una amenaza explícita.* Si se desea advertir a alguien que su trabajo está en peligro con una pregunta del estilo: "¿Realmente quieres tener éxito en esta compañía?", no solo no explica el comportamiento, sino que produce recelo y hostilidad.

9) *Utiliza humor fuera de lugar.* Muchas veces se usa el humor sarcástico a manera de feedback. En algunas culturas es la manera más habitual de hacerlo. Saludar a un compañero que llegó unos minutos tarde a una reunión de la mañana con un: "¡Buenas tardes!", no ayuda a cambiar el comportamiento y no informa sobre el impacto que este tuvo en el emisor. Solo produce resentimiento, en especial si hay otras personas presentes.

10) *Es una pregunta en lugar de un enunciado.* En parte es una combinación de las dos anteriores. "¿Te parece que podrás estar más atento durante la próxima reunión?", es una pregunta indirecta y sarcástica. Lo mismo ocurriría con una pregunta retórica del estilo: "¿Quieres que te compremos un despertador?" o "¿En qué idioma hay que hablarte para que entiendas?", no esperan una respuesta, sino que tienen una crítica implícita. El receptor puede responder con indiferencia o "subiendo la apuesta" con algo así: "Me gustaría que me hables en mandarín así aprovecho para practicarlo".

Siempre recordar que el feedback es un regalo que se le hace a la persona que lo recibe. Es una guía para que mantenga una conducta que la beneficia o que modifique una que la perjudica. No hay feedback "negativo", ya que siempre es para ayudar a crecer al otro.

2.4. Preguntas efectivas

Hemos mencionado algo sobre las preguntas en el punto "clarificar" de escucha activa. Asimismo, realizar preguntas efectivas es tan relevante para el coaching que creemos necesario profundizar sobre el tema.

El coaching actual contiene en su esencia el espíritu socrático, lo que explica la persistencia de la técnica a lo largo de la historia. Sócrates enseñaba a sus discípulos por medio de preguntas sucesivas para guiarlos y para que fueran ellos mismos los que descubrieran la "verdad de las cosas". El "ayudar a descubrir" es la clave. Como el filósofo griego, el coaching no impone sino que facilita el proceso de aprendizaje y su lubricante son las preguntas. Podríamos decir que Sócrates fue el primer coach del que se tenga registro.

Las preguntas son mejores para desarrollar la *conciencia* y la *responsabilidad* del coachee porque lo obligan a pensar y a hacerse cargo de las respuestas, efectos que no se obtienen –al menos con igual intensidad– con meras instrucciones o sugerencias. Pero no todas las preguntas son igual de eficaces. Comúnmente interrogamos para obtener información. Puede ser para resolver un problema propio o de otro, puede ser para aprender o puede ser por simple curiosidad. En el coaching las respuestas son de importancia secundaria. La información puede ser incompleta porque no es para uso personal. El coach debe asegurarse de que el coachee conozca la respuesta[21]. Las respuestas sirven para señalar lo próximo a preguntar.

Clases de preguntas

- Preguntas abiertas
  - Estimulan al interrogado a hablar, a realizar descripciones y contribuyen al desarrollo de conciencia.

---

21 Whitmore, *op. cit.*, pág. 57.

- Son recomendables al iniciar el diálogo a manera de exploración.
- A veces mantener el silencio ayuda a la persona a seguir hablando.
- Ejemplos:
  - ➤ ¿Qué aspectos podría mejorar?
  - ➤ ¿Qué opina de ese tema?
  - ➤ ¿Me contaría un poco sobre usted?
- Preguntas cerradas
  - Suelen incluirse en esta categoría aquellas que tienen como respuesta "sí" o "no", y las que se responden con datos objetivos.
  - Tienden al cierre del proceso de exploración y, debido a eso, tienen mala fama. Sin embargo, sirven para retomar el foco o para orientar la conversación cuando el coachee se desvía, y para fijar acuerdos y otros asuntos que requieran claridad y compromiso.
  - Aunque no suelen incluirse en esta categoría, las preguntas con respuestas concretas y únicas también son cerradas. Ejemplos:
    - ➤ ¿Quién se hará responsable de hablar con el pintor?
    - ➤ ¿En qué fecha y hora nos volveremos a encontrar?
    - ➤ ¿Qué colectivo me lleva a la ciudad?
  - Las preguntas cerradas no son malas *per se*, son necesarias para redondear los diálogos. El proceso de coaching requiere emplear pensamiento *divergente* al comenzar y *convergente* al cerrar la sesión (ver el siguiente apartado).
- Preguntas hipotéticas
  - Son preguntas –en general abiertas– de una clase especial ya que plantean hipótesis del estilo: "¿qué ocurriría si…?".

- Permiten introducir sugerencias sin imponerlas ya que quedará a discreción del coachee analizar las posibles consecuencias.
- Se debe tener cuidado con este tipo de preguntas. El coach las debe considerar *honestamente* hipótesis a demostrar, no sugerencias. Un consejo disfrazado de pregunta puede ser percibido por el coachee como un intento de manipulación con la consiguiente pérdida de confianza. Es preferible que el coach avise que tiene una sugerencia y le pregunte al coachee si quiere escucharla.

3. Proceso divergente - emergente - convergente

El proceso de coaching tiene una secuencia lógica similar a la de otros procesos creativos de búsqueda de soluciones.

Comienza con una etapa de apertura *divergente* en la que "todo vale". Se debe preparar el escenario para el desarrollo de temas y el despliegue de ideas. Los participantes comparten la información relevante. El objetivo de esta etapa es abrir las mentes y permitir el planteo de cualquier posibilidad. En esta etapa predominan las preguntas abiertas.

Luego se entra en una fase de equilibrio en la que el objetivo es explorar y examinar las posibilidades lanzadas en la etapa anterior. Las preguntas hipotéticas sirven para plantear los supuestos o modelos sobre los que se va a "experimentar", ya sea literal o virtualmente. Se emplea el pensamiento crítico para testear las hipótesis. Es un momento dialéctico (ver punto anterior).

La tercera y última etapa es *convergente*. Se trata de llegar a conclusiones, de tomar decisiones, de fijar acciones y de acordar responsabilidades. Por medio de preguntas cada vez más *cerradas* se va acotando el campo de acción y se seleccionan las hipótesis más prometedoras, aquellas que mejor soportaron la crítica en la etapa anterior.

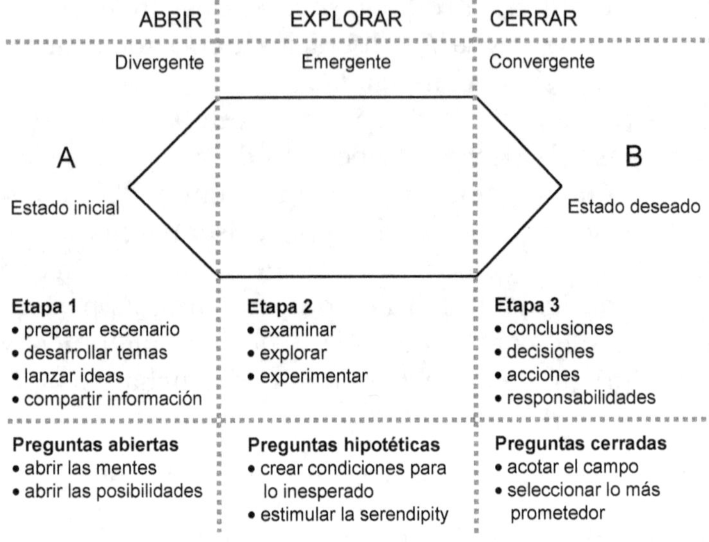

Figura 22

4. Modelo GROW

Los modelos de coaching sirven de motor y de guía para el coach, tanto para una reunión particular, como para todo el proceso de coaching con ese coachee. Ordenan el tipo de pregunta que debe usarse en cada momento. Existe una gran variedad de modelos, pero todos —en mayor o menor medida— siguen la lógica "divergente - emergente - convergente". Por ejemplo, CCL denomina al suyo mediante el acrónimo RERAR que sintetiza la secuencia: **R**elación - **E**valuación - **R**eto - **A**poyo - **R**esultados.

El modelo más difundido fue desarrollado originalmente en la década de 1980 por sir John Whitmore[22] y se conoce con el acrónimo GROW que —además de significar "crecimiento" en inglés— simboliza la siguiente serie de etapas:

---

22 *Op. cit.*, pág. 66.

- *Goals*: establecer las metas de la sesión, tanto a corto como a largo plazo.
- *Reality*: examinar la realidad para comprender la situación presente.
- *Options*: contemplar las opciones y estrategias o cursos de acción establecidos. Algunos también consideran los obstáculos.
- *What*: determinar qué (*what*) se va a hacer, cuándo (*when*) y quién (*who*) es el responsable. También la voluntad (*will*) de hacerlo. A veces la "w" se emplea como *Wrap-up* (resumir) y como *Way forward* (camino hacia delante). Todas estas interpretaciones de la W tienen su validez.

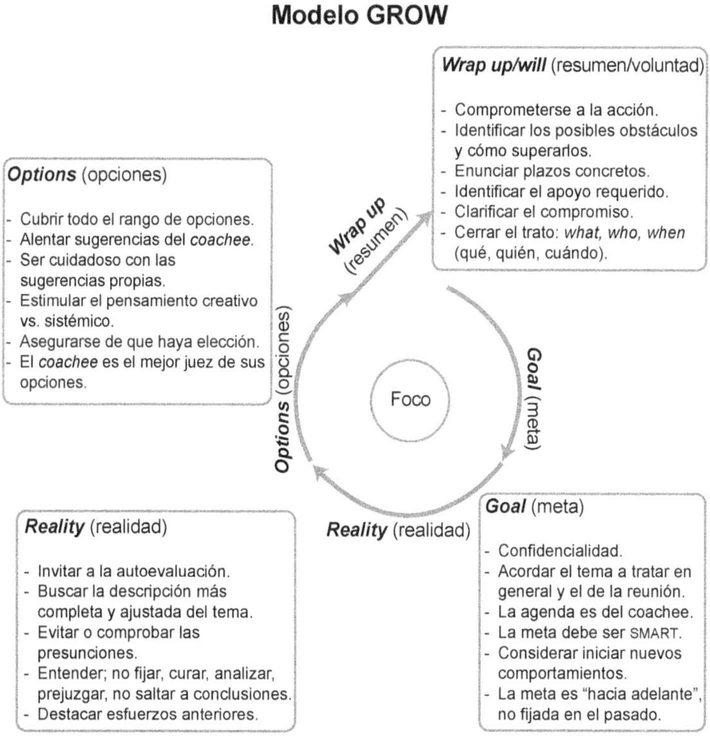

Modelo GROW

Figura 23

El modelo GROW asume que coach y coachee ya tienen una relación de conocimiento y confianza mutua establecida al iniciar el proceso. Para CCL este punto es tan relevante que lo explicita como primer paso (relación). El punto más importante es acordar la **confidencialidad** a la que estará sujeta la relación de coaching. El nivel de reserva debe ser tomado con la seriedad con la que lo hace cualquier profesional de la medicina o del derecho. Nada de lo que se trate durante el coaching será compartido con personas ajenas, en particular con gente de la compañía cuando se trate de un coach ejecutivo contratado para ayudar a algún empleado o directivo. Lo único admitido –con mucho cuidado– es consultar con algún colega, si se quiere tener otra opinión sobre cierto tema específico para ayudar mejor al coachee. Incluso en ese caso, el coach debe pedir autorización al coachee antes de compartir cualquier situación surgida durante el proceso.

4.1. Metas (*Goals*)

Un punto que suele llamar la atención en el modelo GROW es que las metas aparecen antes que el análisis de la realidad. Al respecto Whitmore dice:

> *Quizás parezca insólito establecer* METAS *antes de examinar la* REALIDAD. *La lógica aparente sugiere lo contrario, ya que supuestamente necesitamos conocer la realidad antes de poder establecer una meta. Pero no es así: las metas que se basan solo en la realidad pueden ser negativas, ser la respuesta a un problema, estar limitadas en el desempeño pasado, carecer de creatividad [...]. Las metas a corto plazo también pueden desviarnos de las metas a largo plazo [...]. Las metas que se establecen para dar con una solución ideal a largo plazo, y luego determinar los pasos realistas hacia ese ideal, son generalmente más inspiradoras, creativas y motivadoras*[23].

---

23 *Ibidem,* págs. 66 y 67.

En otras palabras, es el momento del establecimiento de metas para dar espacio al pensamiento utópico, es el momento de soñar. También es el tiempo de acordar el tema a tratar en el proceso general y en la reunión particular. Quien establece la agenda de trabajo *siempre* es el coachee.

Como dijimos, *la* herramienta del coach para facilitar el proceso son las preguntas. Cada etapa tiene una pregunta principal y una larga lista de preguntas accesorias. La pregunta principal de esta es: "¿Qué quieres?".

Cómo establecer las metas

Una manera de controlar que la meta establecida es útil es que pase las pruebas SMART, PURE y CLEAR, acrónimos para:

SMART

- *Specific* (específica). También significativa y simple.
- **M**ensurable. También motivadora y manejable.
- *Attainable* (obtenible). También Apropiada, Alineada y Accionable.
- **R**elevante. También realista, orientada a los resultados y *rewarding* (recompensa).
- *Time bounded* (acotada en el tiempo). También *traceable* (rastreable) *y tangible.*

PURE

- **P**ositivamente enunciadas.
- *Understood* (comprendidas).
- **R**elevantes.
- **É**ticas.

CLEAR

- *Challenging* (desafiantes).
- **L**egales.

- **E**cológicas.
- **A**propiadas.
- **R**egistradas.

4.2. Realidad

El criterio que rige en esta etapa es la objetividad, aunque sin perder la consciencia de que es vulnerable a la subjetividad de las personas involucradas. La visión de la realidad está influida por prejuicios, sesgos, opiniones, sentimientos, expectativas, temores y experiencias.

De estos elementos, los más peligrosos son los sesgos inconscientes ya que no tenemos control ni conocimiento sobre ellos. Una de las funciones más importantes del coach es ayudar al coachee a alcanzar un nivel de autoconocimiento tal que le permita descubrir sus propios sesgos. Otra ayuda crítica es la exploración de los sentimientos y de las emociones, capaces de nublar la visión de cualquiera.

Al igual que en el caso del feedback, para acercarse a la objetividad hay que evitar el uso de adjetivos y estimular el de verbos. Tener en cuenta el lenguaje utilizado puede ser determinante para el éxito o el fracaso del proceso de coaching.

La pregunta principal que se debe responder en esta etapa es: "¿Qué ocurre hoy?".

4.3. Opciones

Nos encontramos en la etapa de exploración de la que deben emerger el mayor número de opciones posibles. Aún no interesa identificar cuál es la óptima, sino que es el momento de lanzar todos los cursos de acción imaginables, incluso los que *a priori* parezcan absurdos.

La tarea del coach es orientar el descubrimiento de acciones, en especial las que destraben los bloqueos, mientras desafía los prejuicios y los modelos mentales del coachee.

La pregunta principal a la que se debe responder en esta etapa es: "¿Qué podrías hacer al respecto?".

What, who, when, will (qué, quién, cuándo, voluntad/ compromiso)

Es la etapa de cierre, por lo que deber ser convergente. El propósito es convertir en acciones concretas las opciones que surgieron de la exploración. De cada reunión debe surgir un plan de trabajo con el que se comprometerá el coachee. El coach debe controlar la voluntad que el coachee demuestre para asumir la responsabilidad que le compete. Ante un bajo nivel de compromiso, el coach debe insistir y seguir explorando. La pregunta clave de esta etapa es: "¿Qué harás?".

5. Conclusiones

El coaching es más que una simple herramienta de gestión de personas. Practicarlo exige que antes el coach haya atravesado un profundo trabajo de autoconocimiento. Las técnicas como escucha activa o feedback requieren auténticos cambios de actitud. Demandan que quien las emplee se sitúe en un estado mental y espiritual especial, ya que la clave del éxito del proceso de coaching es el *profundo y honesto deseo del coach de ayudar* al coachee. Si alguien carece de esta voluntad es mejor que no se comprometa en la tarea.

El descubrimiento de los sesgos propios, la suspensión de los juicios sobre otros, la apertura mental, la paciencia y el aprecio por el valor de la diversidad son elementos indispensables del perfil del coach. Poseerlos supone haber atravesado un largo proceso de autoconocimiento y haber alcanzado un alto nivel de madurez intelectual y emocional. Estas cualidades son, por otra parte, las mismas que las organizaciones buscan en sus líderes. No es entonces casualidad que la formación de "líderes coaches" sea una de las prioridades de muchos de los departamentos de gestión de personas de las compañías más exitosas.

6. Caso de estudio

Una carrera estancada: coaching para cambio de conducta

Esteban era estudiante de segundo año de Administración de Empresas. Gracias al apoyo de sus padres asistía a una universidad de primera línea. Durante la escuela secundaria había sido un alumno brillante. Sus profesores coincidían en que tenía el potencial para avanzar en cualquier carrera que se propusiera. Tenía cualidades como inteligencia, rapidez mental, facilidad para los números pero, a pesar de eso, se encontraba estancado sin poder avanzar. El último aplazo en una materia "de las fáciles" produjo un duro enfrentamiento con sus padres. Más allá de eso, él mismo sintió una insatisfacción que, hasta entonces, nunca había sentido. Esteban y sus padres acordaron que, debido a que la situación superaba las posibilidades del grupo familiar, era momento de pedir ayuda externa.

Gastón –el padre de Esteban– era directivo de una firma multinacional. Desde hacía años en la compañía se aplicaban programas de coaching para ejecutivos. Él mismo había transitado ese proceso algunos años antes. Sin perder tiempo llamó a Andrés –el coach con el que había trabajado– para explicarle la situación de su hijo. Luego de escuchar a Gastón y de percibir su preocupación, aceptó intentar ayudar al hijo de su antiguo coachee.

Andrés y Esteban se reunieron en el estudio del primero. Luego de presentarse y de acordar la absoluta reserva que tendrían sus conversaciones, se produjo el siguiente diálogo:

Andrés. –¿Hay algo más qué quisieras saber sobre mí?

Esteban. –No, creo que por ahora no tengo ninguna otra duda.

Andrés. –Bien, entonces lo primero que debemos hacer es acordar la dinámica y la duración del proceso que estamos comenzando. En dos o tres reuniones de unos noventa minutos deberíamos haber encontrado una respuesta a la situación que te preocupa. ¿Te parece bien?

Esteban. –Sí, por supuesto. De mi parte todas las ganas, la verdad es que el último aplazo y la nueva discusión con mis padres me hicieron reflexionar y darme cuenta de que estoy fracasando como hijo y como estudiante. Ya no soporto defraudarlos, no se lo merecen. Y creo que yo tampoco.

Andrés. –Me gustaría que me expliques cuáles fueron esas reflexiones que mencionas.

Esteban. –Bueno, ante todo que no tolero más lo que estoy pasando. Hay momentos en que estoy súper entusiasmado, siento que nada puede frenarme pero, al poco tiempo, mi entusiasmo se diluye y caigo en lo mismo de siempre.

Esteban se extendió en su relato, siempre estimulado por gestos y expresiones de asentimiento de Andrés. Luego de unos minutos de dejar que se expresara, notó que se dispersaba del tema que los convocaba. Para volver al foco lo interrumpió con una pregunta.

Andrés. –Me gustaría interrumpirte un momento para preguntarte algo que no me quedó claro antes: ¿a qué te referías cuándo dijiste que caías "en lo mismo de siempre"?

Esteban. –Es que me distraigo fácil. Cuando no es Facebook es el chat o Instagram, pero siempre hay algo que me interesa más que lo que estoy estudiando en ese momento.

Andrés. –¿Cuándo comenzaste a notar esa conducta?

Esteban. –No sé, ya me pasaba en el secundario pero entonces no parecía afectarme…

Andrés. –Me gustaría que tratemos de analizar qué cosas pueden haber cambiado entre el secundario y la facultad.

Esteban. –La verdad es que no veo muchas, estudio en el mismo lugar, uso las mismas redes sociales…

Andrés. –Más allá de estos elementos comunes, ¿qué otras novedades son exclusivas de tu etapa universitaria?

La pregunta dejó a Esteban en silencio durante unos instantes. Luego levantó la vista y comenzó a enumerar algunos elementos pero, en unos minutos, de nuevo perdió el foco en el tema central. Andrés creyó intuir parte del problema. De nuevo lo interrumpió, ahora ayudando a que se enfocara.

Andrés. –Esteban, me da la impresión de que tiendes a dispersarte, ¿puede ser?

Esteban. –No sé… Algunos profesores me lo han dicho pero no me doy cuenta… Tal vez esté muy pendiente de los mensajes, no lo sé…

Andrés. –¿Cuántas veces por día consultas el Smartphone?

Esteban. *(Entre risas)* –¡Ni idea! ¡Miles!

Andrés. –¿Con quiénes te comunicas?

Esteban. –Con amigos… Compañeros del colegio, de la facultad, gente con la que juego al fútbol los fines de semana, con mis padres… Uf, un montón, la verdad.

Andrés. –¿De qué cosas conversan?

Esteban. –Bueno, depende con quién. Con mis amigos casi siempre organizamos programa para salir el fin de semana. En realidad, tengo tres grupos de Whatsapp para eso: uno con los del colegio, otro con los de la facultad y otro con los del club… Ahora que lo pienso, ¿parece mucho, no?

Andrés. –Mucho o poco depende de vos. ¿Aceptas ir a todos los programas?

Esteban. –Es difícil decir que no… Alguien que cumple años, alguien que se casa, algún boliche nuevo… Siempre hay algo.

Andrés. –Después de toda esa actividad, ¿te queda energía para otras cosas?

Esteban. –Es que tengo veintidós años, ¿si no lo hago ahora, cuándo lo voy a hacer?

Andrés. –Es cierto, hay muchas cosas que solo se pueden hacer a tu edad, divertirse es una. Desde luego, hay otras que más adelante tampoco se pueden hacer. Supongo que es cuestión de prioridades, ¿alguna vez hiciste una lista con las cosas que más te interesa conseguir?

Esteban. –En realidad, no. Ahora que lo mencionas, debería, ¿no?

Andrés. –Podría ser una buena tarea que la prepares para nuestra próxima reunión, ¿qué te parece?

Esteban. –Sí, de acuerdo.

Andrés. –Otra cosa que, tal vez, deberías intentar para la próxima es encontrar una manera de acotar las distracciones de los chats. ¿No crees que puede ser algo que te juega en contra?

Esteban. –Y, sí. La verdad es que pierdo mucho tiempo con eso. El tema es que me cuesta, no me imagino cómo hacer…

Andrés. –El tiempo que teníamos previsto se está agotando. Si estás de acuerdo, te pido que para la próxima reunión traigas una lista de tus prioridades y al menos dos métodos para torcer la compulsión de mirar el teléfono. Es probable que en Internet haya algo. Tal vez a alguno de tus amigos les haya pasado algo similar, o preguntar en algún foro… ¿Qué opinas?

Esteban. –Sí, genial, totalmente de acuerdo. Así lo haré.

Andrés. –¿Quieres que quedemos en encontrarnos aquí a la misma hora en tres semanas?

Esteban. –Sí, perfecto. ¡Muchas gracias!

Andrés. –De nada, Esteban. Fue un placer. Estoy seguro de que vas en buen camino...

Luego de esta primera reunión el proceso fue más sencillo. Esteban preparó la lista de prioridades. Al ver sus ambiciones en blanco y negro comprendió que nunca las podría conseguir si mantenía sus hábitos. Tomar consciencia de sus prioridades y de lo que impedía acercarse a ellas fue un clic que rompió el círculo vicioso. De eso conversaron durante el segundo encuentro. Con la ayuda de Andrés, Esteban de a poco fue encontrando maneras de enfocarse en aquellas cosas que necesitaba para cumplir sus objetivos. Algunas eran amplias y de largo plazo, como enunciar en una frase aquello que lo hacía feliz, o imaginar cómo se vería en cinco y diez años. Otras eran más concretas, como la app para regular las consultas al Smartphone.

Necesitaron tres reuniones para llegar al núcleo del problema: los hábitos de vida de Esteban no eran compatibles con su prioridad de graduarse. Durante el proceso descubrió que era necesario modificar sus costumbres en forma masiva. No más salidas hasta la madrugada una o dos veces por fin de semana; no más entrenamiento de martes y jueves hasta las 12 de la noche; no más terceros tiempos interminables... Con esa fórmula, el rendimiento académico de Esteban mejoró de manera exponencial. También crecieron su autoestima y su satisfacción. La relación con sus padres se transformó en amistad.

Esteban se graduó unos años después de haber trabajado con su coach. La experiencia fue, por sobre todas las cosas, un ejercicio de autoconocimiento. El impacto que le produjo sirvió para enderezar el rumbo en la dirección que él mismo se había fijado.

7. El tema en la prensa

El coaching y la transformación de líderes verticales a humildes

8. El tema en el cine

Finding Forrester (2000)

9. Preguntas del capítulo

- ¿Alguna vez atravesó un proceso de coaching? Describa la experiencia citando los aspectos positivos y negativos.
- ¿Cuáles son los mayores desafíos del coaching? ¿Qué peligros tienen asociados?
- ¿Cómo se originó la práctica del coaching? Describa en forma breve su origen y las causas de su éxito.
- ¿Cuál es la función del coaching para sir John Whitemore?
- ¿Qué debería buscar una compañía cuándo introduce la práctica del coaching? ¿Qué hace falta para tener éxito?
- ¿Cuáles son los cinco pilares del coaching? Describa en forma sintética cada uno.

- ¿Qué estilos de lenguaje se mencionan? ¿Qué diferencia a cada uno? ¿Se siente identificado con alguno? ¿Qué conductas posee que lo indican?
- Enumere y describa tres características del lenguaje asertivo. ¿Posee alguna de ellas? ¿Cómo se manifiesta?
- ¿Qué diferencia la escucha activa de la tradicional?
- ¿Qué condiciones iniciales deben cumplirse para que la práctica de escucha activa sea posible?
- Enumere cuatro necesidades de los líderes según la encuesta de CCL.
- ¿Qué puede conseguir la persona que practica escucha activa?
- Enumere y describa en forma breve las seis habilidades de la escucha activa, ¿en cuáles de estas se siente fuerte? ¿En qué conductas manifiesta esa fortaleza? ¿Cuáles debería desarrollar más?
- ¿Qué son las barreras de la escucha activa? ¿Por qué se generan? ¿Qué se puede hacer para saltarlas? Relate de manera sintética alguna barrera que haya tenido que enfrentar.
- ¿Qué es la dialéctica? ¿Dónde se originó? Plantee un ejemplo.
- ¿Qué clases de feedback identifica John Whitemore? ¿Qué características tiene la que recomienda practicar? ¿Alguna vez recibió (o dio) un feedback que lo molestó o dejó afligido? Describa la situación en que se dio y que consecuencias produjo.
- ¿Qué es el feedback SCI? ¿Cuáles son las claves para que sea eficiente?
- ¿Qué es un "punto de transferencia" de feedback? ¿Qué condiciones debe cumplir?
- De los diez errores comunes al dar feedback enumere tres que le hayan ocurrido. Describa lo que sucedió y qué consecuencias tuvo.
- ¿Qué clases genéricas de preguntas hay? ¿Qué las diferencia?
- ¿Qué condiciones debe cumplir una pregunta para que sea efectiva? Explicar.
- Describa las etapas de un proceso divergente – emergente – convergente. Presente un ejemplo personal o de trabajo en el que lo haya puesto en práctica solo o en equipo.
- ¿Qué es el modelo GROW? ¿Qué significa cada letra? Describe en qué consiste cada una.
- ¿Qué es una meta SMART? ¿Qué condiciones se cumplen?

Los equipos: las personas trabajando juntas

1. Introducción – La tensión entre el individuo y el grupo

Un ingeniero grandioso vale lo que cien ingenieros promedio.

Mark Zuckerberg

El comentario atribuido al fundador de Facebook desafía paradigmas establecidos: si en la mayoría de las organizaciones –sean estas deportivas, empresarias o de cualquier otra naturaleza– se exalta de manera continua el rol de los equipos en la obtención de resultados, ¿cómo es posible que el líder de una de las compañías tecnológicas más exitosas de los últimos tiempos diga semejante cosa? ¿Qué sentirán la mayoría de sus empleados al escucharlo? ¿Puede estar tan equivocado alguien que todos los días toma decisiones que afectan a millones?

En una cultura acostumbrada a escuchar a sus dirigentes evangelizar hasta el cansancio sobre los beneficios del trabajo colaborativo, la opinión de Zuckerberg suena a sacrilegio, pero muchos ejemplos avalan su opinión. Sin ir más lejos, pensemos en el salario de figuras como Lionel Messi o Cristiano Ronaldo, por nombrar solo a dos de una constelación de estrellas multimillonarias que son parte de equipos compuestos por varios integrantes. Algo similar podría decirse sobre el sueldo de los directivos de muchas compañías que suelen llegar a ser varios cientos de veces más altos que el del promedio de sus empleados.

La evidencia muestra que en algunas profesiones y oficios las personas se comportan mejor solas que en grupo. Tal el caso de los artistas plásticos, de los programadores, de los diseñadores, de los pilotos y de otras actividades en las que predomina lo individual, en las que se incluye la toma de ciertas decisiones.

Por otra parte, para otras tareas el trabajo colaborativo es imprescindible. La sociedad misma existe porque los individuos interactúan.

Hay una tensión inherente a la relación entre el individuo y el grupo. Ser parte de un grupo puede generar confort, protección y sentido de pertenencia, pero muchas veces se necesita la tranquilidad que solo brinda el aislamiento. Sin embargo, un aislamiento extremo puede conducir a la locura. Tal es su impacto que el ostracismo es uno de los mayores castigos a los que puede ser sometida una persona.

1.1. Alineación vs. alienación

Por su parte, las organizaciones necesitan personas alineadas con sus valores, con sus costumbres y con sus prácticas para alcanzar sus objetivos; pero una alineación exacerbada produce alienación, es decir, una pérdida de independencia psicológica y de capacidad crítica. El individuo "sale de sí" para perseguir ciegamente el mandato social, cuya consecuencia es que el grupo se convierte en una masa de personas sin creatividad, sin capacidad de detectar errores y sin voluntad individual.

La alienación es la aberración de la alineación y la frontera entre ambas es peligrosamente tenue y concluye en el *groupthink*[1]. No solo depende del grupo sino que, en gran medida, de cuán permeables e influenciables son los individuos. La tarea de los líderes es estar atentos a la dinámica organizacional y a la situación de sus dirigidos para anticiparse a los extremos del continuo entre la desconexión y la enajenación, para mantener un equilibrio entre los extremos que beneficie tanto al grupo como a los individuos.

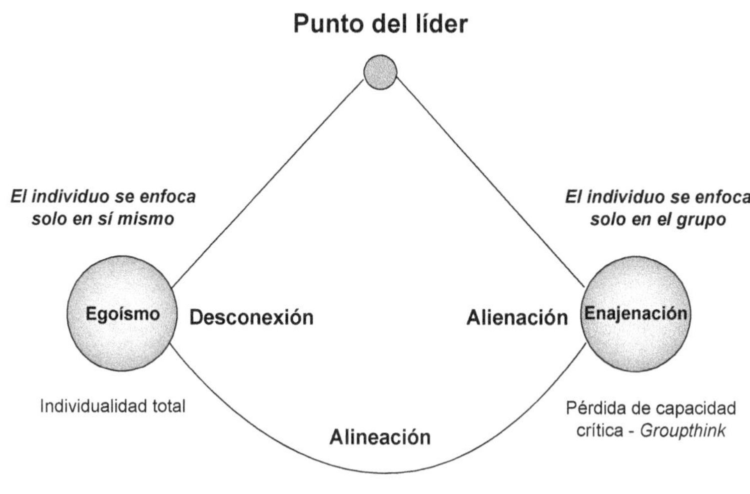

Figura 24

En este capítulo analizaremos esa tarea y presentaremos algunas de las claves para que el trabajo grupal sirva para agregar valor a los individuos, a la organización y a la sociedad en general.

---

1   Es una expresión acuñada por el psicólogo Irving Janis en 1972 para describir el proceso por el cual un grupo puede tomar decisiones malas o irracionales.

2. ¿Es mejor el trabajo individual o el grupal?

La mayor parte del trabajo –directa o indirectamente– se realiza en grupo, lo que nos haría concluir que es mejor trabajar de esa manera. El profesor de la Universidad de Delaware, Charles Pavitt[2], sostiene que "mejor" es un término relativo que debe ser definido con precisión para contestar la pregunta del título de este apartado. Para definir el concepto de "mejor" cuando se quiere analizar la relación individuo-grupo, propone medir el resultado por medio de cinco variables asociadas a las tareas a realizar: productividad, coordinación, precisión, calidad de las decisiones, las cuatro vinculadas a la velocidad. La quinta variable es la satisfacción, relacionada con el número de integrantes del grupo y con otros elementos. Analizaremos cada una en particular.

2.1. *Productividad*: ¿cómo se consigue mayor producción?

En una tarea productiva en la que todas las personas hacen lo mismo en forma independiente, el resultado del trabajo es la suma de los trabajos individuales. Es el caso de muchas de las tareas de producción como, por ejemplo, lijar piezas en forma manual. Suponiendo que todos los operarios disponen de herramientas similares para cumplir su tarea, si se necesita aumentar el *output* se deberán asignar más personas. Existirán diferencias ya que –debido a su habilidad o experiencia– algunos serán capaces de lijar más piezas en la unidad de tiempo.

---

2 http://www.uky.edu/~drlane/teams/pavitt/ch2.htm Salvo cuando se indica otra cosa, el presente apartado está basado en este trabajo.

2.2. *Coordinación*: ¿cómo influye la coordinación?

Consideremos ahora al mismo grupo de operarios de lijado pero incluidos dentro del proceso de pintado de las piezas que ellos lijan. En este caso adquiere relevancia el trabajo del conjunto ya que estará asociado a la velocidad de la línea y se podrían producir retrasos ("cuellos de botella") o sobre producción (acumulación de *stocks*). El rol del líder es regular las tareas sumando o restando individuos de manera de conservar la coordinación entre la velocidad y el *output* de las tareas efectuadas en la línea de producción.

2.3. *Precisión*: ¿cómo se realiza un trabajo más preciso?

A diferencia de las tareas en las que la coordinación es relevante, el nivel de precisión depende del miembro más competente del grupo, ya que las personas deben encontrar la mejor solución dentro de un listado de opciones. Esta clase de tareas –en general de carácter técnico o matemático– tienen una respuesta objetivamente correcta que debe ser validada desde el exterior. Durante el proceso de resolución suelen ocurrir experiencias individuales estilo "¡ajá!" o "eureka" en el instante en que se produce el *flash* creativo.

2.4. *Calidad (de las decisiones)*: ¿cómo se toman mejores decisiones?

Al contrario que en los casos de tareas de precisión, las tareas de calidad no tienen una respuesta objetiva correcta. El caso típico son el desarrollo de políticas organizacionales y otro tipo de decisiones similares. No hay estándares para verificar la "precisión" del producto. Aún en el caso de que luego de la decisión el resultado no sea como se esperaba, no puede afirmarse que esta haya sido incorrecta, ya que puede ser que las condiciones hayan variado luego.

Resumen de tipos de tarea en grupo

Tipo de tarea	Descripción	Variables producidas
Productividad	Cada miembro realiza una sola tarea	Velocidad, cantidad
Coordinación	Los miembros deben coordinar las tareas	Velocidad, cantidad
Precisión	Los miembros deben elegir el mejor conjunto de opciones con respuestas objetivamente correctas	Precisión, velocidad, cantidad
Calidad	Los miembros deben elegir el conjunto de opciones sin respuestas objetivamente correctas	Calidad, velocidad

Cuadro 10

Vemos que en todos los casos se trata de encontrar soluciones de compromiso entre las variables. Los dilemas son del estilo:

- Qué se necesita para la tarea: ¿más calidad o más velocidad?
- ¿Más velocidad o coordinación?
- ¿Más precisión o más velocidad?

Estas son las preguntas a las que deben responder los líderes de la organización.

2.5. *Satisfacción*: ¿cómo se consigue mejorar la satisfacción?

A medida que crece el tamaño del grupo, el rendimiento del conjunto decrece. El fenómeno se conoce como Efecto Ringelmann –en honor al ingeniero francés que lo descubrió–, y tiene tres explicaciones. En primer lugar, cuando los individuos deben coordinar sus actividades con los demás, se introduce una dificultad adicional a la tarea que realizan. El caso de los remeros es un buen ejemplo en este sentido. En segundo lugar, la motivación a esforzarse tiende a disminuir a medida que se agregan personas, ya que surge la expectativa de que otros compensen el menor esfuerzo propio. Este conjunto de factores va minando la satisfacción individual. Por último, a medida que el grupo se agranda la probabilidad de que contenga un miembro incompetente aumenta, lo que es especialmente importante cuando se necesita coordinación, precisión y calidad.

Para contrarrestar los efectos anteriores debe tenerse en cuenta que los individuos tienden a esforzarse más cuando consideran que una tarea es particularmente desafiante y cuando creen que la labor desarrollada por el grupo es sumamente importante. También trabajan con mayor energía cuando piensan que su contribución al producto grupal es única y trascendente. Es decir que, para mejorar los resultados agregados, además de alentar al grupo en su conjunto, es necesario enfocarse en cada individuo en particular.

El aumento de la dimensión del grupo lleva a seis resultados interconectados:

1) *aumenta* la productividad *total*; aunque,
2) *disminuye* la productividad *individual*; y
3) *aumentan* las probabilidades de que un miembro sugiera una *respuesta adecuada*; aunque,
4) *disminuye* la posibilidad de *expresarse* de cada miembro; al tiempo que,
5) también *aumentan* las probabilidades de tener *miembros incompetentes* y de que alguien del grupo rechace la respuesta adecuada; y como consecuencia de esa dinámica,
6) se observa un *enlentecimiento* del trabajo.

En busca de satisfacción

Como se ve, existen ventajas y desventajas asociadas a las dimensiones del grupo de trabajo que impactan directamente en la satisfacción. Es parte de la habilidad del líder determinar el tamaño y la composición del grupo. Como no todos hablan equitativamente, los más competentes deberían tener más tiempo para expresarse, a pesar de que todos deberían tener la misma oportunidad de dar su opinión. A medida que el grupo crece, la distribución del "tiempo en el aire" individual disminuye.

Hay investigaciones que muestran que en grupos de tres personas la distribución lleva un patrón de 42, 32 y 26% del tiempo. Pero en grupos de ocho, los que hablan más ocupan un 38% del total de intervenciones, mientras que el segundo y el tercero lo hicieron en un 18 y en un 16% respectivamente. La participación de los restantes cinco integrantes se repartió entre el 5 y el 8% hasta completar el tiempo total disponible.

Se observa que a medida que el grupo crece los miembros que más hablan acaparan gran parte del tiempo. Esta diferencia se asocia a cuestiones de personalidad, aunque suele estar sesgada por la estructura de poder dentro del grupo. El hecho de tener menos oportunidades de hablar hace que disminuya el nivel de satisfacción general.

El tamaño del grupo es importante en detalles como el sentimiento de obligación que se siente hacia los otros miembros y a evitar los silencios, actitudes que conspiran contra la satisfacción. También el hecho de que la cantidad de integrantes sea par o impar; los equipos pares tienden a estar menos satisfechos, ya que si no se consigue el consenso no siempre es posible recurrir a la votación para desempatar. Otro elemento que introduce insatisfacción en los equipos numerosos es la formación de coaliciones o subgrupos que, mientras mejoran la satisfacción de quienes participan de las asociaciones, afecta en forma negativa al nivel de satisfacción general.

La experiencia empírica muestra que lo preferido son grupos de tamaño intermedio que rondan los cinco integrantes aunque, por cuestiones vinculadas a las estructura de la compañía y a sus objetivos, no siempre es posible respetar este ideal.

El liderazgo de grupos es todo un arte. Debe encontrarse la manera de compensar los factores que generan insatisfacción con otros que producen el efecto contrario. La satisfacción y la cohesión aumentan cuando las personas sienten que pertenecen a grupos exitosos. Mostrar y festejar los éxitos impacta incluso sobre aquellos miembros de perfil más bajo. El orgullo de pertenecer también atrae a otros a ser parte del grupo.

El psicólogo Robin Dunbar, desarrolló una teoría en los años de 1990 que atrajo a la empresa Facebook para implementarla dentro de la compañía. Dunbar condujo una investigación en primates y concluyó que el tamaño del funcionamiento de un grupo social estaba relacionado con el tamaño del cerebro. Si el cerebro era chico, como el de los monos, las criaturas podían relacionarse con una docena de individuos. Pero si el cerebro era más grande, como el de los seres humanos, un círculo más grande de relaciones era posible. Así se llegó a la conclusión de que el grupo social óptimo de humanos era de 150 individuos. Cuando los grupos eran más grandes de 150, no podían contactarse cara a cara y tener una relación social de cuidado. La relación se transformaba en coercitiva o burocrática[3].

El tipo de tarea puede también tener efecto sobre la satisfacción de los individuos ya que algunos proyectos son más estimulantes que otros. Cuando la tarea requiere coordinación debe identificarse a los miembros más flojos

---

3   Tett, G.: *The Silo Effect*, Simon & Schuster, Nueva York. 2016.

y ayudarlos a alcanzar el nivel del resto para evitar que se perjudique la satisfacción de todo el grupo.

En resumen, el tamaño del grupo depende de la tarea y de los objetivos. Siempre deberán buscarse soluciones de compromiso ya que no existen respuestas generales. La tarea del líder es cumplir con los objetivos con la menor cantidad posible de personas, mientras consigue que se alineen y se comprometan con el objetivo común.

A pesar de todo el esfuerzo que realizan las empresas para mantener a sus equipos, no siempre es la manera más eficiente de enfrentar los desafíos. Formar y liderar equipos de alto rendimiento es una tarea onerosa y difícil. Es un auténtico arte que requiere de la atención permanente del líder y del apoyo del resto de la organización.

3. Formación y desarrollo de equipos de alto rendimiento

3.1. Introducción. Equipos deportivos

Hay una serie de diferencias entre lo que puede ser considerado "equipo" y un mero conjunto de personas. Los deportes brindan valiosos ejemplos en ese sentido. Por ejemplo, en los casos del single en tenis, del golf, del ajedrez o de la natación donde no se requiere coordinación entre los integrantes del equipo y el resultado del conjunto no surge de una tarea mancomunada, estamos frente a grupos de personas que se desenvuelven de manera separada. No es necesaria la cooperación, más allá del aliento y apoyo que los deportistas se suelen regalar unos a otros. Si bien en ciertas modalidades de estos deportes se juega en equipo (por ejemplo, la Copa Davis[4], un partido de

---

4   La Copa Davis es un torneo anual de tenis entre equipos representantes de varios países.

golf en la modalidad *four-ball*[5] o la posta en el caso de la natación[6]).

Diferentes son los casos del fútbol, del básquet y de otros deportes colectivos, en los que la coordinación y la colaboración son imprescindibles para conseguir las metas. Las acciones individuales dependen de una estrategia conjunta, de las habilidades de cada uno de los integrantes y de lo que haga el rival. En estos casos se observa una fuerte interdependencia de los miembros que produce una dinámica especial[7].

Dentro de los equipos deportivos que necesitan coordinación, los de remo son, tal vez, su ejemplo más extremo[8]. Aunque individualmente los miembros del equipo sean los mejores, cuando actúan de manera coordinada y la sincronización de las remadas no es perfecta, el rendimiento colectivo se resiente. Aun pequeños desfasajes llevan a los demás remeros a intentar compensar el efecto de la remada fuera de sincronía.

Las correcciones no deben hacerse en el agua sino fuera de ella, durante los entrenamientos. Una vez que se lanzó la competencia, cada remero debe confiar en que cada uno de los demás es capaz de corregirse. La confianza es básica en esta clase de equipo, al igual que la posibilidad de tratar los conflictos de manera abierta, sin temor a las acusaciones. Para que eso ocurra, el equipo tiene que tener objetivos compartidos, un firme lazo emocional y sentido de identidad.

---

5   La modalidad *four-ball* se juega entre dos parejas que compiten entre sí.

6   En las carreras de posta o relevos compiten cuatro nadadores (es similar a las carreras de pista) que habilitan en forma sucesiva a un compañero cuando alcanza la distancia que tiene asignada. Gana el equipo que llega antes a la meta conjunta.

7   Para profundizar este punto se puede consultar Kossler, M. E. y Kanaga, K.: *Do You Realy Need a Team?*, Center for Creative Leadership, Greensboro, Carolina del Norte, 2001.

8   Ver Snook, S. y Polzer, J. T.: *The Army Crew Team*, caso de estudio de Harvard Business School. Versión en español número 9-403-131.

3.2. La sabiduría de los equipos según Katzenbach y Smith

Para Jon R. Katzenbach y Douglas Smith[9] no todos los grupos de personas son auténticos equipos. Para entrar en esa categoría se debe cumplir una serie de pautas y de comportamientos particulares por parte de los integrantes. Los autores sostienen que la sabiduría de los equipos reside en la búsqueda ordenada y disciplinada de resultados que se consiguen haciendo foco en las tareas colectivas, en el crecimiento personal y en la *performance* grupal.

Principios básicos del equipo

Un grupo de personas se transforma en equipo cuando el rendimiento del conjunto es mayor que la suma de los rendimientos individuales. Esta premisa debe ser el objetivo primario de todos los miembros, ya que el equipo es un medio y no un fin en sí mismo. Debe haber una suerte de "ética del rendimiento" internalizada en los integrantes. Alcanzar ese estado requiere superar la tensión entre el individuo y el grupo. Los verdaderos equipos encuentran modos para que todos sus miembros contribuyan y se destaquen a su manera. No se trata de abandonar completamente lo individual a favor del grupo, sino que deben generarse espacios para que se realicen los dos. Crear estas condiciones requiere disciplina y compromiso.

Para crear un equipo de alto rendimiento los autores señalan que debe haber tres componentes básicos: habilidades, responsabilidades y compromiso que se emplearán para generar el *output* en tres áreas diferentes. Veamos:

---

9   Katzenbach, J. R. y Smith, D.: *The Wisdom of Teams*, edición original McKinsey & Co., 1993. Edición consultada: traducción de TQM asesores, *Sabiduría de los equipos*, Ediciones Díaz de Santos, Madrid, 1996.

* Componentes
  – Habilidades
    ➤ Resolución de problemas y toma de decisiones
    ➤ Capacidad técnica y funcional
    ➤ Interpersonales: tolerancia al riesgo y a la incertidumbre, feedback, capacidad de escucha, reconocimiento de los logros de otros, etcétera
  – Compromiso
    ➤ Acuerdo sobre objetivos claros y específicos
    ➤ Enfoque común, alineación
    ➤ Propósito con sentido: motivación trascendente
  – Responsabilidad
    ➤ Mutua y compartida
    ➤ Número reducido de personas
    ➤ Individual y colectiva: unos con otros y con el equipo
* Output (lo que el equipo produce)
  – Resultados de rendimiento
  – Productos colectivos
  – Crecimiento personal

Definición de equipo

Katzenbach y Smith definen a un equipo como:

Un equipo es un pequeño grupo de personas (más de dos y menos de veinte[10]) con habilidades complementarias, comprometidos con un propósito común y con un conjunto específico de objetivos de rendimiento.

______

10 De acuerdo con nuestra experiencia, es poco probable que un equipo directivo de más de 8 o 10 miembros alcance el conocimiento y la confianza suficientes para llegar al alto rendimiento. Es virtualmente imposible para el líder y para el resto de los individuos llegar a conocer con la profundidad requerida a un número tan elevado de personas. También se tenderá a formar alianzas y subgrupos que dañarán el rendimiento conjunto. Por último, se producen dificultades logísticas para las reuniones cara a cara, imprescindibles para comunicarse plenamente.

Sus miembros se comprometen a trabajar unos con otros para alcanzar el propósito del equipo, y se consideran total y conjuntamente responsables de los resultados del equipo.

Los integrantes del equipo desarrollan habilidades complementarias y suman experiencias que exceden las capacidades individuales tomadas aisladamente. Proponen y acuerdan objetivos claros, y se comprometen a enfocarse en estos. Luego de la discusión, apoyan lo resuelto por el equipo y evitan las filtraciones hacia el resto de la organización. Son flexibles y responden a tiempo a las situaciones cambiantes. Festejan y premian los logros individuales y conjuntos. Se divierten más; la pasan bien en un ambiente alegre, de celebración y de humor sano (es decir, sin ironía ni sarcasmo). Finalmente, son más felices.

Curva de rendimiento del equipo

Para pasar de ser un grupo de personas cuyos resultados son la suma de los aportes individuales tomados aisladamente, a un equipo de alto rendimiento en el que sus resultados sobrepasan las expectativas –incluso las de sus propios miembros–, se requiere un arduo proceso de maduración. Formar un equipo de estas características es un trabajo en sí mismo y debe partir del convencimiento del líder (que comparte su función con el resto), y contar con el apoyo de la organización en la que está inserto. Durante ese proceso, el equipo de alto rendimiento es capaz de formar una historia y una cultura propias.

El proceso de formación del equipo no es lineal. Las dificultades interpersonales, la falta de disciplina, la ausencia de compromiso y de confianza, y otros factores afectan el rendimiento del equipo a través del tiempo. Katzenbach y Smith lo representaron con una célebre curva que indica las distintas etapas que atraviesan los equipos (ver Figura 25):

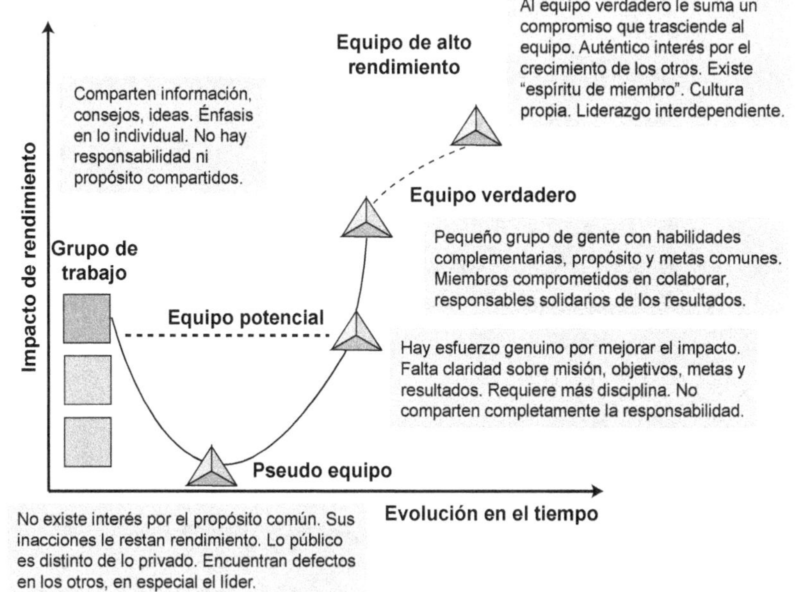

Figura 25

- Grupo de trabajo
  - Ni la organización ni los miembros del grupo tienen motivos para incrementar la suma de los rendimientos individuales.
  - Si bien comparten información y reuniones, mejores prácticas o ideas, no existe un propósito común o grupal.
  - Aunque pueden tener un líder común, cada persona es responsable de sus propios resultados.
  - Un ejemplo habitual son los equipos de ventas.
- Pseudoequipo
  - No solo carecen de un propósito común, sino que tampoco les interesa tenerlo.
  - Sus acciones e inacciones impactan negativamente en el trabajo individual.

- Existen subgrupos ("camarillas", silos) que conspiran contra el resto para imponer sus propias agendas.
- No hay confianza entre los miembros.
- Lo conversado en las reuniones se filtra al resto de la empresa.
- Aunque públicamente se reconocen como equipo, lo niegan en la intimidad.
- Las personas –incluido el líder– se critican en aspectos personales.

- Equipo potencial
  - Hay voluntad sincera de mejorar las relaciones interpersonales y de asumir un propósito común.
  - Falta claridad sobre objetivos, metas y resultados a conseguir.
  - Comienzan a trabajar sobre la disciplina de trabajo y sobre enfoques compartidos.
  - No han asumido aún una responsabilidad común.

- Equipo verdadero
  - Cumplen con la definición de equipo enunciada en el punto anterior.
  - El resultado de su trabajo conjunto supera al obtenido por los individuos trabajando de forma aislada.

- Equipo de alto rendimiento
  - Cumple con todas las condiciones anteriores pero aparece un cierto "espíritu de miembro".
  - Hay genuino interés por pertenecer.
  - Se desarrolló una cultura propia (valores, rituales, símbolos, mitos, lenguaje y otros elementos).
  - Cada miembro se preocupa por el crecimiento del equipo en su conjunto y de sus compañeros en forma particular.

Cuadro de diferencias entre grupo de trabajo y equipo

Grupo de trabajo	Equipo
Líder fuerte, con liderazgo marcado y absoluto. Estilo autoritario.	Roles de liderazgo compartido. Estilo de coach.
Responsabilidad individual.	Responsabilidad individual y compartida.
El objetivo del grupo se alinea con los de la organización.	El equipo tiene objetivos propios, establecidos por sus miembros, alineados con los de la organización.
Las reuniones son de intercambio de información. Cada miembro "presenta informes" de *su* área al resto. No se fomenta la discusión.	Se comparte la información esperando que el resto contribuya a resolver los problemas del área de manera conjunta. Se estimulan las discusiones abiertas enfocadas en el trabajo, no en lo personal.
Pueden existir subgrupos con agendas particulares.	Todos están alineados a los objetivos comunes. No hay agendas ocultas.
Su eficacia se mide de manera indirecta por el impacto que producen sobre otros (por ejemplo, los resultados económicos de la compañía).	Su eficacia se mide ante todo por el producto del trabajo colectivo.
Discuten (a veces), deciden y delegan.	Discuten (el conflicto es dialéctico y se obtienen soluciones superadoras), deciden y siguen trabajando juntos hasta alcanzar la meta.
El contrato de rendimiento se fija entre el líder y cada uno de los miembros en particular. Hay una estructura radial.	El rendimiento es acordado conjuntamente. Hay una estructura de red.

Cuadro 11

3.3. Barreras y frenos al desarrollo de los equipos

Entre los comportamientos que dificultan el desarrollo de los equipos se encuentran la falta de convicción, la incomodidad personal y el temor a la exposición, una ética débil, la falta de confianza y los problemas de comunicación. Patrick

Lencioni[11] identificó cinco de estas dificultades y las denominó "disfuncionalidades del equipo".

Su esquema considera que las disfuncionalidades están relacionadas en forma piramidal, ubicando en la base aquellas imprescindibles para ir escalando.

Escalando la pirámide encontramos[12] (Figura 26):

Lencioni, P.: The Five Disfunction of a Team

Figura 26
Las cinco disfuncionalidades de un equipo.

Disfuncionalidad #1: *Ausencia de confianza*

- Los integrantes de los buenos equipos confían entre sí a nivel emocional y están cómodos mostrando sus *vulnerabilidades*, seguros de que no serán usadas en su contra por el resto. Comparten temores, debilidades, errores y comportamientos sin necesidad de filtrarlos. Esto es importante ya que si no...

---

11 Ver Lencioni, P.: *The Five Dysfunctions of a Team*, Jossey-Bass, San Francisco, 2002.

12 *Ibidem*, pág. 7.

Disfuncionalidad #2: *Temor al conflicto*

- Cuando los miembros de un equipo tienen confianza mutua no temen enfrentar conflictos relacionados con la tarea, ni de involucrarse en discusiones apasionadas. No dudan en discrepar ni en cuestionar las opiniones del resto con el espíritu de encontrar la mejor respuesta a los problemas que conduzca a tomar decisiones exitosas. Así se suprime la posibilidad de una atmósfera de *armonía artificial* para evitar…

Disfuncionalidad #3: *Falta de compromiso*

- Los equipos que se trenzan en conflictos productivos consiguen llegar a decisiones genuinamente compartidas en los temas difíciles. Parten de una instancia de discrepancia en la que todos tienen derecho (y obligación) de expresarse. Asegurarse de que las opiniones de todos hayan sido puestas sobre la mesa evita la *ambigüedad* ya que en caso contrario…

Disfuncionalidad #4: *Evitación de la responsabilidad*

- Los miembros del equipo se sienten mutuamente responsables de las decisiones tomadas. No delegan en el líder la mayor parte de la responsabilidad, sino que la asumen como pares.

Disfuncionalidad #5: *Estatus y ego*

- Los equipos que tienen confianza entre ellos, que se trenzan en conflictos positivos, que se comprometen con las decisiones y que se consideran mutuamente responsables, casi con seguridad, relegarán sus necesidades y agendas particulares para enfocarse en lo que sea mejor para el conjunto. El interés de sus áreas, sus carreras u otra *motivación personal* se relegará por el bien del equipo.

Una vez más, cuando las personas dejan de lado sus egos e intereses particulares y encaran la búsqueda del bien del grupo, pueden conseguir logros asombrosos.

La sexta disfuncionalidad

Nuestra experiencia nos muestra que hay una sexta disfuncionalidad que Lencioni no contempla en su modelo y que –creemos– es la base sobre la que se apoyan todas las anteriores: la *falta de comunicación*. Es habitual que los equipos de gerencia y directivos muestren muchas dificultades para comunicarse, en especial, para escucharse. La sordera es una barrera que debe superarse antes de trabajar sobre el resto de las disfuncionalidades, ya que si las personas no se comunican productivamente no llegarán a desarrollar confianza.

4. Modelo IDEA para equipos creativos

4.1. Presentación

En un episodio de la serie *The Big Bang Theory*[13], Leonard –arquetipo del científico "nerd"– aparece comiendo con su novia Penny –una rubia muy sexy– que, a pesar de su manifiesta ignorancia en temas de física cuántica, intenta mostrarse interesada por el trabajo de su pareja y lo interroga sobre la investigación que tiene en curso. Luego de superar la sorpresa inicial, el joven científico comienza a responderle tratando de ser didáctico, aunque incapaz de abandonar un lenguaje solo accesible para iniciados. De pronto, en medio de su explicación, se queda mudo con la mirada hueca elevada

---

13 *The Big Bang Theory* es una comedia de situación estadounidense estrenada el 24 de septiembre de 2007 por la cadena CBS. Se mantuvo en el aire durante 12 temporadas.

al vacío: está gestando una idea rupturista. Es un instante "eureka" que promete colocarlo en el mapa de la ciencia.

Leonard corre a contarle a Sheldon, su célebre colega y compañero de cuarto (notoriamente más "nerd" que el primero), quien no solo le encuentra valor a la idea, sino que inmediatamente se lanza a desarrollarla. Durante la noche –mientras Leonard duerme–, Sheldon consigue plasmar el relámpago de inspiración inicial en un reporte que se apresuran a presentar como equipo (presionaron juntos el *mouse*) ante la comunidad científica. A partir de ese momento entre los coautores comienza una serie de desencuentros –alimentados por los celos y por los egos– sobre la importancia que el aporte de cada uno tuvo en la creación.

La pregunta "¿qué es más importante, la idea o su desarrollo?" es tan antigua como los descubrimientos. Por ejemplo, aún hoy se discute si la teoría de la gravedad, tradicionalmente atribuida a Isaac Newton, no se debió en realidad a su contemporáneo y rival, Robert Hooke, limitándose el rol de Newton al desarrollo del modelo matemático que la sustenta. Newton intentó poner paños fríos a las suspicacias diciendo que sus avances estaban apoyados "sobre hombros de gigantes", a lo que vale aclarar que el pobre Hooke era conocido por una prominente deformidad de su espalda. La famosa frase (que también resultó ser anterior a Newton) es el título de un libro que el sociólogo norteamericano Robert K. Merton escribió sobre la inspiración, la *serendipity*, los descubrimientos y los plagios en el mundo de la ciencia.

Aunque suele atribuirse a individuos, el proceso creativo es una tarea conjunta que se despliega en una serie de etapas. El universo científico reconoció esta cualidad y, desde sus comienzos, generó las condiciones para facilitarlo.

Una primera etapa requiere que la curiosidad impulse la *indagación* hasta alcanzar un foco. La gravitación era un tema que "estaba en el aire": en el siglo XVII había en Europa muchos científicos enfocados en el asunto. La fundación de lugares de encuentro –como la Royal Society de Londres– facilitó el proceso de intercambio que antecede a cualquier descubrimiento.

Podemos llamar a la segunda etapa *despliegue creativo*. Es una etapa expansiva y divergente en la que las personas lanzan ideas de toda índole. Durante esta suele producirse el "momento ¡ajá!", máxima aspiración de cualquier creador. Es una fase romántica y utópica, perfecta para soñadores. También es la etapa que tiene mejor prensa y que suele robarse todo el crédito.

Para el método científico la anterior no está completa si no es seguida por la etapa del *juicio crítico*, tal vez el mayor aporte de la ciencia al crecimiento del pensamiento humano. Durante este período las ideas son expuestas al escrutinio del grupo. Es el momento de los "abogados del diablo", integrantes imprescindibles de cualquier equipo exitoso. Estas dos etapas deben reiterarse hasta que la idea supere todos los exámenes a los que es sometida. Solo entonces se ingresa en la cuarta y última etapa.

Tanto en el caso de la ciencia como en el de las empresas, para que una creación tenga valor debe ser viable. De nada sirve una idea que no se puede poner en práctica. La *implementación* es la etapa culminante del proceso creativo y la que le da sentido social.

En los grupos de trabajo, suelen encontrarse personas con talentos especiales para cada una de las diferentes etapas. La creación en equipo es un esfuerzo colaborativo que necesita de la diversidad de habilidades de sus integrantes para conseguir mejores resultados. Los equipos exitosos son aquellos que, luego de reconocer esta dinámica, luchan por sacar lo mejor de cada uno de sus miembros para beneficio del conjunto.

Aunque la creatividad casi siempre aparece asociada

a la "chispa de inspiración" de un individuo, en realidad es un *proceso social* que –de diversas maneras– se realiza en grupo. Comprender esto es esencial para ayudar a los equipos de las empresas a ser más creativos, ya sea en el desarrollo de productos, en la solución de problemas complejos, en el diseño de estrategias o en la toma de mejores decisiones.

El proceso científico no es diferente de otras variantes del pensamiento. Diagnosticar, imaginar opciones, evaluarlas conceptualmente y ponerlas en práctica es también la dinámica del planeamiento estratégico, de los procesos de coaching y, por supuesto, del proceso creativo tanto a nivel individual como grupal. Tomando eclécticamente elementos de cada una de estas variantes, nos proponemos diseñar un modelo que sirva para ayudar a los equipos y a las personas a ser más creativos.

4.2. Proceso IDEA del pensamiento creativo para equipos

Si bien el proceso creativo contiene el ADN de cualquier otro proceso del pensamiento, tiene también sus diferencias, en especial cuando se da en un grupo de personas. Nuestro objetivo es desarrollar una herramienta específica –complementaria del MBTI[14] y de las técnicas de coaching como el modelo GROW[15]– para ayudar a los equipos a mejorar sus capacidades creativas mediante la facilitación del proceso en general y de las diferentes etapas en particular.

Partimos de la base de que la creatividad es una tarea colaborativa, incluso teniendo en cuenta que la "chispa" o "momento de iluminación" suele surgir de un individuo.

---

14 Para una explicación detallada, ver el Capítulo V, "Evaluación del desempeño".
15 Para una explicación detallada, ver el Capítulo VIII, "Marco conceptual del coaching".

Desde Arquímedes hasta Steve Jobs, los grandes creadores[16] de la historia se apoyaron "sobre hombros de gigantes" y nada de lo que descubrieron hubiera sido posible sin el trabajo de quienes los precedieron y los acompañaron. Esta es la clave del éxito de la humanidad como especie. La comunicación –que permite la trasmisión de conocimientos, tanto abstractos como concretos, y la acumulación de aprendizajes– es la herramienta de adaptación evolutiva por excelencia.

Hemos sintetizado en cuatro etapas el proceso creativo que desarrollan los equipos. Son las siguientes:

A. *Investigación/indagación*

- Impulsada por la curiosidad, en esta etapa se busca recabar información relevante del objeto sobre el que se enfocará el proceso creativo.
- Determinar su auténtica naturaleza y los desafíos que implica ayudará a emplear más eficientemente las energías del grupo y los demás recursos involucrados.
- Las preguntas –similares a las de R (realidad) del modelo GROW– son del estilo: "¿cuál es la historia detrás?"; "¿qué elementos están involucrados?"; "¿qué datos son relevantes?"; "¿qué *stakeholders* se verán afectados?", etcétera.
- El objetivo principal es realizar un diagnóstico que aclare la situación, los obstáculos y las oportunidades del objeto sometido al proceso creativo.

---

16 Empleamos el genérico masculino por cuestiones propias de la arbitrariedad del lenguaje y para no complicar la lectura introduciendo el femenino continuamente. Sin embargo, somos conscientes de que la creación no es propia de un género y de que han existido grandes creadoras mujeres. Pedimos disculpas por eso.

B. *Despliegue creativo*

- Esta es una etapa dispersiva, abierta, de generación de ideas que –si la inspiración y la suerte acompañan– debería culminar en un momento "eureka".
- Es la etapa más promocionada y suele ser mencionada como sinónimo de creatividad.
- Ayudado por un facilitador, el equipo realiza un proceso de *brainstorming*[17] para producir tantas ideas como sea posible.
- En esta instancia se debe suspender el juicio crítico para que todas las posibilidades creativas sean tenidas en consideración.
- La generación de ideas suele ser rica en los primeros minutos, pero luego de este tiempo tiende a estancarse.
- Para impulsar el proceso, puede recurrirse a herramientas inspiradas en la pintura, en las imágenes, en los juegos, en el teatro, en la expresión corporal y en otras actividades creativas que ayuden a liberar el pensamiento del equipo en pos de disparar alguna idea novedosa y disruptiva.
- Las preguntas por realizarse en esta etapa son similares a las O (opciones) del modelo GROW: "¿cuáles de las alternativas se pueden combinar?"; "¿qué modificaciones progresivas podemos introducir en el objeto?"; "¿de qué otras maneras podrían usarse esas ideas?"; "¿qué podemos aprender de estas imágenes/obras/representaciones?", etcétera.
- El objetivo de esta etapa es lanzar tantas ideas como sea posible (etapa divergente) y luego sintetizarlas (etapa convergente) en un puñado que *a priori* parezca conformado por las mejores y las más viables.

---

17 Tormenta de ideas.

C. Evaluación

- La ciencia es el mejor ejemplo de pensamiento crítico a cuyo empleo sistemático debe en gran medida su éxito.
- De nada sirve una idea si no supera esta instancia, en especial cuando se trata de aportar valor en la empresa.
- Aunque su importancia no se discute, la creación por la creación misma escapa al ámbito empresario y al científico, que tienen un fin último pragmático por definición.
- Durante esta etapa, se debe ajustar y pulir el puñado de ideas que surgieron de la etapa anterior. Si ninguna consigue superarla, debe retomarse el despliegue creativo (D) hasta dar con la idea apta para implementar.
- Es decir, estamos frente a un subproceso iterativo de soluciones incrementales.
- El esfuerzo y el tiempo dedicados a pulir la idea seleccionada se ganarán cuando se llegue a la implementación. Sin embargo, esta premisa se encuentra fuertemente vinculada a preferencias culturales. Por ejemplo, los japoneses le dan a esta instancia una gran importancia, mientras que los anglosajones tienden a ser más pragmáticos y, con tal de avanzar, están dispuestos a corregir errores sobre la marcha.
- También se vincula con las preferencias personales que, como vimos, se ponen en evidencia mediante el test MBTI.
- Algunas de las preguntas empleadas en esta etapa coinciden –al igual que la anterior– con las O del modelo GROW que resume la generación de opciones y su evaluación: "¿cuáles son las fortalezas o ventajas de la idea?"; "¿qué aspectos no estamos consi-

derando?"; "una vez implementada, ¿qué beneficios traerá a la organización y a su gente?"; "¿qué limitaciones se deberían mejorar?", etcétera.
* El objetivo de esta etapa es llegar a una idea madura para ser implementada con razonables posibilidades de éxito.

D. Acción

* En el mundo de la empresa, ninguna idea es auténticamente creativa si no brinda cierta utilidad y si no es puesta en acción. El éxito de todo el proceso creativo depende de la concreción de esta última etapa.
* En este momento el equipo debe ser capaz de implementar la idea, la decisión, el plan, el producto o la estrategia objeto del esfuerzo conjunto.
* Poner en acción algo nuevo tiene implícita la necesidad de contemplar la gestión del cambio, incluyendo las resistencias y el análisis de *stakeholders*.
* Las preguntas por realizarse durante esta instancia se relacionan con las W del modelo GROW. La pregunta guía es: "¿qué harán?". Otras asociadas pueden ser tales como: "¿cuándo lo harán?"; "¿qué tan convencidos están de hacerlo?"; "¿qué apoyos requieren y de quiénes?"; "¿cómo piensan conseguir ese apoyo?"; "¿qué ocurrirá si no lo hacen?"; "¿qué buenas razones hay para implementar el cambio?"; "¿cómo reaccionarán los clientes?"; etcétera.

4.3. Arquetipos de preferencias del test IDEA

El proceso IDEA es una ampliación y una complementación de los modelos de coaching, específico para la facilitación del proceso creativo de equipos de trabajo. Para obtener mejores resultados, antes de cualquier actividad o taller creativo debe hacerse un diagnóstico de las preferencias de sus integrantes. Para eso se emplea el test IDEA que –inspirado en algunos de los principios del MBTI– se enfoca en averiguar en qué etapa del proceso IDEA prefieren ubicarse sus miembros.

Una de las principales diferencias entre el test IDEA y el MBTI es que el primero no se basa solo en una autoevaluación, sino que es el resultado de una encuesta 360 entre los integrantes del equipo. Por eso es necesario que se trate de un grupo ya conformado, que haya alcanzado un grado adecuado de conocimiento y confianza entre sus miembros.

El test IDEA consiste en una serie de 24 preguntas destinadas a descubrir las preferencias individuales. Cada miembro del equipo debe responder sobre sí mismo y sobre sus colegas. El sistema 360 ayuda a disminuir los sesgos personales y a obtener resultados más objetivos ya que son la suma de varias subjetividades.

Con el resultado agregado de todas las respuestas se obtiene el *perfil IDEA* de cada participante y del equipo. De esa forma, es posible distribuir mejor las tareas, al tiempo que se mejoran la comunicación y la eficiencia del grupo. También permite identificar a aquellas personas más capaces de liderar las diferentes etapas.

A efectos estrictamente didácticos hemos asociado un personaje arquetípico al perfil de cada etapa. La etapa de *Indagación* es representada por el "Detective", la de *Desarrollo creativo* por el "Soñador", la de *Evaluación* por el "Científico" y la de *Acción* por el "Ejecutor". Tal como ocurre en el test MBTI no existen "tipos puros" sino inclinaciones hacia cada uno o preferencias. A los individuos que no muestran preferencia marcada por ninguno de los tipos y que se mueven con comodidad en los cuatro los llamamos "Integradores".

Los Integradores suelen perseguir la conciliación entre los miembros del equipo y, en ese sentido, pueden ser tanto un gran aporte como un riesgo. Si bien al final del proceso es deseable que se haya alcanzado el consenso, no es conveniente que este se logre muy temprano. La sana discusión de ideas y la libertad para confrontar diferentes puntos de vista en un clima de confianza y respeto son esenciales para que se logren mejores resultados y para que todos los miembros del equipo se comprometan con el producto final. Un ambiente de armonía artificial es un peligro silencioso, aunque no por ello menos dañino para el equipo.

La detective[18]

- Curiosa y ordenada para averiguar datos, números y contexto situacional.
- Se adapta rápidamente para conseguir nueva información.
- Detallista, necesita contar con "toda la información", lo que en ciertas ocasiones le impide avanzar.
- Sabe cómo y a quién preguntar. Es buena escuchando.
- Cuando está segura de comprender el problema se puede confiar en ella.
- Preferencia MBTI ideal: ES_P
- Cualidad principal: *curiosidad.*

El soñador

- Está cómodo al pensar en abstracto.
- Imagina posibilidades y variantes futuras.
- Piensa en términos globales, ve "el bosque".
- Se aburre rápidamente con datos y detalles. Por eso puede perder información importante.
- El realismo puede frustrarlo.
- Le gusta jugar con posibilidades y escenarios.

---

18 Alternamos los géneros, pero existen figuras arquetípicas más allá de ellos.

- Es adepto al cambio y a las novedades.
- Aunque algunos crean en grupo, otros prefieren la soledad y el retiro.
- Su mayor satisfacción es sentir una iluminación.
- Preferencia MBTI ideal: _NFP
- Cualidad principal: *apertura.*

La científica

- Aunque suele ser pragmática, capta con facilidad la dinámica de las ideas abstractas.
- Capaz de vincular el proyecto con la realidad y detectar debilidades.
- Sabe ser crítica sin ofender, ya que se enfoca en los hechos, no en las personas.
- Reflexiva y cautelosa; puede ser temerosa cuando la idea es lindante con las normas establecidas. Le incomoda el riesgo.
- Es buena planificadora. Entiende los procedimientos.
- Preferencia MBTI ideal: I_TJ
- Cualidad principal: *escepticismo constructivo.*

El ejecutor

- Orientado a la acción, es pragmático por excelencia.
- Capaz de superar los problemas que aparezcan gracias a una energía que parece inagotable.
- Le entusiasma concretar los proyectos y ver las cosas terminadas.
- En su afán de hacer, a veces puede precipitarse y cometer errores.
- Aunque puede improvisar, prefiere contar con instrucciones precisas.
- Preferencia MBTI ideal: ESTP
- Cualidad principal: *pragmatismo.*

4.4. Test IDEA en la práctica

Se realiza por medio de una serie de preguntas sencillas que cada miembro del equipo contestará sobre sí mismo y sobre sus compañeros. Debe evaluar la respuesta entre 1 y 5, donde 1 es "nada de acuerdo" y 5 es "completamente de acuerdo". Las preguntas se consolidan, y los participantes reciben solo el resultado agregado sin conocer las respuestas parciales. Si el equipo lo decide y, a manera de feedback cruzado, se pueden compartir los resultados y la justificación del puntaje otorgado por los participantes a sus colegas.

Las preguntas correspondientes a cada categoría se presentan a los miembros del equipo (ME) de forma alternada según la tipología a evaluar. El cuestionario debe ser respondido antes de conocer la tipología IDEA para disminuir los sesgos de quienes intervienen. No hay preguntas sobre la tipología complementaria "integrador" (aquel que mantiene la energía a niveles constantes a lo largo del proceso IDEA), ya que será calculada aplicando la desviación estándar de las cuatro básicas para luego identificar el menor valor.

Antes de colocar la evaluación en cada pregunta, se les pide a los participantes que mediten sobre cada uno de sus colegas. Es conveniente que traten de pensar en ejemplos de situaciones como las que plantea el test que se hayan vivido durante sus reuniones.

5. Coaching de equipos

5.1. Introducción

La responsabilidad principal del líder es obtener lo máximo de los individuos y del equipo en su conjunto para alcanzar la mejor *performance* posible. Su función es hacer las cosas necesarias para la organización a través de los demás, considerando que no es lo mismo gestionar a personas que a equipos. Debe establecer la dirección, alinear a las personas hacia esta y construir compromiso.

Las diversas dificultades que hemos señalado se manifiestan de diferentes maneras:

- Comunicación pobre o con "ruidos".
- Baja participación y actitud defensiva.
- Temor al conflicto o conflictos personales destructivos.
- Desconfianza del trabajo de otros y sabotaje a esos trabajos.
- Formación de "camarillas" dentro del equipo.
- Líder autoritario resistido en silencio por el equipo y seguido por temor a contradecirlo (síndrome del "sí señor").
- Relaciones interpersonales débiles o dañadas.
- Resentimiento y falta de motivación.
- Espíritu de cuerpo exacerbado que conduce al pensamiento grupal o *group think*.
- Falta de identidad.
- Falta de visión compartida.
- Imposibilidad de generar ideas y soluciones creativas.
- Cinismo y humor sarcástico.
- Decisiones poco creativas y poco efectivas.
- Reuniones aburridas a las que nadie quiere asistir.
- Rendimiento pobre.

Resolver esta clase de problemas es un trabajo que requiere atención permanente, no solo porque el contexto y las condiciones cambian, sino porque los miembros del equipo también lo hacen. Hay ciertas etapas que se deben cumplir para intervenir en la conducta de los equipos:

- Diagnóstico
    a. Opiniones de los miembros.
    b. Observación de la conducta durante las reuniones.
    c. Test y evaluaciones.
- Talleres iniciales de coaching grupal
    a. Generación de una visión compartida: ¿qué queremos ser como equipo?
    b. Mejora de la comunicación.
    c. Fortalecimiento del conocimiento y de la confianza.
    d. Discusión de los resultados de los tests.
    e. Ejercicios lúdicos de equipo.
- Talleres de seguimiento
- Coaching individual

5.2. Diagnóstico del equipo

La necesidad de trabajar sobre un equipo de dirección suele tener dos causas principales:

- Se trata de un equipo nuevo que comienza su formación.
- El líder siente que los miembros del equipo no están motivados y no consigue alinearlos a los objetivos organizacionales ni generar un ambiente de trabajo estimulante.

El abordaje de estas situaciones se puede realizar de diferentes maneras[19]:

---

19 Cuadro tomado parcialmente de Donnellon, A.: *Team Talk*, Harvard Business Review Press, Boston, 1996.

Método	Definición	Ejemplo
Benchmarking	El equipo compara sus procesos con el de otros similares.	Un equipo encargado de la mejora del servicio al cliente compara el nivel de confianza y participación en reuniones semanales con equipos de otros departamentos.
Observador externo	Un consultor externo observa al equipo y realiza evaluaciones objetivas de su proceso.	Luego de una encuesta de clima, el equipo contrata a un consultor para evaluar la calidad de las relaciones interpersonales. El consultor sugiere cambios.
Discusiones de equipo regulares	Los integrantes de los equipos se involucran en reuniones regulares e informales para evaluar sus procesos.	Un equipo que evalúa nuevas bases de datos de marketing se reúne semanalmente para discutir sus progresos. Incluye las fechas de cierre, presupuestos y solución de problemas.
Rescate de sesiones de proyecto	Luego de completar una tarea los miembros de los equipos se reúnen para discutir lo que se hizo bien y mal.	Un equipo encargado de diseñar un website se reúne luego de completar el proyecto. Se comparten los aprendizajes obtenidos al realizar la tarea.

Cuadro 12

Cuando se trata de equipos nuevos o en los casos en que el líder del equipo tiene un perfil técnico o financiero y poca experiencia en coaching, suele recurrirse a los dos primeros métodos: *benchmarking* con otros equipos de la organización (realizado habitualmente con la guía de algún integrante de gestión de personas) o contratar a un observador externo para que evalúe los comportamientos del equipo y de sus miembros.

Los dos últimos métodos –discusiones de equipo regulares y rescate de sesiones de proyecto– son habituales para realizar el seguimiento en el caso de equipos maduros que ya tienen incorporadas las habilidades de comunicación necesarias, y en los que reina la confianza y fluidas relaciones interpersonales.

El siguiente cuadro muestra los obstáculos más comunes que deben superar los equipos para alcanzar su máximo potencial[20]:

Problema	Conductas características
Falta de identidad de equipo	Los objetivos individuales no están alineados con los del equipo. Los miembros del equipo no están comprometidos con los objetivos del equipo y no hacen esfuerzos significativos. Los miembros no se sienten mutuamente responsables. El equipo sufre de baja colaboración, información compartida y decisiones tomadas en conjunto. No hay una cultura propia.
Baja participación	Los miembros del equipo no completan las asignaciones. Hay baja asistencia a las reuniones de equipo. Hay poca energía durante las reuniones. Los miembros del equipo están mirando los mails o haciendo otras tareas durante las reuniones.
Comunicación pobre	Los miembros del equipo se interrumpen o hablan sobre otros durante las reuniones. Algunos miembros permanecen callados. Las personas mencionan problemas pero no los encaran formalmente. Todos dan su acuerdo cuando se propone un curso de acción pero es un consenso falso, nadie sigue el plan acordado. Armonía artificial.
Liderazgo de equipo inefectivo	Los miembros contribuyen con pocas ideas. No parecen tener una visión de equipo. El equipo falla al delegar. El líder no confía en sus colaboradores. El líder parece no saber cómo representar a muchos integrantes.

Cuadro 13

---

20 Adaptado de Donnellon, *ibidem.*

Problema	Conductas características
Conflicto destructivo	Se producen frecuentes discusiones. Los miembros no se proporcionan apoyo emocional mutuo. Las personas hacen gestos agresivos, como dejar las reuniones o amenazar con dejar el equipo. Persisten las tensiones, las críticas personales y los ataques.
Pensamiento de cuerpo (*groupthink*)	Los miembros no desean o no pueden considerar ideas alternativas. Hay falta de debate sobre las ideas. El pensamiento crítico es tratado como un freno al progreso del equipo. Los miembros muestran un deseo primordial de acuerdo y unidad.
Ausencia de creatividad	Los miembros parecen imposibilitados de generar ideas frescas y perspectivas más allá de la sabiduría predominante o "la manera establecida de hacer las cosas". Los miembros usan las fórmulas establecidas como "pruebas" de que algo nuevo "no va a andar". Las personas se resisten a hacer preguntas o a mantenerse curiosos o juguetones. Los miembros parecen no saber cómo convertir eventos inesperados en oportunidades.
Toma de decisiones inefectivas	Los miembros se adhieren con firmeza a sus posturas durante los procesos de decisión. Surgen frecuentes discusiones que no conducen a nueva información positiva. Se revisan continuamente las decisiones.

Cuadro 13 (Continuación)

5.3. Pasos para la evaluación del equipo

La intervención en un equipo se realiza siguiendo una serie de pasos que van desde lo individual hacia lo grupal.

Primer paso: entrevistas de profundidad

Antes de comenzar la ronda de entrevistas con los integrantes del equipo deben conocerse con claridad las expectativas de la gente de gestión de personas y del líder del equipo sobre la intervención. Es imprescindible tener en claro qué piensa el líder de cada uno de sus colaboradores y qué vínculo los une. Luego de esto, el líder debe comunicar al equipo los objetivos del trabajo de equipo a realizar con la ayuda del coach (que puede ser un consultor externo o alguien con experiencia en coaching de equipos perteneciente a la empresa).

Todos los miembros del equipo deben ser entrevistados en un ambiente seguro que garantice la reserva de lo expresado. Es conveniente que las entrevistas se realicen en el lugar de trabajo pero, si el entrevistado así lo prefiere, pueden ser en otro espacio. Antes de comenzar la entrevista, el coach debe presentarse, explicar su papel y aclarar cualquier duda que tenga la persona entrevistada. La entrevista comienza por relevar datos objetivos como edad, profesión, antecedentes familiares, función, puesto, tiempo en la empresa y en el equipo. Luego deben explorarse elementos subjetivos como las expectativas que tenía al ingresar al equipo y los *gaps* que percibe respecto a estas en la actualidad, el vínculo que lo une con cada uno de los demás miembros, su relación con el líder, cómo se ve en el equipo y otros sentimientos que sirvan para orientar al coach.

Las entrevistas tienen varios objetivos. En primer lugar, conocer con el mayor detalle posible a cada miembro del equipo y que ellos conozcan al coach y aclaren las dudas que tengan. También es el momento para generar confianza en las personas y en el proceso. Otro objetivo es formar un mapa de relaciones –en especial informales– que existen entre los miembros. Por último, debe generarse un diagnóstico inicial con las primeras hipótesis de trabajo que ayuden a orientar las siguientes etapas.

Segundo paso: **filmación del equipo en una reunión real**

Aunque a través de este método se consigue información preciosa, lo que contribuye a agilizar todo el proceso, no todos los equipos están dispuestos a permitir que sus reuniones sean filmadas para ser observadas por personas externas al equipo. Son contados los líderes que están dispuestos a exponerse, pero los que aceptan incluir este paso, muestran gran compromiso y voluntad de cambio. Si se decide saltear esta etapa puede continuarse con las siguientes sin problemas. Una alternativa menos invasiva es que el coach observe una reunión (sin participar) y tome notas. El inconveniente principal de este tipo de abordaje es que solo se contará con un punto de vista, con sus inevitables sesgos.

Es recomendable realizar dos o tres filmaciones. Deben emplear las cámaras necesarias para abarcar a todos los miembros del equipo. Las cámaras serán instaladas en lugares discretos y permanecerán fijas, sin camarógrafo. Los participantes serán informados con antelación y se les pedirá su autorización. En general, nadie presenta objeciones y se organizan las agendas para no tratar durante esas reuniones temas sensibles o reservados.

Aunque durante los primeros momentos se observa cierta incomodidad, luego de un rato se olvidan de las cámaras y las reuniones fluyen naturalmente.

Una vez completadas las filmaciones comienza la etapa de análisis que realizarán profesionales (psicólogos y sociólogos) especialistas en la observación de las manifestaciones individuales y de la dinámica de grupo.

Se presta atención a la expresión corporal y al lenguaje empleado, pues ofrece información de lo que las personas están sintiendo en ese momento. También se recoge información objetiva, como el "tiempo en el aire", es decir, la participación de cada miembro, y el índice o tasa de positividad/negatividad (P/N). Este índice, desarrollado por Marcial Losada[21], presta atención al tono del lenguaje empleado por las personas del equipo durante la reunión.

____

21 http://losada.socialpsychology.org/

En una entrevista[22], Losada explicaba lo siguiente:

La tasa positiva o negativa es bastante central y este es uno de los descubrimientos importantes [...] (no todo debe ser positivo) porque como jefe de una empresa, como padre de familia, como amigo de una persona de vez en cuando vas a tener que dar temas negativos, porque si no todo lo que se diga puede ser poco creíble y lo positivo y negativo cumple un rol de corregir ciertas cosas y el asunto es en qué proporción eso se da.

La tasa P/N es una manera práctica de entender qué pasa en un equipo durante las reuniones de trabajo. Su objetividad (cualquiera puede observarlo en la filmación) evita discusiones personales estériles. Al igual que el tiempo en el aire, son maneras efectivas de dar feedback al equipo y de medir la dinámica del grupo.

Tercer paso: test MBTI u otra evaluación psicométrica

El test MBTI permite conocer las preferencias de los individuos y ayuda a fortalecer la empatía, el conocimiento y la confianza en el equipo. Es una herramienta valiosa para el líder y para el coach para comprender ciertos comportamientos y actitudes. También para asignar los roles dentro del grupo teniendo en cuenta las preferencias individuales.

Cuarto paso: test de equipos basado en el modelo de Lencioni

El test busca detectar y evaluar con qué intensidad se presentan en el equipo cada una de las disfuncionalidades enunciadas por Patrick Lencioni que se analizaron más arriba.

---

22 https://www.newfield.la/

Para cuantificar las dimensiones se emplea un cuestionario de 38 preguntas en escala del 1 al 5 que luego se resumen en las cinco disfuncionalidades.

El test tiene dos propósitos principales.

- Primero, presentar al diálogo temas que bloquean el crecimiento del equipo para su solución y mostrar aquellos puntos en los que los integrantes sienten que el equipo es más fuerte.
- Segundo, seguir la evolución del equipo a lo largo del tiempo, luego de la implementación de acciones correctivas.

Los períodos de control deberían ser mayores de un año y menores de dos.

Quinto paso: **talleres de *team building***

Los talleres de *team building* buscan profundizar el conocimiento, mejorar la comunicación, reforzar la identidad del equipo, desarrollar la confianza, crear cultura, fortalecer la integración y, finalmente, potenciar el rendimiento del equipo y de sus integrantes.

Debido a que cada persona tiene distintas maneras de aprender, es conveniente emplear diversas técnicas que integren lo lúdico, lo artístico y lo académico a lo largo de las jornadas de taller. Es recomendable realizar los talleres fuera del lugar habitual de trabajo y, en lo posible, dedicarles dos o más días de "retiro" donde los participantes convivan y realicen además actividades recreativas.

Las herramientas a incorporar abarcan temas como la escucha activa, el feedback, el lenguaje asertivo, el modelo de coaching, la gestión del talento, la visión del equipo y otros, en general, enfocados a aspectos *soft*.

Cuando el equipo es nuevo, los primeros talleres se dedican a desarrollar el conocimiento y la confianza. A medida que el equipo se afianza, se apunta a encontrar zonas de mejora. La frecuencia se va espaciando con el tiempo. Los primeros pueden ser cada 45 o 60 días, luego cada 4 o 6 meses, para concluir en actividades anuales.

6. Investigación sobre equipos del Center for Creative Leadership

Una investigación realizada por el Center for Creative Leadership[23] entre profesionales y ejecutivos de diversos niveles a través de varias industrias busca tomar una fotografía del estado de los equipos. Sus preguntas responden a cuestiones útiles para orientar a líderes y a coaches sobre diferentes aspectos de la vida de los equipos.

- ¿Cuáles son las tendencias en los equipos?

Los porcentajes muestran el grado de acuerdo en cada aspecto. Hay consenso respecto de la importancia que tienen los equipos en las organizaciones.

Tendencia de los equipos	% acuerdo
Las personas son parte de más de un equipo simultáneamente	95%
Los equipos son centrales para el éxito organizacional	91%
Nuestro equipo colaborando con otros es esencial para el éxito	87%
Los miembros del equipo están dispersos geográficamente	65%
Hay *sponsors* del equipo ubicados en posición de ayudarlos	51%
Tenemos más colaboración informal que formal	45%
Los equipos tienen vida corta (menos de un año)	37%
Los equipos están en declinación	11%

Cuadro 14

---

23 Martin, A. y Bal, V.: *The State of Teams*. Center for Creative Leadership, Greensboro, 2015.

- **¿Qué características tienen actualmente los equipos?**

Características de los equipos	% acuerdo
Tenemos metas compartidas	77%
Los miembros operan a través de las fronteras geográficas	74%
Trabajamos bien con otros equipos	70%
Los miembros disfrutan de ser parte de los equipos	70%
Aprendemos de nuestros errores	69%
Sacamos a la superficie los conflictos y los resolvemos efectivamente	64%
Los miembros coordinan sus actividades	62%
Permanecemos en el equipo por más de un año	57%
El equipo excede a las expectativas organizacionales	53%

Cuadro 15

- **¿Qué habilidades necesita el líder del equipo?**

Habilidad clave del líder del equipo	% acuerdo
Habilidades de gestión	22%
Habilidades interpersonales	21%
Atributos de líder	19%
Fijar la dirección	12%
Potenciar las relaciones	10%
Construir compromiso	8%
Desarrollar el equipo	6%
Gestionar el conflicto	2%

Cuadro 16

- **¿Cuáles son los mayores obstáculos del equipo?**

Obstáculos para el éxito del equipo	% acuerdo
Factores organizacionales	22%
Recursos materiales	18%
Dinámica grupal	12%
Visión/sueño	6%
Factores ambientales	6%
Dinámica entre equipos	1%
Cuestiones geográficas	1%
Esfuerzo interpersonal	1%

Cuadro 17

• ¿Cuáles serían los programas potenciales de equipos?

Programas potenciales	% acuerdo
Creo que se deberían ofrecer cursos en las siguientes áreas…	
Coaching de equipos (los que consultan por equipos en crisis o en formación)	80%
Membresía en el equipo (para membresía más efectiva)	69%
Patrocinamiento de equipo (ayudar a los que dan soporte a los equipos)	67%
Colaboración entre equipos (trabajo más efectivo con otros equipos)	64%
Integración (los que quieren grupos de trabajo más colaborativos)	59%
Equipos innovadores (encargados de crear nuevos productos/servicios)	54%
Liderazgo de equipos virtuales (liderar equipos dispersos geográficamente)	51%

Cuadro 18

7. Conclusiones: el estado de los equipos

Vimos cómo el trabajo con equipos requiere gestionar una serie de complejas dinámicas individuales y grupales para lograr una alta *performance*. A pesar de sus dificultades, el trabajo en conjunto es la manera inevitable de obtener resultados en las organizaciones. La competencia presiona a las empresas para que consigan mejores resultados y lo que distingue a las ganadoras es la capacidad de sus equipos directivos. Los equipos siguen siendo la clave del éxito. Sus líderes requieren, cada vez más, desarrollar destrezas intelectuales, interpersonales y de autoconocimiento.

8. Caso de estudio

Investcorp Int. - Cuando el problema es el jefe

Jackie Benegas miraba por la ventana de su oficina situada en el piso 14 de una elegante torre del barrio de Puerto

Madero[24], en Buenos Aires. Con cierta angustia se preguntaba en qué se había equivocado al haber sugerido a los socios a Gonzalo Castro, un ingeniero industrial de 46 años, para el puesto de CEO[25]. Jackie era directora de gestión de personas de la sede regional[26] de Investcorp –una empresa multinacional de finanzas– desde hacía diez años. Dos años antes había participado en forma activa de la selección del ejecutivo principal para la región. Aunque se destacaba por sus condiciones de liderazgo y por sus antecedentes profesionales, Gonzalo no había sido su primera opción, pero el candidato número uno había sido tentado a último momento por una compañía local del rubro alimenticio.

Con el correr del tiempo comenzaron los roces entre Gonzalo y sus colaboradores directos, todos con más años de antigüedad en la compañía que él. Jackie pensaba que –de seguir así– su estilo de liderazgo, duro y autoritario, iba a terminar causando estragos en el equipo y se preguntaba cómo encarar el problema. Aunque seguía pensando que Gonzalo era un gran líder y los resultados operativos de la empresa así lo demostraban, notaba el creciente malestar entre sus colaboradores. Sabía que ese estado de ánimo no iba a tardar en tener impacto en el *bottom line* pero –aunque Gonzalo confiaba en ella– dudaba en planteárselo directamente por temor a desatar una de sus fuertes reacciones, cada vez más habituales. Las veces que le había sugerido sesiones de coaching él había reaccionado de manera muy negativa. Al borde de la furia, le había asegurado que no necesitaba ayuda de ninguno de "esos charlatanes".

---

24 El barrio de Puerto Madero surgió como resultado del proceso de urbanización de un sector de la zona portuaria de la Ciudad de Buenos Aires. En poco tiempo se convirtió en uno de los más elegantes de la ciudad y en la ubicación preferida por las compañías nacionales e internacionales más prestigiosas.

25 Chief Executive Officer, equivalente a gerente general.

26 La región incluía Argentina, Bolivia, Chile, Paraguay, Perú y Uruguay.

Mientras miraba a la distancia los barcos cargados con contenedores navegando por el Río de la Plata, Jackie pensaba en alguna forma de ayudar a Gonzalo. Tal vez por sentir la responsabilidad de haber contribuido a su nombramiento y reconocer que las dificultades serían una señal de su propio fracaso, aún tenía la esperanza de torcer el rumbo de colisión que presentía. Decidió llamar a Francisco Narváez –un coach con quien había trabajado antes y experto en trabajar con equipos directivos– para que la ayudara a salir de la encrucijada en la que se encontraba.

Antecedentes de Investcorp en la región

Nacida en Estados Unidos, Investcorp International tenía 130 años de vida, y la sede regional se había fundado 17 años antes. En total empleaba a 310 personas distribuidas entre Argentina (100), México (80), Bolivia (10), Chile (50), Paraguay (10), Perú (40) y Uruguay (20). La facturación anual de toda la región ascendía a trescientos millones de dólares norteamericanos (U$S 300M).

Sus servicios incluían asesoramiento en portafolios financieros, análisis de inversiones, *fundrising* y otras actividades asociadas. También actuaban ofreciendo préstamos para emprendedores seleccionados, lo que les había traído muchas satisfacciones y algún dolor de cabeza. Aunque conservaba su autonomía, la compañía había sido adquirida por un fondo de inversión cinco años antes. Los socios del fondo solo intervenían cuando se trataba de decisiones estratégicas de alto nivel. Uno de ellos era quien estaba a cargo de la supervisión general de Investcorp.

Durante más de doce años la compañía había tenido el mismo CEO regional, un hondureño afable y extrovertido. Su retiro había sido bastante traumático para los empleados locales ya que se trataba de una persona muy querida por todos. Todos los miembros del equipo directivo habían reportado a él y lo recordaban con cariño y respeto. El puesto había quedado vacante un tiempo y la región había sido administrada por un delegado de la filial mexicana. Dos años antes se había nombrado a Gonzalo Castro, quien se había desempeñado en la industria metalúrgica y en la banca, luego de haber administrado los negocios de la familia (se decía que se había retirado tras una fuerte discusión con su padre).

Perfil del equipo de dirección

El equipo de dirección estaba integrado por seis miembros de perfiles diversos, aunque todos eran profesionales jóvenes (de entre 38 y 47 años), con un promedio de cinco años en la empresa. El grupo se completaba con un "director virtual" que participaba de las reuniones de directorio, pero que reportaba directamente a la casa matriz de la corporación en Chicago, EE.UU.

Composición del equipo de dirección

- Gonzalo Castro (CEO)
- Jackie Benegas (Directora de Gestión de personas)
- Andrés Espert (Director de Ventas)
- Néstor Márquez (CFO a cargo de las operaciones financieras)
- Esteban Hernández (Director de Administración y servicios de *back office*)
- Marcela Cisneros (Adjunta al CEO, a cargo de *Compliance*)
- Kevin James (Director de Asuntos legales)
- Norberto Huergo (Gerente de Marketing Internacional – reporta a los HQ[27])

---

27 *Headquarters*: oficinas centrales.

Todos los integrantes eran porteños[28] salvo dos (Kevin y Norberto) nacidos en el interior de Argentina.

Perfil y opiniones de los integrantes del equipo

Francisco Narváez creía que para ayudar a un equipo el primer paso era tener un diagnóstico de la situación presente. Para hacerlo recomendaba comenzar con una entrevista de profundidad con cada uno de los miembros en forma privada. Sostenía que solo teniendo una idea acabada del perfil, de las opiniones y de las inquietudes de todos se podría realizar un diagnóstico claro de la dinámica del equipo. A lo largo de varios días se había reunido con cada uno. Las siguientes eran las notas que había tomado luego de cada conversación.

Gonzalo

- Ingeniero Industrial del ITBA, 46 años, casado, dos hijos de 10 y 12 años.
- Con anterioridad había administrado la empresa familiar para luego "buscar independencia y mi propio camino". Luego de ingresar a Tenaris donde alcanzó una posición de *middle manager*. Trabajó 10 años en el Citibank, donde se especializó en servicios financieros. Había visto una oportunidad de un salto cualitativo de carrera cuando se enteró de la posición de CEO en Investcorp y no dudó en enviar su CV a través de un *head hunter* conocido.
- Se definía a sí mismo como competitivo, asertivo y orientado a resultados, características que atribuía a sus largos años de jugador de rugby, un deporte al

---

28 Es el nombre que se les da a los habitantes de la Ciudad de Buenos Aires y en ciertos casos a los de Montevideo, Uruguay.

que seguía ligado como entrenador de sus hijos y de sus sobrinos.

- Se manifestó muy conforme con el desempeño del equipo y de cada uno de sus miembros. Sentía que estaba consiguiendo imponer "el sentido de urgencia necesario para generar las iniciativas que requería la nueva situación de los mercados".
- Estaba incómodo por el hecho de que Norberto no le reportara a él directamente. Opinaba que era un *outsider* y que no debería estar presente en las reuniones de su equipo.
- Percibía que todos los integrantes estaban cómodos trabajando con él y que todos seguían su liderazgo.
- Consideraba que el estilo amigable y algo paternalista de su antecesor había relajado demasiado al equipo.
- Creía que lo habían traído para poner un poco de orden.

Jackie

- Era licenciada en Gestión de personas de la UBA, 41 años, casada, un hijo de 6 años.
- Conocía bien a todos los miembros del equipo.
- Sus dudas sobre Gonzalo habían comenzado cuando varios le habían hecho comentarios sobre su temperamento, cosa que ella también notaba.
- Creía que –salvo en algunas personas entre sí– no existía confianza a nivel de equipo.
- Cuando seleccionaron a Gonzalo buscaban un perfil duro ya que el interventor mexicano había notado "cierto desorden, falta de iniciativas y estancamiento, como si todos estuvieran muy cómodos anquilosados en la zona de confort".
- Pensaba que durante la primera etapa la interven-

ción de Gonzalo había sido positiva. El equipo había reaccionado y habían comenzado a surgir iniciativas.

- Para definir el equipo empleaba los siguientes adjetivos:
  - Competente, con personas muy profesionales y capaces en lo suyo.
  - Estaban aislados "en su oficina del piso 13". No tenían llegada al resto de la organización.
  - No eran capaces de "inspirar" al resto.
  - Escépticos: reinaba un fuerte escepticismo, lo que se notaba cuando alguien (que no fuera Gonzalo) presentaba alguna iniciativa.
  - Sarcásticos: eran muy propensos al empleo del sarcasmo y del humor irónico para hacer críticas. Aunque Gonzalo era quien más ejercía esa conducta, todos parecían seguirlo. Le sorprendía el nivel que alcanzaba durante las reuniones de equipo.
- Tenía esperanza de que Gonzalo cambiara su actitud y se "ablandara" un poco, ya que había comenzado a practicar yoga y *mindfulness.*
- Durante una de las reuniones, las "cargadas" a Kevin habían subido de tono lo que había generado tensiones entre él y varios miembros, en especial con Gonzalo.
- Jackie reflexionaba: "si el problema es Gonzalo, ¿cómo hacemos para solucionarlo?".

Andrés

- Licenciado en Administración de Empresas y MBA de Di Tella, 47 años, separado, con tres hijos adolescentes. Había ingresado a la compañía siete años antes. Es el mayor y el más antiguo del equipo. Había sido considerado para la posición de CEO.

- Antes había trabajado en el Citibank, donde había sido par de Gonzalo.
- Sostenía que durante los años anteriores a la llegada de Gonzalo "existía un liderazgo paternalista y burocrático" que hubiera sido insostenible a no ser por los excelentes resultados que se obtenían gracias a un fuerte "viento de cola"[29].
- Aseguraba que las crisis económicas les habían permitido aprovechar oportunidades únicas, pero ese contexto había cambiado. Creía necesario cambiar de estrategia ya que había una nueva realidad de mercado.
- Opinaba que las reuniones de equipo eran exámenes tomados por Gonzalo ya que todo pasaba por él. Creía que había que sacarlo de esa posición.
- Definía las fortalezas del equipo como:
  - dedicación,
  - orgullo de pertenecer,
  - gusto por la competencia.
- Pensaba que existía una armonía ficticia y que no había suficiente confianza.

Néstor

- Economista de CEMA, soltero, de 43 años.
- Tenía una actitud conciliadora.
- Cuando mencionó a "mi equipo" se refirió al de sus colaboradores directos, no al de sus pares del directorio.
- Expresaba admiración por Gonzalo y decía que había conseguido darle dirección a la compañía.
- No le preocupaba el tema del sarcasmo y creía que iba a ser superado con facilidad.

---

29 Metáfora para referirse a condiciones favorables del contexto.

Esteban

- Ingeniero Mecánico de la Universidad de la Plata, 41 años, casado, sin hijos. Había ingresado a la compañía 3 años antes.
- Adoptaba una posición fría y distante en todo momento.
- No le molestaba la personalidad de Gonzalo (alguien había señalado que eran iguales).
- Se había enterado por boca de un colaborador que otros miembros del equipo hablaban mal de él.
- Opinaba que en realidad no era un equipo y que cada director constituía un silo con sus reportes.
- Se oponía a las reuniones diarias de las 8:05 de 10[30] minutos para analizar el día a comenzar y se refería a las mismas con ironía, como "es para dar la sensación de manejo, aunque algunos no manejan nada".

Marcela

- Contadora de la UBA, 38 años, soltera y sin hijos, "pero tengo dos sobrinos que son un sol".
- Se definía como una persona introvertida a la que le costaba tutear a las personas, incluso a sus pares.
- Sentía mucho respeto y hasta algo de temor frente a Gonzalo, a quien consideraba su "protector". Afirmaba que "me gusta servir" y que "cuando los demás hablan yo escucho".
- Frente al sarcasmo imperante durante las reuniones decía que se daba porque estaba rodeada de "hombres de acero".

---

30 Era una modalidad de reunión diaria –impuesta por Andrés– para arrancar la jornada. La intención era que, de un pantallazo, todos supieran lo que estaban haciendo los demás. También debían servir para integrar al equipo.

- Contaba que una vez Gonzalo le había preguntado algo y que se había sentido feliz por haber sido tenida en cuenta. Decía que ese gesto le había dado motivación "hasta el año que viene".

Kevin

- Abogado de la UBA, 44 años, casado, con cuatro hijos. Había ingresado a la compañía 5 años antes con el objetivo de "ordenar los papeles".
- No dudaba en decir que se sentía maltratado por Gonzalo a quien consideraba un "bully".
- También estaba molesto con Jackie ya que creía que era ella quien debía llamarle la atención.
- Se definía como un abogado sencillo y leal. Su principal interés era la familia.
- Había sido jugador de rugby y opinaba que Gonzalo representaba lo peor del deporte: agresivo, mal compañero, egoísta y sarcástico.
- Consideraba que no se le reconocían sus aportes.

Norberto

- Licenciado en Marketing de Columbia, 45 años, casado, dos hijos. Había ingresado a la compañía hacía 4 años. Reportaba directamente a los QH de Chicago.
- Se definía como extrovertido y emprendedor. Decía sentir pasión por su profesión.
- Al igual que Andrés, había estado cerca de ser nombrado CEO pero sus diferencias con el interventor mexicano lo habían dejado fuera de carrera.
- Estaba enfrentado con Gonzalo y no lo disimulaba. Le había dedicado expresiones como: "se tiene que bajar del pedestal"; "yo solo quiero que me deje trabajar tranquilo, que entienda que no le reporto a él";

"no me incluyó en el 360 del año pasado porque sabía que lo hubiera defenestrado".

- En pocas palabras, no reconocía la autoridad de Gonzalo y estaba dispuesto a combatirlo.
- No se sentía parte del equipo y sostenía que no había reconocimiento: "a pesar de mis resultados, ni una palmada en el hombro", decía.

Principales conclusiones de Francisco Narváez luego de las entrevistas

- Todos consideraban que Gonzalo había ido a poner orden y dirección, y que lo había conseguido.
- Muchos pensaban que era hora de pasar a otra etapa en donde hubiera más consenso y participación, pero dudaban de que Gonzalo fuera capaz de liderarla.
- Nadie sentía como propio al equipo de dirección sino al que integraban con sus reportes.
- En las reuniones de directorio existía una sensación de "ir a rendir examen" y no la de compartir información y generar discusiones que sumaran valor.
- Creían que las reuniones eran diálogos entre Gonzalo y el que exponía ("como un examen del colegio secundario").
- La mayoría adoptaba una posición pasiva de escucha. Evitaban confrontar de manera abierta –para hacerlo se usaba el humor sarcástico– lo que daba como consecuencia un ambiente de armonía artificial.
- No había reconocimiento de los logros individuales ni de los obtenidos en conjunto. "Con el CEO anterior se festejaba cada buen resultado", comentaron dos de ellos.
- Algunos habían manifestado nostalgia por el CEO hondureño.

- Varios dijeron percibir favoritismo por parte de Gonzalo: "Néstor, Marcela y Esteban son sus favoritos, ellos hacen 'rancho aparte'[31]".
- Dos señalaron que se enteraron por boca de terceros de comentarios negativos hechos sobre ellos por otros miembros del equipo.

Francisco estaba preocupado por el panorama que había encontrado. Sabía que había que introducir cambios en la dinámica del grupo para que la relación entre sus miembros fuera sustentable. Las dificultades eran múltiples pero todas parecían apuntar a la personalidad avasallante de Gonzalo. Sin embargo dudaba: ¿sería así o su estilo de liderazgo era necesario para gestionar a su gente y para seguir consiguiendo resultados? Mientras terminaba el segundo café de la mañana, reflexionaba sobre cuál sería la mejor estrategia para trabajar con el equipo.

9. El tema en la prensa

Corporativamente incorrecto: doce razones para odiar el trabajo en equipo

---

31 Es una expresión argentina para señalar a un grupo parcial de miembros del equipo que se diferencia del principal, y que se confían asuntos que no confiarían al resto.

Uno de los grandes dilemas de la vida laboral: ¿es mejor el individuo o el grupo?[32]

10. El tema en el cine

Ocean's Eleven (2001)

11. Preguntas del capítulo

- ¿En qué consiste la tensión entre el individuo y el grupo?
- ¿Qué aporta el individuo y qué el grupo a una organización?
- ¿ Qué considera que es mejor, el equipo o el individuo? Justificar.
- ¿Qué diferencia hay entre alineación y alienación?
- ¿Cuáles son las variables que Charles Pavitt propone medir para determinar la conveniencia del trabajo grupal o del individual?
- ¿Cómo se consigue despertar el entusiasmo de los individuos miembros de un equipo?

---

32 Marchiori, E. A. y Hatum, A.: publicado en el diario *La Nación* de Buenos Aires, 24/07/2016.

- ¿Qué es el Efecto Ringelmann? ¿Cómo se explica? ¿Qué impacto produce en los equipos?
- ¿Cómo se clasifican las relaciones entre el tamaño del equipo y su rendimiento?
- ¿Qué características tienen los equipos según los deportes que practiquen?
- ¿Qué condiciones debe cumplir un equipo para ser considerado "auténtico" según el criterio de Katzenbach y Smith?
- Enumere las distintas etapas de la Curva de rendimiento de un equipo según los mismos autores de la pregunta anterior. ¿Qué características tiene cada etapa?
- Enumere las cinco disfuncionalidades que puede presentar un equipo según el criterio de Patrick Lencioni.
- ¿Cuál es, según los autores, la sexta disfuncionalidad que puede observarse en los equipos?
- ¿Cuáles son las etapas del Proceso IDEA de equipos creativos? ¿Qué características tiene cada una?
- ¿Qué es el coaching de equipos? ¿En qué se diferencia del coaching individual?
- ¿Cuáles son los obstáculos más habituales que frenan el desarrollo de los equipos?
- Enumere los pasos que se emplean para realizar el diagnóstico de un equipo.

CAPÍTULO X

Gestión internacional de personas

1. Los caminos de la globalización

Diana era una princesa inglesa que, con su novio egipcio, chocó en un túnel francés, mientras viajaban en un auto alemán con motor holandés, conducido por un chofer belga alcoholizado con whisky escocés; iban perseguidos de cerca por un paparazzi italiano en una moto japonesa; fue tratada por un médico norteamericano que empleó medicamentos brasileños.

ANÓNIMO DE INTERNET[1]

A pesar de que a lo largo de la historia se han observado momentos de avance y de retroceso, la globalización es una tendencia histórica de la humanidad. Las sociedades consiguen expandirse hasta donde la tecnología de su época se lo permite. El desarrollo del comercio, siempre en busca de nuevos mercados, la exploración curiosa para saciar la necesidad de conocimiento y la mera conquista religiosa, política o económica (o una mezcla confusa de las tres) hicieron que las personas trataran de ampliar las fronteras geográficas hasta donde los medios que disponían se lo facilitaron.

---

1   Tomado del Urban Dictionary como la mejor definición de globalización. Puede verse la frase completa en el sitio: http://www.urbandictionary.com/define.php?term=globalization

Quizás la primera "globalización" –al menos digna de ser llamada así– fue la que se produjo entre los pueblos antiguos del Mediterráneo. Hace poco más de quinientos años, el desarrollo de la tecnología naval, de los instrumentos de medición astronómicos, de la cartografía y del pensamiento científico en general permitieron –desde la óptica eurocéntrica– conocer continentes que habían permanecido ocultos hasta entonces. La Revolución Industrial disparó una aceleración exponencial del proceso. La máquina de vapor, la electricidad y los combustibles fósiles sirvieron para reemplazar el trabajo físico, humano y animal, lo que redujo enormemente los tiempos de traslado de información, de bienes y de personas. Las distancias ya no volverían a ser las de antes.

El proceso se afianzó con la invención de Internet al permitir que el intercambio de cantidades formidables de información fuera virtualmente gratis. El contenedor y el desarrollo de la aviación originaron algo similar con las mercaderías y con la gente. La Ley de Moore, que postula que aproximadamente cada dos años se duplica la capacidad de almacenamiento de los microprocesadores, todavía no encontró su límite que será impuesto por distancias subatómicas. Las interfaces actuales colocan en la mano de la mayoría de los habitantes del planeta una capacidad de procesamiento de datos que hasta hace no más de treinta o cuarenta años requería habitaciones especialmente acondicionadas.

La globalización en la mira

Hasta hace pocos años, todo parecía indicar que la globalización había llegado para quedarse. La frase del epígrafe no hace más que representar esa creencia. Sin embargo, a partir del referéndum de 2016 en Gran Bretaña, que determinó su salida de la Unión Europea, el proceso comenzó a mostrar fisuras. El crecimiento de los nacionalismos en diferentes partes del mundo –exacerbado por Donald Trump al mando de la principal potencia del mundo libre– contribuyó a profundizar esa tendencia. El triunfo de Joe Biden parecería marcar un cambio de timón, pero las diferencias porcentuales son tan ínfimas que no existen garantías sobre su sustentabilidad a mediano plazo.

La llegada del COVID-19

La aparición del COVID-19 dio tal golpe al proceso globalizador que lo hizo tambalear peligrosamente. El cierre de fronteras, la enorme reducción de los vuelos internacionales, la "guerra" comercial entre Estados Unidos y China y otros acontecimientos hicieron dudar de la continuidad de la globalización, al menos como se la conocía hasta hace algunos años. Como otras veces en la historia, un retroceso parecía inevitable.

Como elemento compensador, emerge una nueva manera de comunicarse que rompe con todas las fronteras: el uso masivo de la comunicación "virtual" empleando tecnologías que estaban disponibles pero subempleadas. Luego de una natural resistencia inicial, muchos comienzan a descubrir las ventajas de la interacción on-line. La reducción de los desplazamientos a su mínima expresión, la posibilidad del *home office,* el estar más tiempo en familia, el tener más espacio para el deporte y el esparcimiento son algunos de los beneficios para los empleados. Para las organizaciones, significa una importante reducción de costos operativos y de espacio de oficina. Desde el punto del medio ambiente, la reducción de las emisiones hizo sentir su impacto positivo casi de inmediato.

Transparencia global del mercado laboral

La pandemia demuestra que, aunque se cierren las fronteras físicas, la globalización sigue. Incluso se reforzó la comunicación entre individuos y equipos, aunque no sea presencial. Se comienza a percibir una naturalización de la nueva modalidad que posibilita mucha agilidad en las interacciones. Una vez que tanto empresas como individuos cambian su percepción de esta posibilidad, el mercado laboral adquiere una transparencia inusitada. Las empresas pueden salir a buscar el talento a cualquier parte del mundo. Asimismo, el talento puede aspirar a cualquier empresa del mundo. Sin dudas, esto genera una competencia feroz entre las partes. Todo parece indicar que solo los mejores talentos que más rápido se adapten saldrán indemnes de esta lucha.

Este es, brevemente, el contexto donde compiten y se desenvuelven las empresas en la actualidad. Sin embargo, hay ciertas necesidades empresariales generales que no cambiarán, más allá de los cambios de la modalidad de trabajo. La búsqueda de nuevos mercados, las fusiones, las adquisiciones y las alianzas estratégicas hacen que, de pronto, cualquiera se encuentre compitiendo con compañías de distintas partes del mundo. Si bien es probable que las empresas comiencen a valorar más su mercado interno –en particular China–, la interdependencia de las economías es demasiado amplia. A menos que los conflictos comerciales escalen hasta el peligroso terreno de la acción armada, no es razonable suponer que desaparezca todo intercambio.

Mientras tanto, emerge una nueva forma de balance de poderes entre lo estatal y lo privado. En la actualidad, muchas corporaciones llegaron a ser mucho más poderosas que la mayoría de los países. Es de esperar que, a medida que crezca el peso de China en la economía mundial, su gobierno negocie directamente con los líderes de esos grandes conglomerados empresariales. No parece descabellado pensar que nos movemos hacia un escenario donde veremos corporaciones y chinos dominando el mundo.

La ruta hacia modelos híbridos

Si bien es de esperar que el contexto global cambie, ciertas prácticas como el reclutamiento, la selección, el desarrollo y la retención de los empleados que conviven en un entorno internacional mantendrán ciertas reglas. El desplazamiento del trabajo de la producción de bienes a los servicios, debido a la –por ahora– mayor dificultad de ser realizado por máquinas, requiere actualizar los conocimientos y las habilidades del personal continuamente. Van apareciendo nuevas modalidades educativas en las que la "universalidad" parecería un lujo cada vez más lejano de la mayoría.

Todo indica que nos movemos hacia modelos híbridos que combinarán el trabajo presencial con el distribuido en distintos grados de virtualidad, según las necesidades y los recursos de cada organización. Las responsabilidades del área de gestión de personas de compañías globales abarcan una cantidad de tareas inédita con desafíos cada vez mayores. Darles repuestas efectivas, que refuercen y generen nuevas competencias distintivas de las organizaciones, nunca había sido tan difícil ni tan apasionante.

2. Tipos de corporaciones según su estrategia mundial

No todas las compañías adoptan la misma estrategia para "salir al mundo". Además, a medida que el proceso de internacionalización empresarial se va afianzando, tal vez sea recomendable adoptar diferentes alternativas. Lo cierto es que, para que la iniciativa sea exitosa, todos los elementos de la compañía deben alinearse; la elección y la gestión de las personas son particularmente críticas.

El dilema local-global puede analizarse en dos ejes: el impulso que se le quiera aplicar a la orientación mundial y la capacidad de respuesta local que se pretenda obtener.

Este criterio de clasificación genera cuatro tipos básicos de corporación.

2.1. Corporación internacional

La corporación **internacional** es, en esencia, una empresa afianzada localmente que busca aprovechar sus capacidades distintivas para proyectarse al mundo. Muchas empresas emplean ese enfoque al comienzo de su etapa de expansión. Tal el caso de Honda, de Procter & Gamble y de General Electric, entre infinidad de otras. La firma trata de adaptar los productos que ya tiene a los mercados extranjeros. En general se buscan socios locales en el país destino y se envía a un grupo de personas reducido con experiencia y conocimiento de la cultura de la compañía para que gestionen la operación comercial y logística en forma coordinada con el socio/aliado. Es la manera menos arriesgada de intentar suerte en mercados desconocidos. Suele ser una estrategia transitoria, ya que si la empresa tiene éxito es probable que trate de arraigarse, y si no lo tiene puede retirarse sin grandes pérdidas.

2.2. Empresa multinacional

Una empresa es **multinacional** cuando tiene unidades autónomas operando en varios países. Es una forma de organización más compleja que la anterior que requiere decisiones estratégicas a largo plazo ya que involucra grandes inversiones. Los casos de Shell y de Phillips son arquetípicos. Las sedes locales tienen una gran capacidad de maniobra en los asuntos del país anfitrión, ya se trate de las preferencias de los consumidores, de los vaivenes económicos y políticos, o de sus particularidades culturales. Aunque existen líneas estratégicas bajadas desde la central, no existe un gran nivel de integración, lo que lleva a que muchas tareas se vean duplicadas. Asimismo, al no compartir información fluidamente se pierde cooperación entre las filiales. El abaratamiento y la facilidad de las comunicaciones que produjo Internet hizo que se fuera reduciendo el número de empresas que optan por este enfoque.

2.3. Estrategia global

Al emplear una estrategia **global**, las corporaciones buscan conservar un fuerte control de las operaciones locales (multinacionales) desde las oficinas centrales.

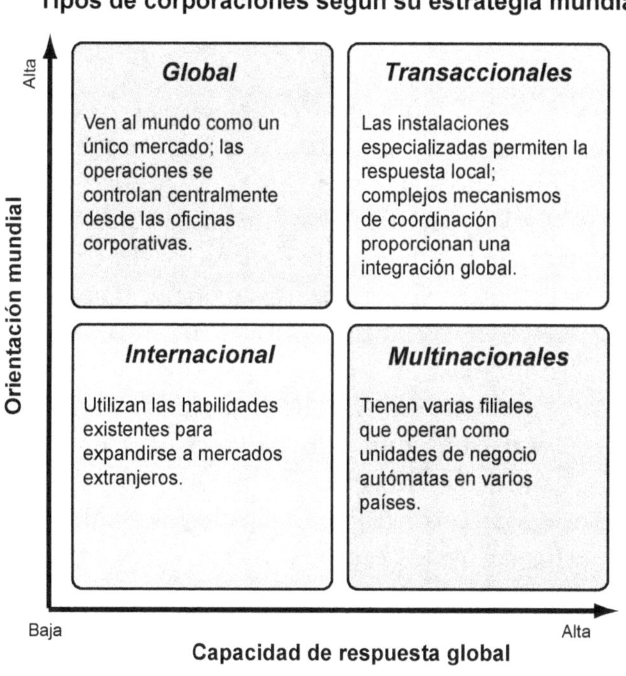

Figura 27

Tratan al mercado global como un todo y buscan combinar las acciones nacionales. Un buen ejemplo de corporación de esta clase es la Iglesia Católica, que tiene una central corporativa fuerte, con su CEO en el Vaticano, desde donde proyecta al mundo patrones litúrgicos sagrados, mientras admite que sus parroquias realicen ciertos pequeños ajustes para integrarse mejor con las culturas locales. Lo mismo puede decirse de McDonald's y su red de franquicias. Los *headquarters* de Chicago mantienen un control centralizado, pero permiten que las oficinas nacionales o regionales tomen iniciativas particulares, como usar aceite de oliva en España o consumir vino en Francia. Sin embargo, jamás ningún franquiciado osará alterar la fórmula del Big Mac, el proceso de elaboración de las papas fritas o los símbolos corporativos.

2.4. Corporación transnacional

Finalmente, una corporación **transnacional** intenta conseguir lo mejor de los dos últimos modelos mediante el empleo de complejos sistemas informáticos, comerciales, productivos, logísticos, legales y administrativos. Se forman estructuras matriciales que son redes de trabajo que coordinan actividades especializadas distribuidas alrededor del mundo. La idea es dar cierto nivel de autonomía y flexibilidad a las oficinas nacionales o regionales, mientras se las mantiene reguladas en un todo integrado. Casi todas las grandes corporaciones han adoptado la estructura matricial o están camino de hacerlo. Empresas como IBM, Unilever, Toyota y Microsoft trabajan desde hace años de esta forma. En estos casos, los empleados suelen reportar a dos o más superiores, algunos a nivel local y otros a nivel de la central corporativa. Las dificultades que plantea el enfoque solo son superables gracias al desarrollo que han tenido las comunicaciones en los últimos años.

Según señalan Snell, Morris y Bohlander:

Con el medio ambiente mundial ocupado por empresas procedentes de diferentes países y que operan en múltiples culturas, el aumento de la presión se está poniendo en la función de administración de gestión de personas. La administración internacional de gestión de personas se está viendo cada vez más como una fuente clave de ventaja competitiva para las empresas internacionales[2].

A diferencia de la nacional, la administración internacional de gestión de personas pone mucho énfasis en funciones como la reubicación, la inducción, la orientación y la traducción para facilitar la integración de los empleados a culturas distintas de las propias, así como para ayudar a los empleados de otros países a adaptarse a la cultura de la empresa. Hay corporaciones –como British Airways y Coca Cola– en las que estas funciones se manejan al nivel más alto de la organización.

Cuando la complejidad lo requiere, las compañías recurren a firmas consultoras especializadas en temas culturales ya que, aun leves deslices, pueden crear pesadas crisis. Las culturas contienen los valores centrales que guían las acciones de las personas, son incorporados desde muy temprana edad y aceptados sin cuestionamientos, por lo tanto, desairarlos, consciente o inconscientemente, no es la mejor opción para una empresa cuyo éxito depende de ser abrazada por los clientes locales.

3. Proceso de contratación internacional
(*Global staffing approach*)

Si una empresa se expande a nivel internacional el departamento de gestión de personas será el encargado de reclutar

---

2   *Ibidem*, pág. 656.

y capacitar a las personas encargadas de operarla. Cuando se busca personal para *posiciones de liderazgo*, en general, hay tres formas de encarar las contrataciones para puestos mundiales.

3.1. Aproximación etnocéntrica (expatriados)

En este caso se llenan las posiciones en el extranjero con personas de las oficinas centrales. De acuerdo a Torrington, Hall, Taylor y Atkinson:

> *Esto es típico para negocios que están en la etapa de expansión de la internalización y mantienen una fuerte y centralizada estructura. Las personas seleccionadas tienen una completa comprensión del ethos de la compañía, de sus productos y de su tecnología, y puede ser esencial donde escasea el personal local con suficiente experiencia y habilidad*[3].

El inconveniente de esta manera de encararlo es que crea barreras para la promoción de gerentes locales e impide el aporte del conocimiento del mercado y de la cultura de las personas del lugar. También los "expatriados" –como suele llamarse a los empleados enviados en misión al exterior– representan un costo mayor para las empresas ya que, además de sueldos más altos que incentiven y compensen el desarraigo, incluyen auto, vivienda, escuela privada para los hijos, traslados y otros beneficios. La tendencia es enviar a expatriados a cumplir proyectos puntuales de corta duración (a la manera de los "misioneros") mientras se capacitan a gerentes locales para que cubran las posiciones.

En muchos casos las empresas encuentran más económico contratar jóvenes profesionales locales y completar su formación en diferentes sedes, para luego regresarlos como

---

3   Torrington, D., Hall, L.; Taylor, S. y Atkinson, C.: *Human Resource Management*. Pearson Education Limited, Edinburgo , 1987. Edición consultada: 9ª, 2014, pág. 537.

líderes maduros a su país natal, pero este procedimiento necesita de planificación a mediano y largo plazo.

A veces hay límites legales para este abordaje ya que algunos gobiernos colocan cupos sobre la cantidad de extranjeros para estimular la contratación de trabajo local. Un caso típico es el de los jugadores de fútbol, ya que, en varios países, existen cupos para la inclusión de jugadores extranjeros.

3.2. Aproximación geocéntrica o policéntrica (locales)

En este caso se contratan empleados nativos del país anfitrión. La ventaja más obvia es su familiaridad con la cultura, el idioma y la manera de hacer negocios, además de los probables contactos que traigan consigo, lo que refuerza el vínculo con clientes, proveedores y autoridades locales. También es una opción más económica ya que se evitan los costos adicionales que suponen los expatriados. Los inconvenientes pasan por las dificultades que podrían surgir para coordinar las acciones locales con las oficinas centrales, así como un menor conocimiento de la cultura corporativa y la falta de redes internas aceitadas.

3.3. Aproximación global (cosmopolitas)

Algunas empresas prefieren buscar el mejor talento para el puesto sin tener en cuenta el origen nacional de la persona a contratar. Podría ser del país origen, del país anfitrión o de un tercer país, incluso de otra compañía. De esa manera se consigue que todo el *management* se internacionalice para lograr una visión global del negocio y una actitud cosmopolita. Este proceso es posible en compañías de gran dimensión y con una larga trayectoria.

Otra ventaja es que los líderes que han tenido que trabajar en diferentes culturas adquieren competencias "invisibles" vinculadas a la gestión de la diversidad que tienen fuerte impacto en sus habilidades interpersonales. Diversos estudios muestran fuerte correlación entre estas "competencias interculturales" y los resultados de las compañías.

4. Dinámica de la contratación internacional

La estrategia de reclutamiento es dinámica y va variando a lo largo del tiempo que lleva la internalización[4] . En un principio hay un mayor énfasis en enviar expatriados pero esta tendencia se va moderando a medida que pasa el tiempo y se va incrementando la contratación de personal local. De manera esquemática tiene una forma aproximada a la que se observa en la Figura 28.

Evolución de la contratación internacional a lo largo del tiempo

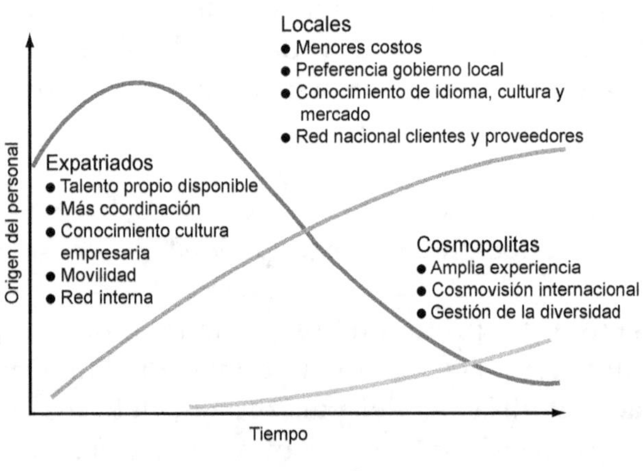

Figura 28

---

4   "Internalización" es el proceso de incorporar o internalizar la cultura de una organización.

A medida que se moderen los efectos sociales, políticos y económicos de la pandemia, el mundo se moverá hacia una posición de relativo equilibrio, aunque inestable. Uno de los impactos mayores que se observaron, fue la aparición extendida del trabajo a distancia o distribuido (en el Capítulo XII, "Tendencias actuales", lo analizamos más en detalle).

Avanzamos hacia un modelo híbrido con un aumento del *home office* en las empresas que ya tenían incorporada la práctica y con la adopción de esta por las que no la tenían. A menos que el tipo de tarea requiera que el empleado esté presente físicamente en el lugar de trabajo, lo presencial quedará reducido a algunas reuniones de equipo cuando sean necesarias. La distribución de las oficinas se adaptará a la nueva modalidad. Esto traerá nuevos desafíos para los empleados cuyas viviendas no dispongan del espacio suficiente como para armar una oficina casera. El impacto sobre la dinámica hogareña ha sido estresante para muchas personas. Los efectos psicológicos y físicos aún no están claros.

Si bien no esperamos que desaparezcan por completo las categorías del gráfico de evolución de la modalidad de contratación, es muy probable que las curvas cambien de forma. La de expatriados se verá bastante aplanada. En gran parte será absorbida por una nueva categoría de "locales internacionales"; es decir, aquellos empleados que físicamente permanecen en sus países de origen, pero que trabajan en otros lugares del mundo. Otra categoría que comenzará a crecer es la de *freelance* o *contractor*, empleados contratados pero que no mantienen una relación de dependencia con la empresa. Esto da mayor flexibilidad a las compañías y libertad a los empleados, pero se trata de trabajos más precarios que, para compensar, están muy bien remunerados. Asimismo, las nuevas categorías deberán mantener algunas de las habilidades actuales (en especial de los cosmopolitas) e incorporarles un aumento de la capacidad de autogestión y de flexibilidad.

Es probable que estas modalidades de trabajadores que viven en un país pero trabajan en otro, traigan aparejados roces entre gobiernos ya que, en principio, no está clara la manera de resolver los temas fiscales y laborales.

5. Habilidades y desafíos de los gerentes globales

Los criterios para definir las habilidades de un gerente internacional varían según la empresa, las culturas nacionales y empresariales, y las funciones que deberá desempeñar. A pesar de eso, hay algunos aspectos compartidos y –dentro de estos– los estándares éticos y de conducta están en primer lugar. Toda vez que el empleado de una corporación mundial se ve envuelto en alguna situación ilegal o reñida con la ética, el escándalo que suele ocasionar alcanza proporciones globales, lo que afecta seriamente la imagen de la compañía frente a todos sus *stakeholders*, con pérdidas incalculables. Tal es la seriedad de este problema que las empresas suelen aplicar a sus directivos el criterio de "la ley más severa"; es decir, su comportamiento será juzgado según sea más dura la ley del país de origen de la compañía o la del país anfitrión.

Otra habilidad central requerida es la gestión de la diversidad. En un contexto globalizado, ser capaz de manejarse cómodamente en toda clase de culturas es imprescindible. Esto supone –además del manejo de dos o tres idiomas: el propio, un fluido inglés y alguna otra lengua, aunque en menor medida– el conocimiento de las costumbres nacionales, el manejo de temas globales (geopolíticos, económicos, tecnológicos, sociales, etcétera) y de la comprensión de la "dinámica cultural". Son –junto con la competencia en el manejo de relaciones interpersonales– cualidades que facilitan la comunicación y la generación de confianza con las personas del país anfitrión, lo que conduce a una integración rápida y eficaz.

El conocimiento de la diversidad no se limita a lo nacional: la generacional, la de género, la sexual, las personas con discapacidad y otras dimensiones integran una extensa lista. Afortunadamente, en general, las habilidades requeridas para gestionarlas son similares[5], por lo que muchas empresas con operaciones globales hacen que sus empleados realicen programas de capacitación en diversidad y en temas asociados, como el acoso sexual o la xenofobia.

La firma PepsiCo tiene una larga experiencia en el despliegue de empleados a escala mundial. La compañía de bebidas y *snacks*, emplea cuatro criterios esenciales para reclutar talento global: 1) integridad personal; 2) orientación a los resultados; 3) respeto por los demás y 4) capacidad[6]. Como se ve, existe un balance de cualidades "duras" y "blandas". Las personas ya no son más contratadas solo por su capacidad técnica o su deseo de obtener resultados, es necesario que posean características humanas que regulen a las anteriores. En un mundo globalizado e hiperconectado, la principal responsabilidad de los directivos es cuidar la imagen y el nombre de la compañía, que es su activo más valioso.

Desde luego, ciertas capacidades personales como la de armar equipos y liderarlos, la adaptabilidad y la gestión del cambio, el pensamiento estratégico, la de delegar, la de negociar, la del lenguaje y la comunicación, y la toma de decisiones oportunas son dadas por descontadas. Teniendo en cuenta las características personales, para moverse exitosamente en el ámbito internacional, una persona debe tener madurez y estabilidad emocional y familiar, debe ser capaz de sentir empatía, y debe ser diplomática. No hay suficiente conocimiento técnico que compense cualquier carencia en estas áreas.

---

5   Ver Marchiori, E.: "Metacultura. El talento de los talentos de hoy", *Antiguos Alumnos IAE*, abril, 2013.

6   Scott, Morris y Bohlander, *op. cit.*, pág. 659.

Como se observa en el Cuadro 19, el mayor peso recae sobre las capacidades personales, justamente las más difíciles de evaluar en los procesos de reclutamiento y de obtener en cursos de capacitación.

Evolución de la contratación internacional a lo largo del tiempo

Habilidades	Técnicas	Gestión	Personales
Críticas	• Experiencia profesional • Conocimiento del negocio y de la cultura empresaria	• Formación y trabajo en equipo • Delegación • Orientación a resultados • Pensamiento estratégico	• Integridad/ética • Respeto • Madurez emocional • Experiencia internacional • Equilibrio familiar • Adaptabilidad
Necesarias	• Manejo de mercados	• Gestión del cambio • Negociación • Toma de decisiones	• Empatía • Resiliencia • Comunicación • Gestión de la diversidad • Sensibilidad cultural • Idiomas
Convenientes	• Ingeniería y logística		• Diplomacia • Conocimiento del país • Cosmovisión global • Cultura general

Cuadro 19

En ese sentido, en una entrevista con el *New York Times*[7], el vicepresidente *senior* de gestión de personas de Google, Laszlo Bock, decía:

Una de las cosas que hemos visto de nuestro data crunching[8] es que los GPA[9] son un criterio sin valor para reclutar, y que los resultados de los tests carecen de valor —no hay ninguna correlación a excepción de recién

---

7   http://www.nytimes.com/2013/06/20/business/in-head-hunting-big-data-may-not-be-such-a-big-deal.html Consultada 1 febrero 2016, 11:00 a.m.

8   Es el proceso informático de búsqueda y análisis en las bases de datos.

9   GPA: *Grade Point Average*, puntaje promedio obtenido en la carrera.

graduados, donde hay una leve correlación. Google era famosa porque solía pedirles a todos una transcripción [del título] y los GPA y los resultados de los tests, pero no lo hacemos más, salvo que tengas unos pocos años de salido del colegio. Hemos encontrado que no predicen nada[10].

Para Bock, una de las explicaciones es que las condiciones y el entorno reales del lugar de trabajo poco tienen que ver con el ambiente académico en el que se obtuvieron los resultados de la carrera. Las presiones son diferentes, así como lo son las habilidades interpersonales y de liderazgo necesarias para desenvolverse en una compañía como Google.

6. Causas del fracaso de las asignaciones en el exterior

A pesar del esfuerzo extra que las empresas dedican a contratar empleados en el exterior, los *índices de fracaso* suelen ser altos. Las fuentes discrepan, pero se calcula que entre un 30 y un 50% de los expatriados regresan al país de origen antes del plazo planificado originalmente.

Las causas son múltiples y suelen potenciarse. Pero las más destacadas suelen ser personales, siendo la principal la falta de adaptación familiar al nuevo contexto. Cuanto más distantes son las culturas propia y anfitriona, mayor es el porcentaje de fracasos. Todo directivo experimentado en el exterior sabe que es prioritario asegurar el bienestar de la familia. Es imprescindible que vivienda, colegio de los hijos, espacios que faciliten la socialización de la pareja (tanto profesional como recreativamente) y otros asuntos estén perfectamente resueltos antes de la mudanza. Adaptarse a un país extraño es difícil, mucho más si no se aseguran las condiciones de vida familiares. Solo cuando esté tranquilo sobre la seguridad de su familia el ejecutivo podrá enfocarse en la tarea profesional.

---

10 *Ibidem.*

En orden de importancia siguen otras cuestiones vinculadas a la *adaptación* al contexto del país, a su cultura, a las condiciones exigidas por la empresa, al mercado y a las personas con las que tiene que convivir diariamente. Es un proceso que requiere tiempo. Cuanto mayor sean la capacidad de adaptación, la experiencia y la madurez del empleado, menor será el tiempo de integración y mayores sus probabilidades de éxito.

Un factor a veces olvidado es la repatriación. Cuando el destino en el exterior es un paso dentro del plan de carrera del empleado, el índice de fracaso disminuye debido a que baja el nivel de incertidumbre implícito en el desafío. Para eso es necesario que la compañía y el empleado hayan acordado el período de la asignación en el exterior y el puesto que lo estará esperando al regresar. Las empresas con experiencia global aprendieron que el plan de repatriación es tan importante como el de expatriación.

Podríamos resumir en tres grandes grupos las demandas que la persona expatriada debe conciliar: lo requerido por la familia, lo requerido por la empresa y lo requerido por el país de destino. Esta triple tensión supone un estrés adicional al que ya existe en cualquier empleo local. Satisfacer las demandas de todos los *stakeholders* viviendo en un país que no es el propio introduce variables difíciles de manejar. Conseguir alineación y equilibrio implica el uso de habilidades personales no muy frecuentes en las personas.

7. Caso de estudio

Esteban Iriarte: dilemas de carrera

El hombre y su moto circulaban en perfecta armonía sobre el sinuoso asfalto húmedo. En lo alto de la montaña, el cielo plomizo y el aire helado presagiaban la inminente nevada; nada de eso parecía intimidarlo. La soledad del paisaje rocoso y el vértigo de la velocidad eran las condiciones que Esteban Iriarte había elegido para reflexionar sobre la decisión que se disponía a tomar, tal vez, la más importante de su carrera profesional.

Transcurrían los últimos meses del 2010. En pocas horas más, tendría que responder a la nueva oferta que le habían hecho. "¡Pero Esteban! ¿Cómo puedes siquiera dudarlo? Te estamos ofreciendo la oportunidad de una gerencia general con mayor responsabilidad en el negocio que quieres aprender. Estamos convencidos de que eres la persona indicada. Es la plataforma que podrás usar para seguir creciendo en Millicom…". Las palabras de Mario Zanotti, su jefe –un ingeniero paraguayo de 49 años, presidente regional de Millicom[11], una compañía operadora de telefonía móvil focalizada en mercados emergentes con fuerte presencia en África y Latinoamérica–, seguían retumbando en su mente. Todo parecía indicar que se trataba de una posibilidad única, sin embargo, las dudas seguían acosándolo.

Iriarte, argentino de 38 años, exjugador de rugby y expracticante de *full contact*, había llegado a El Salvador con su mujer y su hijo de tres años nueve meses antes. Había dejado una promisoria carrera en Multicanal/Cablevisión[12] para tomar el desafío de manejar el negocio del cable en la región. Su responsabilidad abarcaba un activo por el que Millicom había pagado más de 500 millones de dólares, en una compleja operación que incluía cinco países: Costa Rica, Honduras, El Salvador, Guatemala y Nicaragua.

---

11 www.millicom.com

12 Multicanal era por entonces una de las empresas del Grupo Clarín, un multimedio periodístico argentino que poseía diarios, radios, revistas, canales de televisión abierta y de cable, y además brindaba los servicios de conexión domiciliaria de cable e Internet. http://www.grupoclarin.com.ar/institucional/origen-evolucion

"Estos meses fueron durísimos. Muchas veces me digo que si hubiese sabido lo que me esperaba no sé si habría tomado la misma decisión de venir acá... Los tres primeros meses se me caían las lágrimas por la tarea que tenía por delante y por lo que había dejado atrás en Argentina para ocupar mi primera gerencia general... La única que lo sabía era mi mujer..."

A pesar de todo, cuando se produjo el nuevo ofrecimiento, estaba consiguiendo estabilizar la situación. Los resultados iban apareciendo pero era muy pronto para estar seguro de si era el momento adecuado para pegar nuevamente un salto. Además, había otros factores para tomar en cuenta, en especial en lo que se refería a su mujer y su hijo que se habían adaptado muy bien al nuevo entorno. Por otra parte, ¿cómo rechazar una oferta de crecimiento así? ¿Qué consecuencias tendría en su carrera corporativa una respuesta negativa? Recién comenzaba a familiarizarse con la cultura de Millicom, y Esteban consideraba que rechazar una promoción no era un buen antecedente en ninguna corporación. Además, Honduras no era muy diferente a El Salvador...

A continuación, encontrarán en varios clips y frases la historia de la carrera de Esteban contada por él mismo.

Los primeros años

"El negocio no era vender viajes de turismo sino enseñarles a los chicos a esquiar... Hice el curso de instructor de esquí y llevaba chicos a esquiar."
"Cuando trabajaba yo era un tipo serio. Lo que hacía me gustaba, lo hacía comprometido... Me iba muy bien..."

"Yo iba a negociar con el gerente del banco, una cosa surrealista cuando lo pienso para atrás... Imagínense la situación: un chico que ganaba mil doscientos pesos pidiéndole plata al gerente de un banco..."

"El paso por esa empresa me enseñó muchas cosas. El dueño..., dos compañeros de trabajo mucho más grandes que me habían apodado 'el pibe' y que me dieron la posibilidad de escuchar..."

"Un día me llamaron para una entrevista de trabajo para marketing, así que esa era mi oportunidad..."

Su paso por L'Oréal

"Renuncié a mi empleo anterior y de 1.200 pesos pasé a ganar 800 en una pasantía con un contrato de seis meses... Si lograba trabajar seis meses en marketing estaba realizado. Por supuesto dejé la vida ahí, todo mi foco estaba puesto en eso, al punto tal que dejé la facultad. No la dejé inmediatamente, pero empecé a ir menos, no encontraba el tiempo..."

"Fui a hablar con el jefe de mi jefa para plantearle que quería renunciar..."

Su paso a Multicanal y la fundación de su familia

"Alejandro Mirsky, mi jefe de entonces, me dijo: 'Hacé un *mapping position*'[13]..."

---

13 El *mapping positioning* es una herramienta muy empleada en marketing para evaluar y comparar el posicionamiento de productos o marcas en la percepción del público. Se eligen dos criterios que se representan en dos ejes de coordenadas y se procede a ubicar cada uno de los elementos lo que termina configurando un "mapa" del mercado al que estos pertenecen.

"Nunca supe qué lugar tenía en la cabeza de mi jefe… Fue un aprendizaje que volví a aprovechar muchas veces en mi carrera en situaciones de incertidumbre…"

Los primeros años en Multicanal y el regreso a la universidad

"Tomé la decisión de ser yo, para bien o para mal, de decir lo que pensaba en el Comité… Tampoco podía hacer algo muy distinto porque no los conocía… Al poco tiempo tenía una relación con el comité en la que me sentía próximo a ellos."

"Me faltaban 14 materias y seguía pagando la facultad y decidí que iba a terminarla. Tenía 31 años y estaba mucho más asentado, siempre muy enfocado en el trabajo, sin hijos y estaba feliz conviviendo con Clarisa."

"Fue un momento muy bueno. Logré ordenar mi vida de manera que podía estudiar muy fuerte, podía trabajar en un momento importante de mi carrera y tener una actividad deportiva… Había logrado un equilibrio muy saludable."

"A fines de 2003 y principios de 2004 me recibí y decidí que iba a hacer el máster. Me anoto en el IAE Business School. En noviembre doy el examen de ingreso… Había logrado que la compañía me pagara la mitad del máster."

"Yo tenía una concepción vertical de la carrera. Decía [uno es] asistente, asistente senior, jefe de producto junior, senior, *grouper*, gerente de marketing y director de marketing. Por eso pensé que me estaban embaucando. Pero al mismo tiempo me preguntaba cómo podía ser que gente que sabía que me apreciaba y valoraba quisieran hacerme daño."

"Marcelo me dijo algo que fue un aprendizaje enorme: 'Hay momentos en los que las compañías saben más de uno que uno mismo y uno se tiene que dejar guiar'. Esta fue la misma persona que me había dicho: 'Si te vas te ganó'; entonces pensé: 'Si la otra vez no se equivocó por qué va a equivocarse ahora'…"

"Dejé mi oficina cerrada, literalmente cerrada, yo tenía la llave, e iba temporariamente a hacer una tarea a Paraguay".

La etapa de Paraguay

"Fui por dos meses con un plan que era vender la compañía, pero con Luciano creímos que no era bueno vender la compañía sino comprar a nuestro competidor…"

"En noviembre de ese año firmamos un acuerdo de fusión donde el Grupo Clarín se quedaba con el 70% de la compañía y nuestro socio local con el 30%. Esto fue un quiebre: para junio de ese año decidí que nunca más quería trabajar en marketing y devolví la llave de la oficina…"

"Me dije: encontré un mundo nuevo y quiero explorarlo…"

Regreso a Argentina y una molestia impensada

"Yo tenía la fortaleza de hablar bien en público… Ese día de 2005 fui a hablar y la voz se me entrecortaba. Me dije, 'qué raro esto'. Acorté la charla… Salí como pude…"

"Me acordaba de que en el máster había escuchado a un profesor hablar de las redes… En ese plano había guardado en mi cabeza a Andrés Hatum y lo llamé por teléfono… Andrés, en su mejor estilo, me dijo: 'Andá al psicólogo' y entonces fui al psicólogo…"

"Eso me permitió atar las decisiones que tomaba con el comité de la región con cómo impactaban en el último eslabón de la cadena… Me dio una fortaleza frente a mis pares… Cada vez me fui sintiendo más fuerte…"

"Tuve manifestaciones, pero al final del camino tuve un diálogo con el sindicato…"

La fusión de los cables y nuevo destino

"Tomé la decisión de armar un equipo con lo mejor que pudiera, más allá de si habían estado en mi equipo anterior… Un amigo me había dicho: 'Cuando uno se rodea de la mejor gente posible, lo que hace es ganar calidad de vida, para el equipo y para uno mismo'… Nos fue muy bien, un poco más lento al principio, pero con alegría y ganas de transformar…"

"Tomé Capital. De nuevo, mucho trabajo en equipo, mucho entender a la gente, de convertirte en un facilitador…"

"…sabía que los resultados ayudan a construir la carrera. Mucho foco en el clima… Calidad de vida, trabajo en equipo: no funciona llegar con los resultados y el equipo destruido. Tampoco en Disneylandia, y sin resultados…".

"Dentro de mí había dejado de disfrutar la compañía… La relación conflictiva con mis jefes… Pasaron cosas que me parecieron injustas."

"Un día me llamó una persona a la que se oía muy mal… Era Miguel Garay, de Millicom…"

Salida de Multicanal y mudanza a El Salvador

"Tomé la decisión de irme. Fue dolorosísimo. Amaba, amo a esa compañía [se refiere a Multicanal], pero había cumplido mi ciclo; tenía 36 años y sentía que ya era suficiente…"

8. El tema en la prensa

"Me ofrecen una buena expatriación, pero…"

9. El tema en el cine

Lost in Translation, **Perdidos en Tokyo (2003)**

10. Preguntas del capítulo

- ¿Qué opina de la globalización? ¿Qué ventajas piensa que tiene? ¿Qué desafíos cree que enfrenta?
- ¿Cómo se vincula la globalización con el área de gestión de personas?
- Cuando se las clasifica por la manera de situarse en el mundo, ¿qué tipos de organizaciones existen? ¿En qué se diferencian? ¿Qué ventajas y desventajas tiene cada una desde el punto de vista de los empleados? ¿Y desde el punto de vista de la organización?
- Explique qué es una "aproximación etnocéntrica" cuando se refiere a la contratación para un puesto internacional. ¿Y una geocéntrica? ¿Y una global?

- Si alguna vez trabajó como expatriado, explique alguna de las impresiones que le dejó la experiencia. Si regresó a su país de origen, ¿cuáles fueron las causas?
- ¿Cómo varía la mezcla de las diferentes aproximaciones a lo largo del tiempo?
- Enumere las habilidades que necesita tener un gerente global.
- ¿Qué cosas pueden desencadenar el fracaso de una asignación en el exterior? ¿Cómo podrían preverse?

CAPÍTULO XI

Gestión del cambio

1. ¿Todo cambia?

> *En el mismo río entramos y no entramos, pues somos y no somos los mismos. Todo fluye, todo cambia.*
>
> HERÁCLITO DE ÉFESO

> *Y así es entero compacto. Pues el ser confina con el ser. Pero inmóvil en los límites de ingentes vínculos es, sin principio, sin fin…*
>
> PARMÉNIDES DE ELEA

Heráclito y Parménides fueron los primeros clásicos de la historia del pensamiento griego. Ellos iniciaron un movimiento filosófico que se apartó del dogma religioso con la intención de explicar el universo empleando la razón. Su enfrentamiento giró en torno a un tema central: el cambio. No es casual. El cambio es difícil: si lo único permanente es el cambio, ¿cómo hacemos para no enloquecer? Si no hay nada permanente, ¿de qué nos sostenemos? Al mismo tiempo, *vemos* que todo está cambiando, siempre. La discusión –que aun hoy continúa acalorada– marca una profunda división de las aguas en la manera de interpretar el mundo y en la forma de conocerlo. Las ideas de Heráclito derivaron en un abordaje científico y sensorial del mundo; las de Parménides en una visión metafísica para la cual los sentidos son fácilmente engañados.

Todo muy bien, pero ¿qué importancia puede tener esto en la empresa? ¿Cómo bajarlo a compañías del siglo XXI? La respuesta es más inmediata de lo que parece a primera vista. Todas las organizaciones están expuestas a cambios generados desde su entorno (tecnológico, político, económico, cultural o de otra naturaleza) y desde su interior (reemplazos de personal, nuevas generaciones, movimientos demográficos, incorporaciones, retiros y tantos otros). Asimismo, para no desintegrarse, debe tener ciertos fundamentos que se mantengan estables: sus principios, sus valores, su misión…

Resolver esta tensión entre cambio y permanencia es una de las tareas más importantes –tal vez la más importante– de la dirección. Encontrar el equilibrio dinámico entre qué, cuánto, cómo, quién y cuándo cambiar es la preocupación estratégica por excelencia. Darles respuesta adecuada determinará el éxito o el fracaso de la organización. Hacerlo implica anticiparse al futuro, asumir riesgos, gestionar la incertidumbre, crear, desafiar paradigmas establecidos y romper modelos mentales hasta definir una visión innovadora capaz de conseguir que todos los miembros de la compañía se comprometan hasta hacerla propia y se alineen para alcanzarla.

El liderazgo debe generar la visión de hacia dónde quiere conducir a la organización, debe pensar cómo hacerlo y debe ponerla en marcha rumbo a la dirección elegida. Moverla de la situación presente a la futura exige cambios en toda la organización, comenzando por sus personas. El objetivo de la gestión del cambio es brindar a los líderes y a las demás personas de la empresa, una serie de herramientas y de *tips* (mayormente heurísticos, tomados de la experiencia) que le faciliten la tarea.

2. ¿Qué es la gestión del cambio?

La gestión del cambio (GC) organizacional es una manera estructurada de abordaje del proceso para conseguir que los cambios se implementen íntegramente y para que se obtengan los beneficios buscados.

Se enfoca en analizar los impactos del cambio tanto a nivel organizacional, como el de los equipos y el individual. Define el estado presente y el futuro de los actores, sistemas y demás elementos afectados por el proceso de cambio. Los principios que componen la GC son válidos para cambios de diversa magnitud, desde procesos de producción relativamente sencillos, hasta cambios de políticas o estrategias que abarcan a toda la empresa.

La GC se nutre de diversas disciplinas que incluyen la sociología, la psicología, la ingeniería y los sistemas, entre otras. Requiere un profundo entendimiento del comportamiento individual y social. Por ello, para gestionarlo exitosamente, deben analizarse los impactos del cambio en toda la organización, tanto los directos como los indirectos. El Modelo del eneágono, analizado en el Capítulo I, es una herramienta útil para repasar las áreas de la empresa y analizar cómo serán impactadas.

2.1. Inicio del proceso de cambio

La GC es, entonces, un concepto amplio que debe adaptarse a cada organización y a cada proyecto. A pesar de esa amplitud, el foco principal siempre son las personas. Más allá de las dimensiones del cambio y de la empresa involucrada, un proceso de cambio es exitoso cuando se consigue que las personas cambien como la visión requiere. Para eso, al iniciar el proceso de cambio, deben definirse objetivos al menos en seis niveles:

1. *Patrocinadores.* Todo proceso de cambio debe contar con el apoyo activo de los más altos responsables de la organización. Esta es una condición imprescindible para que el cambio alcance los objetivos que se haya planteado.
2. *Compromiso.* Las personas involucradas directa o indirectamente en el cambio deben comprometerse y "comprar" el cambio propuesto por la dirección.
3. *Involucración.* Además de comprometerse, se debe identificar a las personas clave para involucrarlas activamente en la difusión y en la implementación de los cambios.
4. *Impacto.* Debe evaluarse y manejar el impacto que el cambio producirá en personas y equipos.
5. *Comunicación.* Todos deben conocer en qué manera serán afectados por el proceso.
6. *Preparación.* Se debe capacitar a las personas y darle las herramientas necesarias para que estén preparadas para gestionar el cambio en el nivel de la organización en el que se encuentren.

3. Etapas de adopción del cambio en la organización

Se pueden resumir en cuatro las etapas que atravesará la organización luego de que el cambio haya sido comunicado:

- Etapa 1. Toma de conciencia
  Los miembros de la organización se enteran de que se ha lanzado una propuesta de transformación que producirá cambios que los impactarán.

- Etapa 2. Interés
  Los receptores sienten curiosidad por saber de qué se trata la innovación; qué beneficios les aportará,

cuándo comenzarán a sentir su impacto, cuáles serán los cambios en su forma de trabajar, etcétera.

- Etapa 3. Prueba y evaluación
Una vez que despejó sus dudas iniciales, el receptor está en condiciones de probar y evaluar los nuevos sistemas y procesos. Desea realizar pruebas piloto para opinar sobre las ventajas e inconvenientes. Está dispuesto a invertir parte de su tiempo y a involucrarse más activamente.

- Etapa 4. Adopción
El receptor adopta el cambio y lo emplea regularmente en su trabajo.

Uno de los modelos más reconocidos y utilizados por las compañías fue concebido por John Kotter, quien propone ocho pasos o etapas para impulsar el proceso de cambio. Estas etapas son: crear sentido de urgencia, formar una coalición, crear visión para el cambio, comunicar la visión, eliminar los obstáculos, asegurarse triunfos a corto plazo, construir sobre el cambio y anclar el cambio en la cultura de la empresa[1].

4. Actores del proceso de cambio

Ahora bien, a pesar de todos los esfuerzos, no todas las personas reaccionan de la misma manera frente al cambio ni cumplen las etapas al mismo ritmo, tampoco sienten idéntico entusiasmo o rechazo. Los motivos de estas diferencias pueden ser varios: aversión al riesgo, temor a la incertidumbre, desconocimiento, personalidad, malas

---

1   Kotter, J. P.: *Leading Change.* Harvard Business Review Press, Boston. 2012.

experiencias en situaciones similares, prejuicios y sesgos, interés o agenda particular, cuestiones emocionales, diferente ritmo de aceptación y otros. Esta variedad hace que se deba estar muy atento a las reacciones de las personas de la organización durante la implementación de las iniciativas de cambio.

Suele clasificarse a los actores en:

Paladines o campeones

Son personas *innovadoras* por naturaleza. Cuando no se los presentan desde la organización, buscan proponer cambios ellas mismas. Atentas a la novedad, necesitan probar cosas nuevas y marcar las tendencias. No temen asumir riesgos y consideran que la incertidumbre es parte de la vida. Se trata de un porcentaje muy pequeño de la población. Imponen la moda. Frase: "¿qué podemos inventar?" (2% de la población).

Hacedores

Adoptadores tempranos, se suben al cambio apenas ven que alguien lo hizo. La incertidumbre no los incomoda, pero tampoco los excita colocarse en situaciones que la generen. El riesgo debe ser acotado y ver que otros lo asumieron antes es suficiente para calmarlos en ese sentido. Siguen la moda rápidamente. Frase: "¿has visto qué bueno está el nuevo sistema que quieren implementar?" (10/15%).

Leales

Serán los que formen la *masa crítica* que permitirá que el cambio se arraigue. Antes de que ellos hayan adoptado el cambio se corre el riesgo de retroceder. Siguen a la manada y son influenciados por la conducta social, ya que necesitan aceptación. Suelen ser leales a la organización. No son proclives a tomar riesgos y les gustan las cosas probadas. Adoptan la moda cuando ya no es novedad. Frase: "creo que debemos hacerlo por el bien de la compañía" (35/40%).

Escépticos

Son una *mayoría* que se sube *tardíamente* al proceso de cambio. Desconfían de lo nuevo o de alguno de los promotores del cambio. Puede que hayan tenido malas experiencias anteriores en situaciones similares. En general son conservadores y les disgusta salir de su zona de confort. No están cómodos gestionando la incertidumbre, por lo que sienten bastante aversión al riesgo. La moda les da igual, lo anterior está "probado". Frase: "no me convence para nada, pero no queda otra" (35/40%).

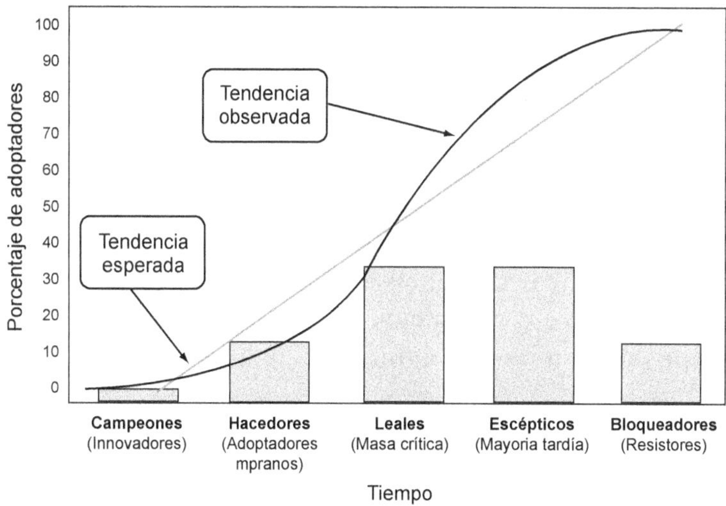

Figura 29[2]

2   Angehrn, A. A.: Simulación EIS, Insead, Fontainbleau, Francia, 2006.

Bloqueadores

Se *resisten* y oponen al cambio, en ciertos casos lo obstaculizan. No siempre lo hacen abiertamente (saboteadores), lo que los convierte en enemigos peligrosos y difíciles de identificar. Nunca adoptarán el cambio completamente. A veces es necesario apartarlos. Se los debe identificar cuanto antes para controlar a tiempo los daños que pudieran causar. Frase: "¡después no me digas que no te avisé!" (10/15%).

La curva de adopción (cantidad de personas que adoptan el cambio) a lo largo del tiempo será similar a la de la Figura 29 (ver página anterior).

5. Agente de cambio

El agente de cambio es un catalizador. Es una persona –perteneciente o no a la organización– que colabora activamente en el proceso de transformación propuesto. Se enfoca en influir y en orientar a los miembros de la organización para impulsar el cambio. Debe ser capaz de captar las reacciones de las personas para identificar a los actores mencionados en el punto anterior y aplicar tácticas que faciliten el proceso.

Para Malcolm Gladwell, un buen agente de cambio es capaz de desatar una epidemia y conseguir que ideas, productos, mensajes y conductas se difundan como un virus[3]. Al menos debe tener las siguientes cualidades:

a. Una *visión clara* sobre el cambio a implementar. Es necesario que sepa hacia dónde hay que llevar a la compañía.

b. *Flexibilidad* para adaptarse a las eventualidades que se planteen. Cualquier cambio entraña imprevistos ya que in-

---

3   Gladwell, M.: *The Tipping Point.* Back Bay Books, Nueva York, 2000, pág. 7.

volucra a personas. El agente de cambio debe ser capaz de adaptarse y de adaptar sus tácticas de abordaje según vaya observando lo que ocurre durante la implementación.

c. Equilibrio entre *paciencia* y *persistencia.*
Debe comprender que no todos son igual de permeables frente a nuevas iniciativas, pero debe ser lo bastante perseverante para no desalentarse frente a los retrocesos. Cualquier cambio genera resistencia que se manifiesta como una "inercia" organizacional; es decir, una tendencia a seguir en la situación en la que se encontraba.

d. Ser capaz de hacer las *preguntas* correctas.
Saber preguntar es un arte al que no se le suele dar el lugar que merece. Un buen preguntador debe suspender sus juicios, debe estar abierto a lo imprevisto, debe estar atento a lo desconocido. Es la habilidad que distingue a un buen detective. Las preguntas correctas son las que conducen a descubrir las oportunidades y las barreras provenientes de todos los ámbitos organizacionales. Revelar tanto unas como otras es clave para que la implementación del cambio sea exitosa.

e. Debe ser alguien con *prestigio* que dé el *ejemplo*
La integridad es una cualidad imprescindible del agente de cambio. Su carácter y prestigio deben ser respetados por todos los miembros de la organización. Con pregonar el cambio no es suficiente, es necesario practicarlo.

f. Manejo de *contactos* y de *redes sociales*
Saber cómo moverse socialmente y disfrutarlo es una condición *sin e qua non* del agente de cambio. Puede ser de ayuda que el agente de cambio sea un "paladín" o un "hacedor" pero, más importante aún, es que sepa quiénes son esas personas dentro de la organización y tenga acceso a ellas.

Agente de cambio puede ser cualquiera en la empresa, no se trata necesariamente de un rol asignado de manera formal. Hay mucho de influencia informal durante la implementación de un cambio. El respaldo debe venir dado por los líderes que serán quienes legitimen con sus palabras y su ejemplo las acciones de los catalizadores de la transformación.

6. Tácticas y acciones para difundir el cambio

Las acciones aplicables varían en cada caso y a lo largo de la implementación. Pueden ir desde capacitación y talleres de entrenamiento, hasta conversaciones individuales, pasando por publicación en revistas internas, mensajes a través de las redes sociales, talleres de experimentación, invitados expertos y otra serie de iniciativas dirigidas a comunicar y a contribuir al establecimiento del cambio planteado por la dirección.

El primer paso es identificar a los actores, saber cuál es su posición frente al cambio, conocer en qué círculo de contactos se mueven, saber quiénes son sus contactos formales e informales. Una vez identificadas las posturas personales, debe conseguirse el apoyo de los "campeones" o "paladines", al tiempo que se busca anular las acciones de los "bloqueadores". La idea es estimular el efecto contagio para que se forme una masa crítica tal que supere la inercia producida al principio por la resistencia al cambio. Luego de esta etapa crítica el proceso se torna más autosustentable. Es el momento de no cometer errores y de limitarse a acompañar la evolución reforzando el mensaje entre los rezagados.

Frenos al proceso de cambio organizacional

Existen ciertos elementos y conductas que entorpecen los cambios, a veces son barreras insalvables, como la *falta de apoyo explícito* y sostenido de la alta dirección. El compromiso público de los responsables organizacionales es indispensable. Luego sigue la *falta de liderazgo* durante la implementación. El proceso debe estar a cargo de personas con las competencias adecuadas. Como vimos, son necesarias ciertas cualidades personales y sociales para liderar una transformación. Seleccionar a los más capaces para implementarla debe ser parte de la etapa de planificación para evitar que las *personas clave se suban tarde* al proceso. Debe recordarse que la organización se mueve, en gran medida, mediante procesos de *comunicación informal.* Recurrir a *directivas* o a *acciones* basadas en la posición formal puede resultar perjudicial, en especial cuando se busca conseguir el apoyo de personas con cierto nivel en la estructura jerárquica.

7. Cambio personal

7.1. Etapas del cambio personal: curva del cambio

La curva del cambio es un modelo que resulta de la modificación progresiva de las cinco etapas que atraviesa una persona que va a morir estudiadas por la doctora Elisabeth Kübler-Ross[4]. Las etapas: *negación, enojo, negociación, depresión y aceptación* son aplicables a diferentes situaciones de cambio personal que no merecen el dramatismo implícito de la muerte. El ciclo de pena es, entonces, un ciclo de cambio personal, aunque se observa con claridad que en conjunto las organizaciones analizadas atraviesan momen-

---

4   Ver http://www.ekrfoundation.org/five-stages-of-grief/

tos similares y en varios aspectos parecidas a lo que hemos visto en los puntos anteriores.

Hay que considerar que el modelo no es universalmente válido, ya que no todas las personas reciben y procesan los cambios o los traumas de la misma manera. La actitud frente al cambio es relativa a la persona y –aunque las etapas tienden a coincidir– su ritmo e intensidad dependen de cada uno. Considerando estas salvedades, el esquema es muy útil para comprender lo que le ocurre a la mayoría de la gente cuando se enfrentan a un proceso de transformación.

La primera reacción de *negación* se manifiesta como un rechazo –consciente o inconsciente– a aceptar los hechos, la información o cualquier otro aspecto de la realidad que presenta la situación planteada. Se trata de un mecanismo natural de defensa frente al elemento desconocido implícito en cualquier cambio. Las personas tratan de evitar los asuntos que generan incertidumbre. La tendencia es seguir en el estado de equilibrio en el que se encuentre, quedarse en la zona de confort que ofrece lo conocido.

El *enojo* puede manifestarse de diferentes formas. Cuando la persona siente que la nueva situación se debe a un error propio, la irritación se proyecta hacia sí misma. Es habitual que sea contra otros, en especial los más cercanos. Conocer esta tendencia ayuda a comprender y a ser más tolerante con quien enfrenta la nueva situación. En las organizaciones, el enfado suele darse contra la empresa, los superiores, los compañeros de trabajo o alguien completamente ajeno. Encontrar "chivos expiatorios" es una manera de descargar el malestar frente a desafíos desconocidos y de deslindar responsabilidades propias. De allí la importancia que alcanza la comunicación durante los procesos de cambio. Cuánto más se sepa sobre las consecuencias del cambio –particularmente cómo va a afectar a las personas involucradas– menor será la incertidumbre y más rápidamente pasarán a las siguientes etapas.

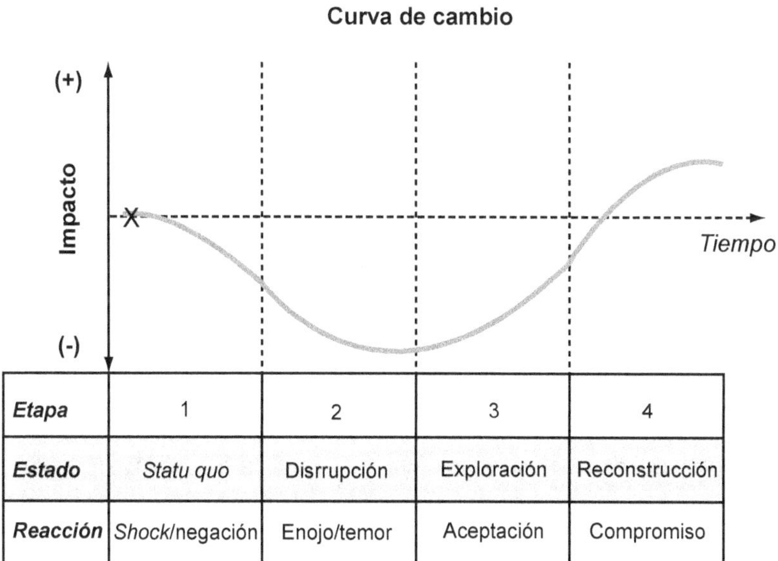

Etapa	1	2	3	4
Estado	*Statu quo*	Disrrupción	Exploración	Reconstrucción
Reacción	*Shock*/negación	Enojo/temor	Aceptación	Compromiso

Figura 30[5]

La *negociación* intenta encontrar soluciones de compromiso que, no obstante pocas veces resultan sustentables, pero abren la puerta a la exploración. Se trata de un proceso de diálogo con otros y con uno mismo en procura de racionalizar el nuevo estado. Es una etapa de *depresión* ya que comienza a reconocerse la transformación como algo inevitable y se siente la melancolía por el "paraíso perdido".

A medida que el cambio se internaliza, la persona lo va a *aceptando*. La manera en que se supere esta etapa es clave para el éxito del cambio. Pueden adoptarse tres actitudes genéricas: escepticismo/cinismo ("más de lo mismo, lo hago porque lo imponen los de arriba"), conformidad ("necesito trabajar, lo hago porque no queda otra") o com-

---

5   Basado en el ciclo publicado por primera vez en *On Death & Dying*, por Elisabeth Kübler-Ross, 1969. http://www.businessballs.com/elisabeth_kubler_ross_five_stages_of_grief.htm

promiso ("lo hago porque lo encuentro valioso"). Desde luego, es clave conseguir que muchas personas adopten la última postura.

Acciones para mejorar el proceso

Mejorar el proceso implica que sea más corto y que la depresión sea menos profunda. Para eso hay que tomar diferentes acciones en cada una de las etapas[6].

En la *Etapa 1* la gente se encuentra en un estado de *shock* o de negación. Es el momento en el que el cambio impacta, incluso cuando es para bien. Debe brindarse toda la información que sea posible y es crítica la comunicación, tanto en intensidad como en estilo. Hay que estar en condiciones de dar a cada persona la información que necesite: ni sobrecargar a algunos, ni dejar a otros con la sensación de incertidumbre. Hay que recordar que no todas las personas reaccionan igual. Todos deben saber dónde y a quién pueden recurrir para aclarar sus dudas.

La *Etapa 2* es crítica para la implementación del cambio porque las personas pueden estar expresando resentimiento, enojo, preocupación o temor. Es una "zona de riesgo" que requiere una planificación cuidadosa. Los agentes de cambio deben estar preparados para gestionar esta etapa. Es la que más esfuerzo suele involucrar. Hay que tener en cuenta las objeciones y las reacciones, y tomarlas como feedback valioso. Ser pacientes cuando sea necesario volver a explicar. Nuevamente, las reacciones al cambio son personales y suelen estar cargadas de emocionalidad. Hay que escuchar y observar para responder mejor ante lo imprevisto.

---

6   Basado en *The Change Curve*, artículo publicado por Mind Tools Ltd, 1996-2015.

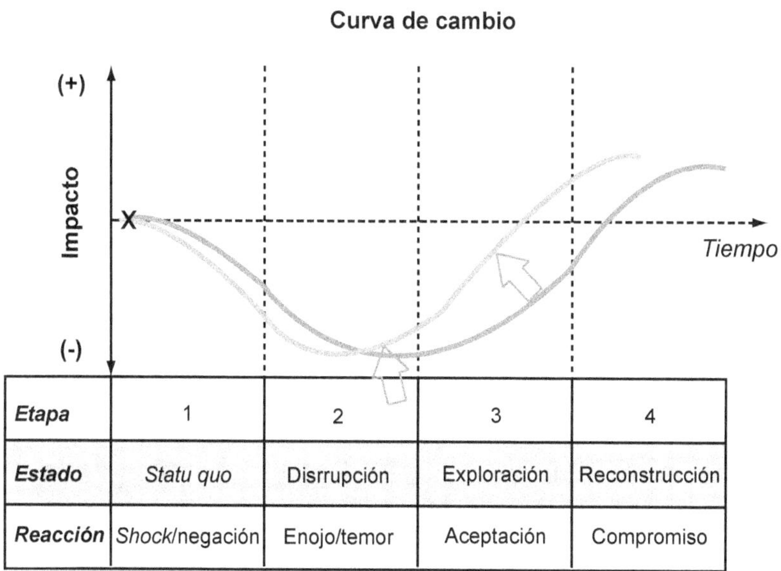

Etapa	1	2	3	4
Estado	Statu quo	Disrrupción	Exploración	Reconstrucción
Reacción	Shock/negación	Enojo/temor	Aceptación	Compromiso

Figura 31

La *Etapa 3* es un punto de no retorno. Es el momento en que se comienza a dejar la "zona de riesgo" y se visualiza mejor el éxito del proceso de cambio. Las personas necesitan entender qué significa el cambio y están preparadas para experimentar. El agente de cambio debe intervenir ofreciendo capacitación y entrenamiento. Hay que contemplar los diferentes ritmos de aprendizaje para responder adecuadamente a las necesidades individuales.

La *Etapa 4* es la que marca la llegada, las personas naturalizan los cambios y descubren el valor de las mejoras que se observan. La eficiencia aumenta por encima del nivel anterior al cambio y los beneficios se sienten a nivel personal y organizacional. Es necesario reconocer y festejar el éxito, conductas indispensables del líder ya que en él se fundará el próximo proceso de cambio.

8. Caso de estudio

El cambio en Apple

En 2016 el CEO de Apple era Tim Cook, a quien le había tocado la difícil tarea de reemplazar a Steve Jobs, el líder más carismático e innovador de su generación. A pesar de que entre 2012 (año de la muerte de Jobs) y 2016 Cook había conseguido aumentar la facturación en más del 38% y el EBITDA en el 20%[7], algo había cambiado en la empresa de la manzana mordida. Algunos hablaban de pérdida de mística, otros de estancamiento creativo y otros de falta de la falta de carisma de su líder… Pero la descripción que sintetizaba a todas las anteriores sostenía que en 2016 la empresa era más aburrida.

La idea de este caso es aplicar el Modelo del eneágono (explicado en el Capítulo 1) para analizar los cambios ocurridos en la compañía entre sus inicios y 2016 para entenderlos mejor.

Cuadro comparativo

	Inicios	**2016**
Misión externa	Llevar a todos los hogares computadoras accesibles y de fácil operación. Cambiar el mundo gracias a estas.	Ofrecer productos confiables, con terminaciones cuidadas. Satisfacer a los *stackeholders*.
Valores de la alta dirección	Simplicidad, innovación, transgresión, liderazgo.	Diversidad para crear. Responsabilidad con clientes, proveedores, comunidad y demás *stakeholders*. Protección de la privacidad de los datos personales.

---

7   http://www.marketwatch.com/investing/stock/aapl/financials

	Inicios	**2016**
Misión interna	Ofrecer un ambiente disruptivo para atraer a gente identificada con el cambio y la innovación.	Igualdad de oportunidades. Atraer y motivar a los mejores talentos. Orgullo de pertenecer. Retribuciones de las más altas del mercado.
Capacidades distintivas	Creatividad, innovación, estética, empuje, adaptabilidad, flexibilidad, agilidad.	Manejo eficiente de los procesos productivos y logísticos. Mejora continua. Imagen de marca.
Estilo de liderazgo	Un líder indiscutido, verticalista y autoritario pero, al mismo tiempo, creativo, inspirador y carismático.	Organización multinacional. Mayor horizontalidad en las relaciones. Lenguaje más racional que emocional. Orientación a resultados económicos.
Gente	Transgresores, agentes de cambio. Una amalgama entre los estilos de *hippies*, ingenieros, *nerds* y soñadores.	Expertos multiculturales. Cosmopolitas. Talento global de todos los puntos cardinales. Responsabilidad, lealtad, reserva, autosuperación.
Estrategia	Desarrollar y comercializar computadoras personales innovadoras, bellas y fáciles de usar para todos. Inversión en I&D para lograr soluciones. revolucionarias.	Mantener una imagen de marca que genere un vínculo emocional duradero entre sus "fieles". Tercerización de la fabricación y relación estrecha con proveedores. Foco en la calidad. Comercialización on-line y física.
Sistemas y procesos	No había procesos definidos. Se buscaba crear sin importar mucho cómo. Los comienzos fueron caóticos. Un ejemplo de empresa nacida en un garaje.	Para buscar eficiencia, los sistemas y los procesos son definidos con claridad. La cadena logística, la distribución, la relación con los proveedores, el servicio técnico, los protocolos que deben respetar los empleados, etcétera son regulados y revisados.
Estructura	Informal, radial (gira alrededor de Steve), flexible, adaptable, dinámica.	Formal y globalizada. Estructura de gobierno tradicional y rígida. Típica de una empresa con capital público.

Cuadro 20

En cada una de las dimensiones del eneágono se percibe un desplazamiento de lo informal a lo formal, natural cuando se salta de un garaje a ser la empresa de más alta cotización en el mercado de capitales y con una de las marcas más icónicas de la historia. Habría sido difícil y hasta temerario conservar la frescura inicial. Sin embargo, algunas cosas se mantenían como el primer día: el foco en la calidad y en la simplicidad de sus productos no se había modificado en nada. Mantener inmutables estos dos principios es lo que hacía de Apple un "camino de ida".

A pesar de todo, al comparar la misión original con la de 2016, podría encontrarse una explicación al aburrimiento percibido por muchos[8]:

1984: "Hacer una contribución al mundo produciendo herramientas para la mente que hagan avanzar a la humanidad".

2016: "Apple diseña Macs, la mejor computadora personal del mundo, junto con OS X, iLife, iWork y software profesional. Apple lidera la revolución musical con iPods y la tienda on-line iTunes. Apple reinventó la telefonía celular con su revolucionario iPhone y su App store, y está definiendo el futuro de los medios móviles y de los artefactos de computación en iPad".

De unas pocas palabras inspiradoras a muchas para señalar que no hay nada nuevo bajo el sol del capitán Cook…

---

8 http://www.investopedia.com/ask/answers/042315/what-apples-current-mission-statement-and-how-does-it-differ-steve-jobs-original-ideals.asp#ixzz4bsp5FQ7z

9. El tema en la prensa

**En busca de *serendipity*, otra alegre fórmula
que promueve la innovación**[9]

10. El tema en el cine

Up in the air, **Amor sin escalas (2009)**

11. Preguntas del capítulo

- ¿Qué opina de la frase de Heráclito: "Todo fluye, todo cambia"? Justifique su opinión.
- ¿Qué opina sobre Parménides, para quien: "nada cambia"? Justifique su opinión.
- ¿Cómo vincularía esos pensamientos con su propia experiencia? ¿Y con la empresa?

---

9   Marchiori, E.: publicado en el diario *La Nación* de Buenos Aires, 25/05/2014.

- ¿Qué cambia en una organización? ¿Por qué?
- ¿Qué debe definirse al comenzar un proceso de cambio? ¿Qué significan?
- ¿Cuáles son las cuatro etapas de la adopción del cambio? ¿Qué ocurre en cada una de estas?
- ¿Quiénes son los actores de un proceso de cambio? ¿Cuál es el rol de cada uno de ellos?
- ¿Qué habilidades debe tener un agente de cambio? ¿Considera que tiene alguna de estas? ¿Alguna vez las aplicó? En caso contrario, ¿qué oportunidades de aprendizaje cree que tiene?
- ¿Cuáles son las etapas del cambio personal? ¿Qué ocurre en cada una? ¿Cómo se pueden gestionar?

CAPÍTULO XII

Tendencias actuales

El presente capítulo está compuesto por una serie de artículos publicados en medios de prensa e inéditos que analizan diversos temas que están estableciendo las tendencias organizacionales.

La diversidad y su impacto organizacional

Seis razones para abrazar la diversidad en la empresa

Estereotipos: los peligros y las ventajas de la simplificación

Efecto *Gaslight* en el trabajo: una eficaz táctica de manipulación inconsciente

Favorecer puede llevar a discriminar

La contracara de la diversidad cultural

Personas con discapacidad: un talento especial

Tomar conciencia de los sesgos inconscientes para decidir mejor

Desafíos de la mujer en la empresa

Acoso sexual en el trabajo: no va más

Sex in the City: el impacto del sexo en la vida empresaria

Las enseñanzas de *Game of Thrones* para el liderazgo femenino

Tener un mentor, un desafío adicional para las mujeres

El talento en la organización

¿Existen los *millennials*?

Los desafíos del mundo laboral: serás especialista o te quedarás sin trabajo

Liderar organizaciones creativas y complejas

Pedro Almódovar: lecciones de management para combinar creatividad y éxito en los negocios

Las teorías nadan en el Mar Muerto y esperan que llegue su Darwin

Por qué los líderes deberían pensar como autores de ciencia ficción

El mundo después del COVID-19

Trabajo remoto: las claves para mejorar su eficiencia

Papá, un robot te espera para entrevistarte

Qué pueden aprender los CEO del manejo de la pandemia

Ansias de libertad: la explosión del trabajo distribuido

Los días finales de los recursos humanos

El chiste circula por Internet:

Un día Cristina –directora de recursos humanos de una conocida empresa– murió y llegó a las puertas del Paraíso. La recibió San Pedro que, luego de darle la bienvenida, le explicó: "Como no es habitual que alguien responsable de RRHH llegue hasta este punto, existe un proceso de ingreso especial que tendrás que cumplir. Es muy sencillo, solo deberás pasar un día en el infierno y otro día en el cielo y luego elegir dónde vivirás durante la eternidad". Sin haber comprendido del todo por qué se le asignaba un procedimiento especial y a pesar su preferencia inicial por el Edén, Cristina aceptó las condiciones de ingreso. Sin más, el responsable de las llaves del cielo la guio hasta un ascensor directo al averno.

Cuando descendió, su sorpresa fue mayúscula. Al llegar al infierno un *caddie* la acompañó hasta el hoyo 1 de un campo de golf increíble. El pasto era de un verde pocas veces visto y el clima era perfecto para practicar el deporte que había servido de plataforma para su crecimiento profesional. Se acercó Satanás que, con una sonrisa seductora, le entregó un juego de palos fabricado especialmente para ella. Luego le presentó a su compañero de juego, un renombrado jugador que había muerto un tiempo antes (un *scratch* que tenía fama de "cometer errores" al completar sus tarjetas). Cristina jugó como nunca lo había hecho en su vida. En el hoyo 19 brindaron con champán francés –de una cosecha agotada en la Tierra– y regresó al Paraíso para cumplir la segunda parte del proceso de admisión.

El día en el cielo fue maravilloso. Unos ángeles le enseñaron a tocar el arpa mientras flotaban entre nubes. A pesar de la altura, el aire era estimulante y pudo disfrutar de una perspectiva de la Tierra como no había tenido jamás ni el más veterano de los astronautas. A pesar de todo, Cristina extrañaba los cuidados *greens* y *fareways* del averno. Al caer la noche San Pedro le preguntó cuál era su elección. Luego de titubear un instante contestó: "Aunque el cielo es divino, prefiero el infierno".

Cuando bajó del ascensor por segunda vez se encontró con un paisaje desolador: donde estaba la cancha había un baldío cubierto de basura, el calor era abrasador y el *club house* se había transformado en una horrible tapera en la que habitaban toda clase de alimañas. Indignada, interpeló al demonio: "No entiendo, ayer aquí había un campo de golf maravilloso y hoy me encuentro en este basurero…". "Ah, Cristina", respondió Lucifer con un leve rictus en sus labios, "ayer era el día de reclutamiento, hoy ya eres otro recurso humano de mi empresa".

La expresión "Recursos Humanos" se atribuye al economista John Commons, quien lo acuñó en 1893, hace más de 120 años. Se impuso durante principios del siglo XX cuando regía el paradigma instaurado por Henry Ford y Frederick Taylor. El modelo cosificaba a la gente que era considerada un activo más. Los empleados (a propósito, un sinónimo de "usados") eran un recurso similar al capital, a las máquinas, a las materias primas y a otros engranajes de la línea de producción. En síntesis, colocar en una misma expresión "recursos" y "humanos" es un oxímoron.

Muchas cosas han cambiado desde los tiempos de Ford y de Taylor, pero sigue predominando el término "recurso" para referirse a personas de la organización. Tal vez esta sea la causa por la cual una investigación de Gallup –una encuestadora– descubrió que solo el 13% de los empleados a nivel mundial están auténticamente comprometidos con las empresas para las que trabajan.

Jacob Morgan –escritor y periodista de la revista *Forbes*– explica que muchas compañías están dejando de usar el término "recurso" para aplicar otros más centrados en las personas. Para Morgan, pensar en los empleados como un "activo" además de ser una iniquidad es una antigüedad. Por eso, desde hace varios años, muchas empresas comenzaron a utilizar títulos como "vicepresidente de operación de personas", "gerente de talento" y otros similares. Por ejemplo, en Mercado Libre y en Cisco (dos empresas que figuran en el *top 10* del mejor lugar para trabajar en 2020, según la revista *Forbes*) ahora se denomina *Chief People Officer* (director de personas); Lazlo Bock, de Google, fue *SVP of People Operations* (vicepresidente de operación de personas) y Susan Chambers es *EVP of the Global People Division* (vicepresidente de la división global de personas) en Walmart. El cambio de denominación tiende a acelerarse.

No es suficiente aplicar el eufemismo de "activo más importante" cuando se menciona a los que colaboran en el progreso de una organización: el cambio debe darse en sus valores fundamentales. Seguir considerando "recursos" a sus miembros solo sirve para ensanchar la brecha entre los directivos y su gente. El lenguaje es nuestra manera de describir el mundo, pero también sirve para crearlo. La tendencia que marcan las empresas pioneras nos permite ser optimistas.

Bibliografía

Adler, L.: *Hire with your head.* John Wiley & Son, Nueva Jersey, 2002.

Appelbaum, S. H.; Lefrancois, F.; Tonna, R. y Shapiro, B. T.: Merger 101 (part two): training managers for culture, stress, and change challenges. *Industrial and Commercial Training*, 2007, Vol. 39, N° 4.

Barner, R.: *Bench Strength.* New York: Amacom, 2006.

Barney, J.: "Firm resources and sustained competitive advantage". *Journal of Management* 17(1), 1991.

————: "Looking inside for competitive advantage". *Academy of Management Executive* 9(4), 1995.

———— y Hannan, M.: "The Economic Sociology of Organizational Entrepreneurship: Lessons from the Stanford Project on Emerging Companies". *Case Working Paper Series 6.* Center for Economy and Society (Cornell University), 2003.

Baron, J. y Kreps, D.: *Strategic Human Resources.* John Wiley & Sons Inc, NY, 1999.

————: Burton, D. y Hannan, M.: "The Road Taken: Origins and Evolution of Employment Systems in Emerging Companies", *Industrial and Corporate Change.* Vol. 5, N° 2, 1996.

Benziger, I. Katherine y Sohn, Anne: *The Art of Using Your Brain*, KBA Publishing, Rockwall, Texas, 1989. Edición consultada, 1995.

Borges, J. L.: *Historia de la eternidad*; Buenos Aires, 1936. Edición consultada: Alianza Editorial, Buenos Aires, 1998.

Bowers, D. y Kleiner, B. H.: "Behavioural Interviewing", Management Research, Vol. 28, N° 11/12, 2005, págs. 107-114.

Brown, P. y Hesketh, A.: *The Mismanagement of Talent. Employability and Jobs in the Knowledge Economy.* Oxford University Press, Oxford, 2004.

Capelli, P.: "Talent Management for the Twenty-First Century", *Harvard Business Review*, 2008.

Chan Kim, W. y Mauborgne, R.: *Blue Ocean Strategy*. Harvard Business School Press, Boston, 2005.

Chandler, A.: *Strategy and Structure: Chapters in the History of the Industrial Enterprise*. MIT, Cambridge, 1970.

Cheese, P.; Thomas, R., & Craig, E.: *The Talent Powered Organization*. London: Kogan Page, 2008.

Cohen, D.S.: *The Talent Edge*. John Wiley, Toronto, 2001.

DeLong, T. J. y Vijayaragha van, V.: "Cirque du Soleil", *Harvard Business School*, julio 2002.

Durkheim, É.: *De la division du travail social*. París, 1893. Edición consultada: trad. al español por Carlos J. Posadas, *La división del trabajo social*. Editorial Colofón, México, 1968.

Fulmer, R. M. & Bleak, J. L.: *The Leadership Advantage: How the Best Companies are Developing their Talent to Pave the Way for Future Success*. New York: Amacom, 2008.

Ghos, S. y Maldar, N. J.: "Cirque du Soleil. Creating Blue Ocean by Balancing Business". ICFAI Business School, 2006.

Gladwell, M.: *The Tipping Point*. Back Bay Books, Nueva York, 2000.

Guthridge, M.; Komn, A. B. y Lawson, E.: "Making talent a strategic priority", in *The McKinsey Quarterly* 1: 49-59, 2008.

Haeckel, S. H.: "Organizational innovation and organizational change". *Annual Review of Sociology* 25: 1999.

Hammonds, K.H.: "Why we Hate HR", *Fast Company*, vol. 97, agosto 2005.

Hatum A.: *Alineando la organización*. Ediciones Granica, Buenos Aires, 2009.

—————: *Next generation talent management*. Chippenham: Palgrave Macmillan, 2010.

—————: *Carreras extraordinarias para gente común*. Vergara-Penguin Random House, Buenos Aires, 2019.

—————: *The new workforce challenge*. Chippenham: Palgrave Macmillan, 2013.

Hoppe, M. H.: *Active Listening. Improve your Ability to Listen and Lead*; Editado por Center for Creative Leadership, Greensboro, Carolina del Norte, 2006.

Isaacson, W.: *Steve Jobs*. Edición en español Random House Mondadori, Barcelona, España, 2011.

Katzenbach, J. R. y Smith, D.: *The Wisdom of Teams*, edición original McKinsey & Co., 1993. Edición consultada: traducción de TQM asesores, *Sabiduría de los equipos*, Ediciones Díaz de Santos, Madrid, 1996.

Kossler, M. E. y Kanaga, K.: *Do You Realy Need a Team?*, Center for Creative Leadership, Greensboro, Carolina del Norte, 2001.

Kotter, J. P.: *Leading Change.* Harvard Business Review Press, Boston. 2012.

Kübler-Ross, Elisabeth: *On Death & Dying*, 1969.

Lencioni, P.: *The Five Dysfunctions of a Team*, Derechos de P. Lencioni, Kindle Edition, 2013.

Lewis, R. E. & Heckman, R. J.: "Talent management: a critical review". *Human Resource Management Review* 16: 2006, 139-54.

Marchiori, E.: "Metacultura. El talento de los talentos de hoy", *Antiguos Alumnos IAE*, abril, 2013.

————— y Marchionna, A.: *Futuro Imperfecto.* Editorial Temas, 2013.

Marchiori, E.: *De Zeus a CEO*, Olmo Ediciones, Buenos Aires, 2006.

—————: *Los desafíos de la incertidumbre.* Olmo Ediciones, Buenos Aires, 2008.

Martin, A. y Bal, V.: *The State of Teams.* Center for Creative Leadership, Greensboro, 2015.

—————: *The State of Teams.* Center for Creative Leadership, Greensboro, 2015.

McCauley, C. y McCall, M.: *Using Experience to Develop Leadership Talent*, 2014.

McClelland, D. C.: *The Achieving Society.* Van Nostrand, Princeton, 1961. Reimpresión: Martino Fine Books, 2010.

McGregor, D.: *The Human Side of the Enterprise.* McGraw-Hill, 1960. Edición consultada: traducción María del Carmen Chávez García: *El lado humano de las empresas.* McGraw-Hill, México, reedición comentada, 2007.

Merton, R. K.: *Social Theory and Social Structure.* The Free Press, Nueva York, 1949. Edición consultada: *Teoría y estructura sociales.* Editorial Fondo de Cultura Económica, México, 1992.

Michaels, E.; Handfield-Jones, H. & Axelrod, B.: *The War for Talent.* Boston. MA: Harvard Business School Press, 2001.

Mintzberg, H. y Quinn, J. B.: *The Strategy Process Concepts, Contexts, Classes*, Prentice Hall, NY, 1991/1988. Edición consultada: traducción de

Georgina Greenham del Castillo: *El proceso estratégico. Conceptos, contextos, casos.* Pearson Educación, Buenos Aires, 2ª edición.

Mitroff, I. y Denton, E.: *A Spiritual Audit of Corporate America.* Jossey-Bass Publishers, San Francisco, 1999.

Newell, S. y Rice, C.: "Assessment, Selection and Evaluation. En Leopold, J. Harris, L. y Watson, T. (Eds.): *Strategic Human Resourcing,* Financial Times, Pitman Publishing, 1999.

Nohria, N.; Groysberg, B. y Lee, L.: "Employee Motivation. A Powerful New Model"; *Harvard Business Review,* julio-agosto 2008.

Pérez López, Juan Antonio: *Liderazgo.* Ediciones Folio, Barcelona, 1997.

Robertson, A. & Abbey, G.: *Managing Talented People.* Harlow: Pearson Education Limited, 2003.

Rosenfeld, R.H. y Wilson, D.C.: *Managing Organizations.* McGraw-Hill. Bershire, England, 1999.

Rothaermel, F. T.: *Apple (2013): How to Sustain a Competitive Advantage?* McGraw-Hill Education, Nueva York, 2015.

Rueff, R. & Stringer, H.: *Talent Force: A New Manifesto for the Human Side of Business.* Upper Saddle River, NJ: Pearson and Prentice Hall, 2006.

Salama, A.; Holland, W. y Vinten, G.: "Challenges and Opportunities in Mergers and Acquisitions: Three International Case Studies - Deutsche Bank - Bankers Trust; British Petroleum-Amoco; Ford-Volvo". *Journal of European Industrial Training,* 2003, Vol. 27, Nº 6.

Schein, E.: *Organizational Psychology.* Prentice Hall, 1982. Edición consultada: traducción Víctor E. Cruz Cardona, *Psicología de la organización.* Prentice Hall, México, 1982.

Schmidt, E. y Rosenberg, J.: *How Google Works. Grand Central Publishing.* Nueva York, 2014.

Shackleton V. y Newell, S.: "Management Selection: A Comparative Survey of Methods Used in Top British and French Companies". *Journal of Occupational Psychology.* 1991, vol. 64.

Smilansky, J.: *Developing Executive Talent.* Chichester: Jossey-Bass, 2006.

Smith Richardson, H.: *The CCL Handbook of Coaching. A Guide for the Leader Coach.* Sharon Ting & Peter Scisco, Jossey-Bass, San Francisco, 2006.

Smith, A.: *An Inquiry into the Nature and Causes of the Wealth of Nations.* Londres, 1776. Edición consultada: traducción de Carlos Rodríguez Braun: *La riqueza de las naciones*. Alianza Editorial, Madrid, 2005.

Smith, A.: *Teoría de los sentimientos morales*. Alianza Editorial, Madrid, 2004 [Edición original Londres y Edimburgo, 1759; la edición en castellano se basa en la sexta edición en inglés, revisada y completada por Adam Smith en 1790].

Snell, S.; Morris, S. y Bohlander, G.: *Managing Human Resourses*. Ed. Cengage Learning, edición 16, 2013. Edición consultada: *Administración de gestión de personas*; traducción de María del Carmen Rodríguez Pedroza, Cengage Learning Editores, México, 2013.

Snook, S. y Polzer, J. T.: *The Army Crew Team*, caso de estudio de Harvard Business School. Versión en español número 9-403-131.

Snow, C.C., & Snell, S.A.: "Staffing as strategy". In M. Schmitt & W.C Borman (Eds), *Personnel selection in organizations*: 448-478. San Francisco: Jossey-Bass, 1993.

Thorne, K. & Pellant, A.: *The Essential Guide to Managing Talent*. London: Kogan Page, 2007.

————: *The Essential Guide to Managing Talent*. Kogan Page, Londres, 2007.

Torrington, D.; Hall, L.; Taylor, S. y Atkinson, C.: *Human Resource Management*. Pearson Education Limited, Edinburgo, 1987. Edición consultada: 9ª, 2014.

Vance, C. M. & Vaiman, V.: "Smart talent management: on the powerful amalgamation of talent management and knowledge management", in V. Vaiman & N. Van Dam, *25 Best Practices in Learning & Talent Development*. Northampton, MA: Lulu Publishers, 2008.

Waterman Jr., R. H.; Peters. T. J. y Phillips, J. R.: *In Search of Excellence*. Harper Business, Nueva York, 1982.

Weber, Max: *Economía y sociedad. Esbozo de sociología comprensiva*. Edición preparada por Johannes Winckelmann y nota preliminar de José Medina Echavarría, Editorial Fondo de Cultura Económica, México, 1979. Título original: *Wirtschaft und Gesellschaft, Grundiss der Verstehenden Soziologie*, J. C. Mohr, Tubingen, 1922. Traducción: José Medina Echavarría, Juan Roura Parella, Eugenio Imaz, Eduardo García Mayez y José Ferrater Mora. Edición empleada de 2004.

Weitzel, S. R. (contribuidor especial): *Feedback That Works: How to Build and Deliver Your Message*. Editado por Center for Creative Leadership, Greensboro, Carolina del Norte, 2000. .

Whitmore, J.: *Coaching for Performance*. Nicholas Brealey, Londres, 2002. Edición consultada: *Coaching;* traducción de Federico Villegas, Editorial Paidós Ibérica, Barcelona, 2003.